DE L'ATTAQUE ET DE LA DEFENSE DES PLACES:

PAR M^R. DE VAUBAN,

Maréchal de France & Directeur Général des Fortifications du Royaume.

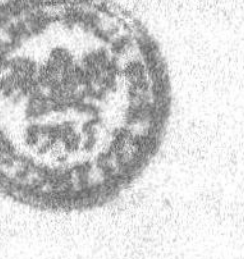

A LA HAYE,

Chez PIERRE DE HONDT.

M. DCC. XXXVII.

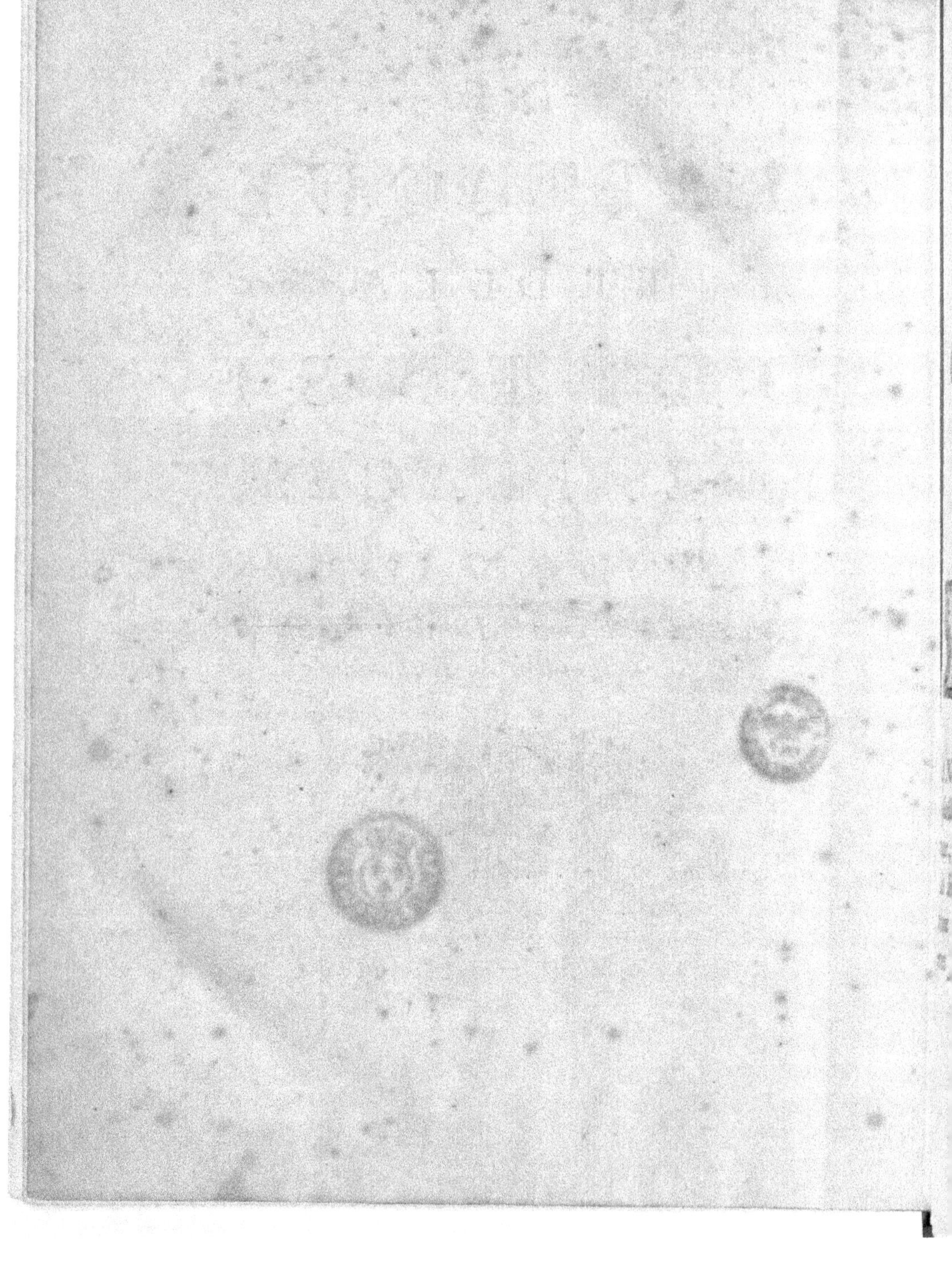

A SON

ALTESSE ROYALE,

MONSEIGNEUR LE PRINCE

ROYAL DE PRUSSE.

ONSEIGNEUR,

LA Nature libérale & économe tout à la fois, se plaît à former, de tems en tems, de ces Génies heureux, à qui elle distribuë une plûs grande quantité de lumieres, que ne comporte d'ordinaire la condition humaine : elle fait qu'ils réflechissent ces lumieres sur les autres hommes, pour les éclairer ;

 &

DEDICACE.

& personne, je crois, n'a refusé au célèbre Maré-chal de Vauban, la gloire d'avoir été un de ces Favoris de la Nature. Il n'en faudroit pas d'au-tre preuve que l'empreffement général que l'on a à rechercher fes productions & à les imiter.

Cependant fon Livre de L'ATTAQUE ET DE LA DEFENSE DES PLACES, *le fruit de fes longs fervices, de fes recherches, de fes veilles & de fes réflexions, étoit depuis un grand nombre d'années, en Manufcrit, au fond de la Bibliothe-que du Roi Très-Chrétien: en vain on avoit fait des démarches pour engager à le donner au Public; il avoit été impoffible de l'obtenir. Le cas qu'on en faifoit, & plus que cela la crainte de le voir paffer en des mains, qui en auroient pu faire ufage, au préjudice de la France, obligeoient à garder ce tré-for avec grand foin.*

La Providence a permis enfin que ce Manufcrit vît le jour, dans un tems où l'amitié & la bonne intelligence des Souverains, rend ces fortes de biens en quelque forte communs, où toute jaloufie de Na-tion paroît diffipée, où la paix de l'Europe femble établie fur des fondemens moins ruineux que jamais;

&

DEDICACE.

& quand il a été entre mes mains, je l'ai imprimé, pour l'offrir à *VOTRE ALTESSE ROYALE*: car à qui pouvois-je plus justement le consacrer qu'à un Prince favorisé lui-même des plus précieux dons de la Nature, destiné à gouverner un jour de vastes Etats, & orné de ces grandes qualitez acquises, qui en faisant l'admiration des Peuples, les rassurent, & les remplissent de douces espérances pour leur sort à venir? Je trouvois ainsi un Protecteur digne du Livre que j'avois à offrir, & un Livre digne du Protecteur.

J'ose le dire, *MONSEIGNEUR*, le Livre que j'ai l'honneur de présenter à *VOTRE ALTESSE ROYALE*, mérite non seulement de partager les momens de son loisir; il a droit encore, sur quelques-uns de ces momens précieux qu'Elle employe à perfectionner ses vastes connoissances, & à entrer dans les détails si convenables aux Princes. Il tire cet avantage de l'importance des sujets qu'il traite, & de la manière dont il les expose. Rien de plus intéressant que l'Attaque & la Défense des Places; rien où les plus grands Monarques & les plus habiles Généraux soient davantage sujets à se trom-

* 3

per

DEDICACE.

per & à être trompez, & rien d'où dépende plus le
falut des Peuples.

Ces confidérations, MONSEIGNEUR, me
paroiffent affez puiffantes, pour appuyer la liberté
que j'ai prife de mettre ce Livre fous Votre protec-
tion. Pourrois-je de même me flatter que VOTRE
ALTESSE ROYALE approuvera les vœux
que je fais pour Sa profpérité, ainfi que le profond
Refpect, avec lequel je fuis,

MONSEIGNEUR,

DE VOTRE ALTESSE ROYALE

Le très-humble, très-obéïffant
& très foumis Serviteur,

PIERRE DE HONDT.

T A-

PREFACE.

CEt Ouvrage est le fruit des observations, que le célebre Mr. de Vauban a faites sur la Fortification, pendant plus de 50. ans qu'il l'a pratiquée. Né avec les dispositions les plus heureuses pour une profession qui étoit de son goût, il en fit sa principale & presque son unique occupation. Un esprit vif & pénetrant peut se promettre de grands progrès dans une Science, à laquelle il s'attache par inclination & par choix : mais ce n'est pas assez; il faut joindre la Pratique à la Théorie. L'habileté & l'expérience concourent également à former un Ingenieur.

Mr. de Vauban, après s'être trouvé dans près de 50. Siéges, dont il a dirigé les Attaques sous le regne de Louis le Grand, a été à portée, mieux que tout autre, de faire des réflexions sur l'Attaque & sur la Défense; de corriger ce qu'il avoit éprouvé de défectueux dans la Fortification, & dans la manière d'approcher une Place, de la battre & de l'attaquer; en un mot, de donner des regles sûres à l'Assiégeant & à l'Assiégé, pour conduire avec art & avec sagesse leurs travaux & leurs manœuvres, & d'opposer une opiniâtre & formidable Défense, à l'Attaque la plus vigoureuse & la mieux concertée.

Sa

Sa vûë n'étoit point, que ce Traité fût jamais rendu public. Il ne l'avoit compofé que pour l'inftruction particuliere de Monfeigneur le Duc de Bourgogne, à qui il eut l'honneur de le préfenter; & l'on ne fçait comment il en étoit échapé des Copies, qui, d'abord rares, s'étoient beaucoup multipliées, & commençoient à être portées dans les Païs étrangers. Mais comme cet Ouvrage contient un très-grand nombre de Planches, le Manufcrit en étoit cher, & ce n'étoit qu'à un haut prix, que des Princes, des Ambaffadeurs & autres Seigneurs pouvoient à l'envi en trouver un Exemplaire.

La réputation de Mr. le Maréchal de Vauban, & les éloges extraordinaires que j'avois entendu donner à cet Ouvrage par des Maîtres en l'Art de la Guerre, me firent former la réfolution de ne rien épargner pour tâcher d'en avoir une Copie. J'ai été affez heureux pour y réuffir, & j'en fais part au Public avec d'autant plus de plaifir & d'empreffement, qu'il ne s'eft rien imprimé jufqu'ici en ce genre qui puiffe lui être comparé.

Cet Ouvrage eft, pour ainfi dire, tout de Pratique. Il eft à la portée de tous les Militaires. Il n'eft pas même néceffaire pour le lire & pour en profiter d'être verfé dans la Geometrie. Il fuffit prefque d'entendre les termes de la Guerre & de la Fortification. Mr. de Vauban y traite de l'*Attaque* & de la *Défenfe* des Places: ce qui divife L'Ouvrage en deux Parties.

La

P R E F A C E.

La conduite d'un Siége eſt une des plus difficiles & des plus importantes opérations de la guerre. Le grand ſecret pour bien conduire des Attaques, eſt de ſçavoir diriger chaque choſe en ſon tems, & par les voyes les plus ſûres. L'exécution d'un Siége demande une grande circonſpection. Il y a beaucoup de préparatifs à faire, & beaucoup de meſures à prendre; parce qu'il faut toujours ſuppoſer, que la Place attaquée fera une vigoureuſe reſiſtance. Compter ſur la foibleſſe de ſa défenſe, c'eſt s'expoſer à ſe tromper.

La fin que Mr. de Vauban ſe propoſe, eſt d'enſeigner avec quel art & avec quelle ſageſſe ſe doivent conduire toutes les manœuvres d'un Siége, à commencer dès le moment que le Siége a été réſolu, juſqu'à ce qu'on ſe ſoit entierement rendu maître de la Place. Dans cette vûë, après avoir parlé des Magaſins qu'on doit établir; des différens moyens de reconnoître la Place; des Ponts qu'il faut jetter pour la communication des Quartiers; de la diſpoſition, de la conſtruction & de la façon des Lignes; de la trace, de l'ouverture & de la continuation de la Tranchée; il s'étend ſur la manière de conduire la Sape, ſur l'uſage, les propriétez, la figure, & la diſtance des Paralleles, autrement nommées Places-d'Armes. Il apprend, comment on peut prévenir les Sorties, les rendre inutiles ou les repouſſer. En parlant des Batteries, il dit de quelle manière on conſtruit les Plate-formes pour le Canon; comment & à quelle diſtance de la

Place

Place on établit les Batteries à Bombes & à Pierres. Ses réflexions sur toutes ces sortes de Batteries, & en particulier sur celles à Ricochet, sont dignes de l'Auteur.

Mr. de Vauban s'étend ensuite sur la manière dont on doit se disposer à l'Attaque du Chemin-couvert. En supposant que la Tranchée est déja arrivée à moitié du Glacis, il décrit en quelle sorte se fait cette Attaque; comment on doit chasser l'Ennemi du Chemin-couvert, y établir les Travailleurs, & comment les Troupes, qui ont chargé, doivent se rallier derriere ces mêmes Travailleurs, où elles restent genou à terre, jusqu'à ce que le Logement soit en état de les couvrir.

Après s'être rendu maître du Chemin-couvert & s'y être établi, l'Auteur apprend quels sont les préparatifs qui doivent préceder la prise de la Demi-Lune, & avec quelles précautions il faut l'attaquer, l'emporter & s'y loger. Il entre dans le détail de tout ce qui se doit observer dans la Sape, dans la Descente & le Passage des Fossez; soit que ces Fossez soient secs ou remplis d'une eau dormante; soit qu'il y passe un courant considérable, nourri par une Riviere qui passe au travers, ou par un Reservoir qui y distribue l'eau au moyen des Ecluses qu'on ouvre & qu'on ferme par reprises. Enfin il dit, comment il faut monter à la Bréche & se rendre maître des Bastions, quand même ils auroient des Retranchemens revêtus dans leurs Gorges, ou

que

que ce seroit un vieux Corps de Place revêtu & fermé en ces mêmes Gorges.

Comme pour attaquer ou défendre les Places on a très-souvent besoin d'avoir recours aux Mines, Mr. de Vauban, après avoir parlé de la fabrique de la Poudre, fait diverses réflexions sur ses effets. On avoit long-tems agi par estimation sur la quantité de Poudre nécessaire pour charger les Mines: mais, à force d'étude & d'expériences, on a reduit l'Art à des regles certaines. Les moyens qu'il donne pour trouver la mesure des Chambres d'une Mine, & la quantité de Poudre qui leur convient, sont très-simples, quelque différence qu'il y ait dans le terrain que l'on veut ouvrir, ébouler, ou faire sauter.

L'Auteur ne se contente pas d'expliquer la nature & les effets des Mines; de dire en quel tems, de quelle maniè-re & avec quelles précautions on doit attacher le Mineur; par quel travail, par quelle ruse, & par quelle sorte de feu le Mineur peut chasser ou tuer le Mineur ennemi; quelles sont toutes les chicanes qui peuvent se faire sous terre de Mineur à Mineur: il apprend comment il faut agir après que la Mine a joué: comment il faut reconnoître la Bréche, achever de l'applanir, empêcher l'Ennemi de s'y présenter, & s'y loger.

Il y a peu de grandes Places qui soient absolument ré-gulieres: ainsi la diversité de leur situation & de leur con-

struction

ſtruction doit apporter une différence dans la manière de les attaquer. Pour cette raiſon Mr. de Vauban enſeigne comment ſe doit diriger l'Attaque contre un Front de Place, couvert d'un Ouvrage à Corne; contre des Places ſituées ſur une grande Riviere, dans un Marais, ſur une Hauteur, ſur le ſommet d'une Montagne, ſur des Eſcarpemens; contre celles qui ſont entourées de Fauſſes-Brayes, ou fortifiées de Tours baſtionnées, ou qui ont une vieille Enceinte, couverte de Dehors à la moderne. Il y parle des Fonctions des Généraux à la Tranchée; des précautions à prendre, lorſque des Souverains, qui ſe trouvent à l'Armée, veulent viſiter la Tranchée, afin de mettre, autant qu'il eſt poſſible, leur perſonne en ſûreté; & des moyens d'éviter que l'Ennemi n'introduiſe dans la Place aſſiégée des Secours à la derobée ou de vive force.

Une Place ſuffiſamment munie de Troupes, d'Artillerie, de Proviſions de bouche & de guerre, de Médicamens & autres choſes néceſſaires, fera une opiniàtre Défenſe, ſi le Gouverneur ſçait profiter de tous les avantages que peut lui fournir la ſituation de la Place, & ſi, en Officier habile & intelligent, il s'eſt préparé pendant la paix à ſoutenir un Siége, en s'attaquant chaque jour lui-même en ſecret, & en cherchant autant de différentes défenſes qu'il a inventé de nouvelles attaques.

Afin de faire une glorieuſe reſiſtance, il y a des précautions

PREFACE.

tions à prendre avant que la Place foit afiégée. Il faut
par une Ligne de Contre-approche voir l'Afiégeant dans
fes Tranchées & dans fes Paralleles; ruiner fes Travaux,
retarder fes Approches; brûler ce qui ne pourroit être
promptement détruit; défendre la Contrefcarpe par différentes chicanes; employer les Fourneaux qui auront été
faits fous le Glacis; faire des Mines au-deffous des Fourneaux que l'Ennemi a éventez; lui difputer le Chemin-
couvert pied-à-pied; s'oppofer à la Defcente du Foffé; retarder ce Paffage autant qu'il eft poffible; miner, contre-
miner, reparer la Bréche, fe retrancher; & pendant que
l'Ennemi s'occupe à furmonter les prémieres difficultez, lui
en préparer continuellement de nouvelles, en employant
dans toutes les défenfes la diligence, la vigueur, la bonne
conduite, la rufe & la force.

Voilà en général une idée fuccinte du Plan de cet Ouvrage fi fort eftimé, & fi utile à tous les Militaires dans
tous les Grades. Les Généraux, les Commandans de Détachemens, les Gouverneurs de Places, les Officiers, ceux
de l'Artillerie, les Ingenieurs, les Mineurs; tous, jufques
aux Soldats & aux Sapeurs, y apprendront comment il faut
agir dans un Siége, foit qu'il faille commander ou obéïr, attaquer ou défendre.

On n'a rien épargné, afin que la beauté de l'impreffion
répondît à l'excellence de l'Ouvrage & à la réputation de fon
Au-

P R E F A C E.

Auteur. Sans rien changer au ſtile, qui eſt ſimple & natu-
rel, on a eu ſeulement attention à y corriger certaines fautes, qui ne s'y étoient ſans doute gliſſées que par la négligence ou l'ignorance des Copiſtes. Les Planches & les
Plans y ſont gravez avec tant de juſteſſe & d'exactitude, que
les plus difficiles & les plus ſcrupuleux Connoiſſeurs en ſeront certainement ſatisfaits.

TABLE

TABLE
DES CHAPITRES.

****

PREMIERE PARTIE.
DE L'ATTAQUE DES PLACES.

CHA-

TABLE

CHAPITRE IV.

CHAPITRE V.

CHAPITRE VI.

CHAPITRE VII.

CHAPITRE VIII.

CHA-

DES CHAPITRES.

CHAPITRE IX.

CHAPITRE X.

CHAPITRE XI.

CHAPITRE XII.

CHAPITRE XIII.

CHAPITRE XIV.

CHAPITRE XV.

**   CHA-

TABLE

CHAPITRE XVI.

CHAPITRE XVII.

CHAPITRE XVIII.

CHAPITRE XIX.

CHAPITRE XX.

CHAPITRE XXI.

CHAPITRE XXII.

✳✳✳

SECONDE PARTIE.

DE LA DEFENSE DES PLACES   Pag. 189

CHAPITRE I.

CHAPITRE II.

** 2   CHA-

TABLE DES CHAPITRES.

DE

DE
L'ATTAQUE
ET DE
LA DEFENSE
DES PLACES.

PREMIERE PARTIE.
DE L'ATTAQUE DES PLACES.

CHAPITRE PREMIER.
DE LA RESOLUTION DES SIEGES.

LA Résolution des Siéges est une affaire de Cabinet. Elle est une suite naturelle de la supériorité, que l'on croit avoir sur ses Ennemis: mais leur exécution étant une des plus sérieuses, des plus importantes, & des plus difficiles parties de la Guerre; elle demande aussi le plus de mesure & de circonspection. Leur succès dépend de plusieurs choses.

A

1. Du

1. Du secret, sans lequel il est difficile de réüssir.

2. Des forces que l'on a sur pied pour attaquer les Places des Ennemis & deffendre les siennes.

3. De la disposition des Ennemis : car s'ils sont réünis, & aussi forts que nous, ils peuvent nous empêcher d'en faire.

4. De l'état des Magazins les plus à portée des lieux sur lesquels on peut entreprendre.

5. De la conjoncture des tems ; parce que tous ne sont pas propres aux Siéges ; & rien n'étant plus ruineux que ceux d'hyver, on les doit éviter tant qu'on peut.

6. Des fonds nécessaires à leurs dépenses ; car l'argent est le nerf de la Guerre ; sans lui on ne sçauroit réüssir en rien.

Ce sont là des mesures à prendre de longue main, qui doivent être dirigées à loisir; & après tout cela, quand on croit les avoir bien prises, souvent tout échape; car l'Ennemi qui n'est jamais d'accord avec vous, pourra vous interrompre: 1. parce qu'il sera aussi fort que vous, & qu'il vous observera de près ; 2. parce qu'il aura aussi dessein d'entreprendre de son côté sur des Places, dont la conservation vous importe plus que la conquête de celles sur lesquelles vous pourriez avoir des vûës; 3. parce qu'il sera en état de courir sur vôtre païs & d'y porter la désolation, pendant que vous serez occupé au Siége d'une Place, dont la prise, qui peut être incertaine, ne vous dedommageroit pas des pertes, que vous en pourriez souffrir; 4. enfin, parce qu'il peut se mettre à portée de vous combattre, avant que vous puissiez être établi devant la Place, que vous voulez attaquer.

Il faut bien peser toutes ces considérations, avant que de se déterminer; & prendre toujours si bien son tems, que l'Ennemi ne puisse vous tomber sur les bras avant vos etablissemens. Le mieux est d'être le plus fort, & d'avoir deux Armées, quand on le peut: sçavoir une qui assiége, & l'autre

qui

qui obſerve. Celle qui aſſiége, ſe renferme dans ſes Lignes, comme nous dirons ci-après. Celle qui obſerve, ne fait que roder, & occuper les avenuës par où les Ennemis peüvent ſe préſenter, ou prendre des poſtes & s'y retrancher, ou les ſuivre s'ils s'éloignent, en les côtoyant, & ſe poſtant toujours entre eux, & l'Armée aſſiégeante le plus avantageuſement qu'il ſera poſſible, afin de n'être pas obligée de combattre contre ſa volonté. Quand on peut gagner quelques jours, c'eſt un grand avantage.

Ces deux Armées doivent toujours ſe tenir à portée l'une de l'autre, ſur tout dans le commencement; afin de ſe pouvoir entre-ſecourir & tenir l'Ennemi éloigné, qui doit, de ſon côté, appréhender de les approcher de trop près; crainte que les deux enſemble, ſi elles ſont les plus fortes, ne tombent ſur lui, & ne le prennent à leur avantage.

L'Armée d'obſervation eſt encore d'un grand ſecours à l'aſſiégeante dans les commencemens du Siége; parce qu'elle veille à ſa conſervation, & peut la favoriſer, éſcorter ſes convois, lui fournir des faſcines, & faire pluſieurs autres corvées. Reciproquement l'Armée aſſiégeante peut, dans le beſoin, renforcer l'Armée d'obſervation après les ſix ou ſept prémiers jours de tranchée, quand elle a bien pris ſes avantages contre la Place.

C'eſt encore une circonſtance bien favorable, de pouvoir attaquer, avant que l'Ennemi ſe puiſſe mettre en campagne avec toutes ſes forces; ou dans l'arriere-ſaiſon, après qu'une partie de ſes troupes s'étant retirée, il n'eſt plus aſſez fort pour s'oppoſer à nos entrepriſes.

Pour pouvoir exécuter le prémier, il eſt néceſſaire d'avoir de grands Magazins de fourages, à portée des lieux ſur leſquels on veut entreprendre; & d'avoir toujours une Armée d'obſervation, s'il eſt poſſible.

A 2

CHA-

CHAPITRE II.
DES MAGAZINS.

NOUS avons dit, qu'il étoit nécessaire d'avoir des Magazins prêts, & à portée des Places sur lesquelles l'on a dessein : mais nous n'avons pas dit quels devoient être ces Magazins, & combien de chaque espece. Cela est difficile, & ne se peut gueres régler, que par rapport aux Places qu'on attaque. On ne sçauroit manquer de compter sur un mois de tranchée ouverte; parce qu'il est rare qu'une Place ne puisse tenir ce tems là , quand elle est un peu considérable & deffenduë par gens intelligens, qui veulent faire leur devoir. Le plus de munitions ne sçauroit rien gâter; mais le moins peut faire échouër l'entreprise. Nous compterons donc pour la Poudre, huit-ou neuf-cens milliers, selon que la Place est plus ou moins forte.

Soixante-mille gros Boulets.

Vingt-mille de huit & douze.

Quatre-vingt pieces de gros Canon bien sain & en bon état.

Trente à trente-cinq de 8. & de 12. livres de balle.

Dix ou vingt de quatre, pour les Lignes.

Quinze-à seize-mille Bombes.

Quarante-mille Grenades.

Dix milliers de Méches.

Cent quatre-vingt milliers de Plomb.

Cent-mille Pierres à fusil fortes & bien choisies.

Cinquante-mille Sacs à terre.

Trente-mille petites charges à poudre d'un bois dur, pour mettre dans la poche.

Cent Platte-formes de Canon complettes.

Soixan-

Soixante de Mortiers.

Vingt-quatre Mortiers à Bombes.

Vingt-quatre Mortiers à Pierres.

Soixante Afuts de rechange.

Trente pour les Mortiers.

Plufieurs Cries, Chevres, Triqueballes, & Traîneaux.

Des Ecoupes pour jetter de l'eau fur le feu, femblables à celles dont les Blanchiffeufes fe fervent en Flandres.

Quantité de Bois de charronage, des Madriers de referve, & de menuë Charpenterie.

Deux-cens Brouëttes.

Autant de Hottes avec les Bretelles.

Quarante-mille Outils bien emmanchez pour la Tranchée & les Lignes: car rarement les Païfans les portent tels qu'il les faut; on eft toujours obligé de leur en fournir de l'Artillerie.

Il y a plufieurs autres chofes, dont il faut fe pourvoir, comme d'Outils de Mineurs, de Bois, de Mantelets, de plufieurs Forges, Forgerons, Charpentiers, Charrons, & furtout d'un gros équipage de Chevaux d'Artillerie. On fe fert encore de Chariots, & de Charrettes de Païfans commandez pour cela.

Si cette Place eft un peu confidérable, & dont la circonvallation puiffe avoir 4. à 5. lieuës de tour, en y comprenant les inégalitez qu'on lui fait faire, il faudra commander au moins 15. à 18000. Païfans, & 2. ou 3000. Chariots, même 4000. felon que la place eft grande, & que la circonvallation doit avoir d'étenduë, parce qu'il y aura toujours beaucoup des uns & des autres qui manqueront. Il faut avoir de la rigidité fur ce point, châtier féverement les défaillans & ceux qui déferteront; autrement plus de la moitié vous abandonnera dès les prémiers jours. Quand les Lignes font achevées, on congédie les Païfans; mais il eft bon de retenir cent Cha-

 riots

riots, pour voiturer les Gabions & les Fascines à la queuë de la tranchée, & les blessez à l'Hôpital; & 5. ou 600. Païsans, pour faire des Fascines & des Gabions, & pour entretenir les Ponts & les Chariots. On fait donner le pain double aux Païsans, & rien plus. Tout ce qu'on leur fait faire étant ouvrages de corvée, ils sont payez par leurs villages, avec qui ils ont coutume de s'accommoder. J'estime pourtant, qu'il seroit raisonnable de payer ceux qu'on retient, à raison de 6. sols par jour, & le pain double: cela leur fera prendre patience & les empêchera de déserter.

CHAPITRE III.
DES INVESTITURES DES PLACES.

SUPPOSONS maintenant, qu'on puisse éluder tous les inconveniens dont nous venons de parler ; que toutes les mesures soient bien prises ; les résolutions d'un Siége arrêtées, & enfin, les Armées en campagne & en état d'agir. Toutes choses préparées, le Général, par ses mouvemens, doit faire son possible pour éloigner les soupçons que l'Ennemi peut avoir de ses desseins, & les détourner autant qu'il pourra. Quelquefois cela va jusqu'à investir une Place, qu'on ne veut pas attaquer, pour faire prendre le change à l'Ennemi, & lui donner lieu d'affoiblir la Garnison. C'est ainsi que les Alliez, en 1710. paroissant menacer Ipres, donnerent occasion de tirer la meilleure partie de la Garnison de Tournay, qui, ayant été investi le lendemain, ne fut pas en état de faire la resistance qu'on en devoit attendre, quoiqu'elle soit une des plus fortes Places des Païs-bas. Quelquefois on pousse l'Ennemi pendant quelques jours, pour l'éloigner de la Place que l'on a dessein d'attaquer ; après quoi, & quand les affaires sont reduites au point qu'on les desire, la prémiere chose

que

que l'on doit faire, c'eſt l'Inveſtiture de la Place; ce qui ſe
fait ordinairement par un détachement de 4. à 5000. Chevaux, plus ou moins, ſelon que la Garniſon eſt forte, commandez par un Lieutenant-Général, & deux ou trois Maréchaux de Camp. Ces Troupes doivent marcher jour &
nuit, juſqu'à ce qu'elles ſoient à une lieuë ou deux de la
Place, où faiſant alte, elles réglent leur retranchement
particulier, & les diſpoſitions de l'Inveſtiture; enſorte qu'elles puiſſent arriver toutes à la même heure à un peu plus de
la portée du Canon de la Place.

On ne ſe doit montrer devant la Place, que par des détachemens, qui, pouſſant de tous côtez juſqu'aux portes de
la Ville, enlevent tout ce qui ſe trouve dehors, hommes
& beſtiaux. Ces détachemens doivent être ſoutenus par quelques Eſcadrons, qu'on fait avancer autant qu'il eſt néceſſaire : il eſt même avantageux d'eſſuyer quelques volées de
Canon pour avoir lieu d'en remarquer la portée. Pendant
que cette petite expédition ſe fait, on doit ſe ſaiſir de toutes
les avenuës favorables aux ſecours qui pourroient ſe jetter dans
la Place : en un mot, on doit bien inveſtir la Place, en la ſerrant
le plus près qu'on peut, par les Poſtes que l'on prend tout
autour. Le jour on ſe tient hors la portée du Canon, & toujours en état de ſe ſoutenir les uns les autres : de nuit on s'approche à la portée du mouſquet, pour pouvoir former autour
de la Place un cercle garni de Troupes, enſorte qu'il n'y
reſte point ou peu de vuide qui n'en ſoit rempli. En cet
état on tourne le dos à la Place, & on diſpoſe de petites
Gardes devant & derriere pour n'être pas ſurpris. On fait
enfin tête à l'Ennemi de quelque côté qu'il ſe puiſſe préſenter, tenant toujours la moitié de la Cavalerie à cheval, pendant que l'autre met pied à terre, pour faire un peu repoſer les
hommes & les chevaux. Le matin l'on ſe retire peu à peu avec
le jour, faiſant ſouvent alte, juſqu'à ce que le lever du ſoleil

donne

donne lieu de se retirer au quartier. On pose des Gardes ordinaires, qui font tête à la Place, & d'autres plus fortes sur les avenuës du côté des secours; après quoi, les Escadrons qui ne sont pas de garde, se retirent au Camp pour se reposer, sans se deshabiller ni deseller les chevaux, qu'autant de tems qu'il est nécessaire pour les panser.

Pendant ce tems là, celui qui commande envoye des Partis à la guerre, pour apprendre des nouvelles des Ennemis; il continue de s'arranger & de reconnoître la situation la plus convenable pour asseoir les Camps & les Lignes, quand l'Armée sera arrivée. C'est à quoi les Ingenieurs, qu'on suppose devoir être arrivez aussi-tôt que le détachement, se doivent particulierement appliquer. Quand ceux qui investissent ont quelques troupes d'Infanterie avec eux, on les dispose par petites Gardes sur les principales avenuës de la Place, soutenuës de plus grandes, que l'on poste derriere elles; au défaut de l'Infanterie, on employe des Dragons.

Dès le jour même que la Place est investie, tout se met en mouvement; l'Artillerie & sa suite, les Vivres & tous les Caissons, les Païsans & tous les Chariots sont commandez; enfin, tout part des Places voisines, & se met en marche pour se rendre devant la Place investie; ce qui se fait à la diligence, tant de l'Intendant de l'Armée, qui a ses correspondances avec ceux des Provinces voisines & qui fait les envois dans les païs voisins quelques jours avant l'Investiture, qu'à celle du Lieutenant-Général de l'Artillerie, qui, de sa part, tire les munitions de tous les Magazins où il a fait ses amas. Il employe à cet effet des Chevaux d'Artillerie, & les Chariots, que l'Intendant lui fait fournir: le tout en conséquence des ordres du Général, qui, pour l'ordinaire, a le commandement supérieur sur les Provinces voisines & à portée de la Place dont on veut faire le Siége.

Pendant que les dispositions de l'Investiture se font, l'Armée

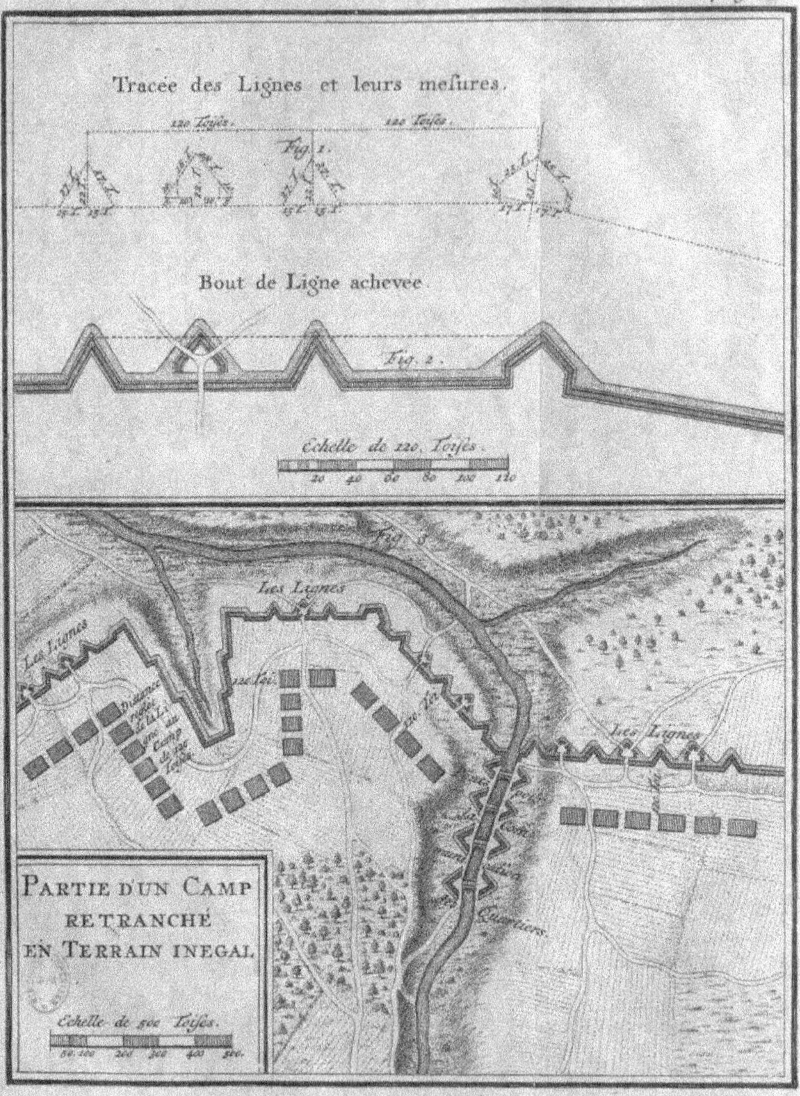
Tracée des Lignes et leurs mesures.
120 Toises.
120 Toises.
Fig. 1.
Bout de Ligne achevée.
Fig. 2.
Échelle de 120. Toises.
20   40   60   80   100   120
Fig. 3.
Les Lignes
Les Lignes
Les Lignes
PARTIE D'UN CAMP
RETRANCHÉ
EN TERRAIN INEGAL.
Échelle de 500. Toises.
50 100   200   300   400   500

mée marche à grandes journées, & arrive devant la Place pour
l'ordinaire 2. 3. 4. ou 5. jours après l'Investiture. Le Lieutenant-Général qui l'a faite va au-devant de l'Armée à une de-
mi-lieuë ou environ, pour rendre compte au Général de
ses diligences ; & le Général sur son rapport fait ensuite sa
derniere disposition pour le Campement de l'Armée autour
de la Place.

Le lendemain il le rectifie, & fait avec les Officiers Généraux & les principaux Ingenieurs le tour de la Place pour en
déterminer la Circonvallation. Après avoir résolu la figure
& le circuit des Lignes, qui est toujours celui qui doit être
la régle du Campement, toutes les Troupes se placent selon
les quartiers qui leur sont destinez ; & le Général distribuë
aux Officiers Généraux chacun le leur. On régle en même
tems le quartier du Roi, celui des Vivres, & le Parc de l'Artillerie: ce qui se rectifie les jours suivans, & autant qu'il est
possible, par rapport aux Attaques de la Place, dont on doit
déja être convenu, au moins en partie. Il faut cependant
disposer de petites Gardes avancées aux environs de la Place, soutenuës par de plus grandes, pour la resserrer autant
que l'on peut ; & les poser le plus avantageusement qu'il
sera possible, pour empêcher la Garnison de sortir & de fou-
rager ; après quoi les Ingenieurs tracent les Lignes à la per-
che & au piquet, afin que les Troupes puissent régler leurs
Camps à demeure : ce qui se fait en établissant le front de
Bandiere parallele aux Lignes à la distance de 60. 80. 100. ou
120. toises au plus. On les trace après cela au cordeau avec
un peu plus de loisir & d'exactitude.

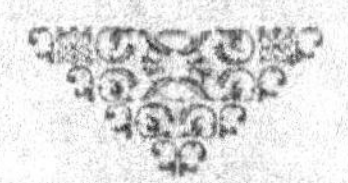

B   CHA-

CHAPITRE IV.

DE LA CONSTRUCTION DES PONTS, POUR SERVIR A LA COMMUNICATION DES QUARTIERS.

DE LA DISPOSITION ET FAÇON DES LIGNES.

SI les Quartiers sont séparez par des rivieres grandes ou petites, il faudra faire des Ponts sur des chevalets, si l'on peut, ou sur des batteaux : mais plûtôt sur des chevalets ; parce qu'ils seront ordinairement plus sûrs & plus fermes, principalement si la Place étoit en état de donner quelque grande éclusée d'eau qui fût capable de rompre ceux de batteaux : comme il arriva au Siége de Valenciennes en 1656. qu'on fut obligé de lever avec perte. Cette Place fut assiégée en 1656. par les François, commandez par les Maréchaux de Turenne & de la Ferté-Senneterre ; mais les Espagnols, commandez par Don Juan d'Autriche, & le Prince de Condé, leur firent lever le Siége ; & leurs Quartiers ayant été divisez par la rupture de leurs Ponts de communication, le Maréchal de la Ferté demeura prisonnier. L'an 1677. le Roi de France en fit le Siége en personne, & la prit d'assaut.

Le meilleur est de faire 3. ou 4. Ponts à chaque passage, éloignez de 50. toises les uns des autres, de les renfermer tous dans les Lignes, & d'en fortifier les avenuës par quelques Redans. Après cela on en rendra les approches commodes & aisées ; & l'on y mettra des Gardes pour s'en mieux assûrer, & pour empêcher qu'on n'y gâte rien.

CE

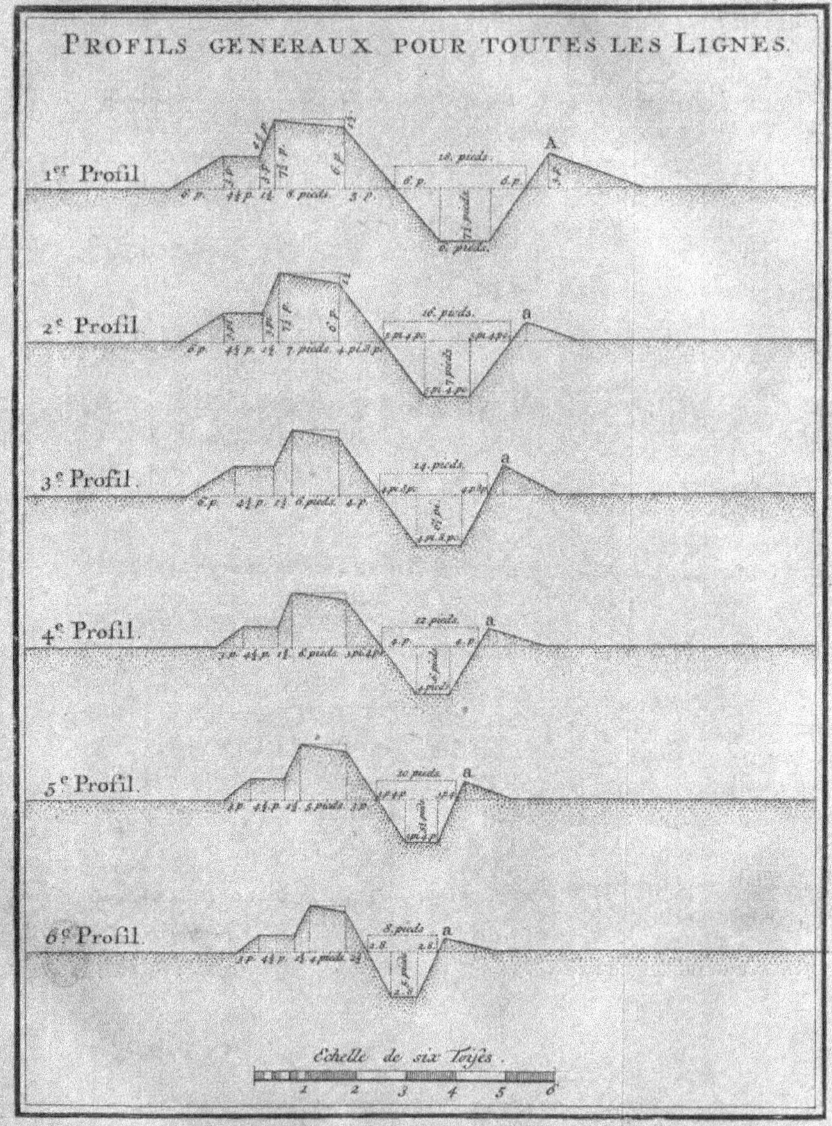
PROFILS GENERAUX POUR TOUTES LES LIGNES.
1er Profil
2e Profil
3e Profil
4e Profil
5e Profil
6e Profil
Echelle de six Toises.
1 2 3 4 5 6

CE QUE L'ON DOIT OBSERVER DANS LA DISPOSITION DES LIGNES *est*

1. D'Occuper le terrain le plus avantageux des environs de la Place ; soit qu'il se trouve un peu plus près ou un peu plus loin, cela ne doit faire aucun scrupule.

2. De se poster de manière, que la queuë des Camps ne soit pas sous la portée du Canon de la Place.

3. De ne se point trop jetter à la campagne, mais d'occuper précisément le terrain nécessaire à la sûreté du Camp.

4. D'éviter de se mettre sous les Commandemens qui pourroient incommoder le dedans du Camp & de la Ligne, par leur supériorité, ou par leurs revers.

Lorsque ces défauts se rencontreront, plûtôt que de s'y exposer, il vaut mieux occuper ces Commandemens, soit en étendant les Lignes jusques-là, soit en y faisant de bonnes Redoutes ou de petits Forts. Observez aussi, de faire servir à la Circonvallation les Hauteurs, Ruisseaux, Ravins, & Escarpemens, Abattis de bois, Buissons, & généralement tout ce qui approche de son circuit, & qui la peut avantager.

A mesure qu'on trace les Lignes, on en distribue le terrain aux Troupes, (si l'on est en un Païs où l'on ne puisse avoir des Païsans): ce qui se fait également à la Cavalerie comme à l'Infanterie, personne n'étant exempt de cette corvée. Mais quand on peut avoir des Païsans, c'est à eux qu'on le distribue, à mesure qu'ils se présentent, à raison de 5. ou 6. pieds courans pour chaque homme.

La mesure commune des Lignes, quant au plan, doit être de 120. toises d'une pointe d'un Redan à l'autre: dix ou 12. toises plus ou moins, n'en diminuent pas la bonté. On doit observer de les placer toujours sur les lieux les plus éminens, & jamais dans les fonds; & que les angles des Redans soient toujours moins ouverts que le droit.

B 2

On

On donne pour l'ordinaire 18. 20. ou 25. toiſes de face
à ces mêmes Redans ſur 90. à 100. toiſes de courtine; au
ſurplus on accommode le circuit de la Ligne à l'irrégularité
du terrain ; pourvû qu'elle ſe flanque bien , il ſuffit.

L'ouverture du Foſſé des Lignes doit être de 15. 16. ou
18. pieds ſur 6. à 7. pieds & demi de profondeur , taluant au
tiers de la largeur.

De cette façon leur Foſſé aura 18. pieds; ce qui donne 12.
pieds de largeur , réduite ſur 7. pieds & demi de profondeur,
revenant par toiſes courantes à 2. toiſes & demi cubes, qui eſt
l'ouvrage qu'un Païſan peut faire en 7. jours à ne pas beaucoup ſe fatiguer.

Sur ce pied-là nous propoſerons les meſures des ſix Profils ſuivans, dont on pourra ſe ſervir pour régler toutes ſor-
tes de Circonvallations; n'eſtimant pas, qu'on doive en employer de plus forts.

PREMIER PROFIL.

	Pieds.	Pouces.
Largeur du Foſſé à l'ouverture. - - - - -	18	-
Largeur du même ſur le fond. - - - - -	6	-
Sa profondeur. - - - - - - - - -	7	- 6

	Cubes.
Contenu ſolide de ſon excavation par toiſes courantes.	17 -

Le tems néceſſaire à ces façons. - - - - - 7. jours.

SECOND PROFIL.

	Pieds.	Pouces.
Largeur du Foſſé à l'ouverture. - - - - -	16	-
Largeur du même ſur le fond. - - - - -	5	- 4
Sa profondeur. - - - - - - - - -	7	-

	Cubes.
Contenu ſolide de ſon excavation par toiſes courantes.	12 - 5

Le tems néceſſaire à ces façons. - - - - - 6. jours.

TROI-

TROISIEME PROFIL.

Pieds. Pouces.

Largeur du Foſſé à l'ouverture. - - - - - 14 -
Largeur du même ſur le fond. - - - - - 4 - 8
Sa profondeur. - - - - - - - - - 6 - 6

Cubes.

Contenu ſolide de ſon excavation par toiſes courantes. 10 - 0

Le tems néceſſaire à ces façons. - - - - 5. jours.

QUATRIEME PROFIL.

Pieds. Pouces.

Largeur du Foſſé à l'ouverture. - - - - - 12 - 0
Largeur du même ſur le fond. - - - - - 4 -
Sa profondeur. - - - - - - - - - 6 -

Cubes.

Contenu ſolide de ſon excavation par toiſes courantes. 8 -

Le tems néceſſaire à ces façons. - - - - 4. jours.

CINQUIEME PROFIL.

Pieds. Pouces.

Largeur du Foſſé à l'ouverture. - - - - - 10 - 0
Largeur du même ſur le fond. - - - - - 3 - 4
Sa profondeur. - - - - - - - - - 5 - 6

Cubes.

Contenu ſolide de ſon excavation par toiſes courantes. 16 - 1

Le tems néceſſaire à ces façons. - - - - 3. jours.

B 3   SIXIE-

SIXIEME PROFIL.

	Pieds. Pouces.
Largeur du Foſſé à l'ouverture. - - - - -	8 - 0
Largeur du même ſur le fond. - - - - -	2 - 8
Sa profondeur. - - - - - - - -	5 -
	Cubes.
Contenu ſolide de ſon excavation par toiſes courantes.	4 - 8
Le tems néceſſaire à ces façons. - - - -	2. jours.

FAÇONS DES LIGNES.

ON employe ordinairement 8. 9. ou 10. jours, tant à la façon des Lignes, pour les bien faire, qu'aux apprêts du Parc, à l'arrivée des Païſans & des Munitions, & à ſe préparer pour l'ouverture de la Tranchée.

Pendant ce tems, les Ingenieurs ſont diſtribuez le long des Lignes, qu'ils partagent entre eux, pour avoir ſoin que les meſures ſoient obſervées & qu'elles ſe faſſent bien. La diligence avec laquelle elles ſe font, ne permet pas qu'on y puiſſe apporter grande façon: il faut cependant faire exactement obſerver les Talus des Foſſez & les profondeurs demandées pour les Profils; autrement, ſoit que ce travail ſe faſſe par des Païſans ou par des Soldats, les Talus ſeront gras & renflez, & l'on ne donnera point la profondeur néceſſaire au Foſſé, ni la largeur requiſe à ſon fond. Le ſoin de ces ouvrages, par rapport aux meſures & façons qu'il faut leur donner, eſt l'affaire des Officiers Généraux, chacun à ſon Quartier, & celui des Ingenieurs. On doit auſſi donner quelque forme au devant & derriere des Parapets de la Ligne; ce qui ſe peut faire, quant au devant, en piétonnant & foulant bien les terres par lit de demi-pied d'épais, ſur 2. ou 3. de large-

ge,

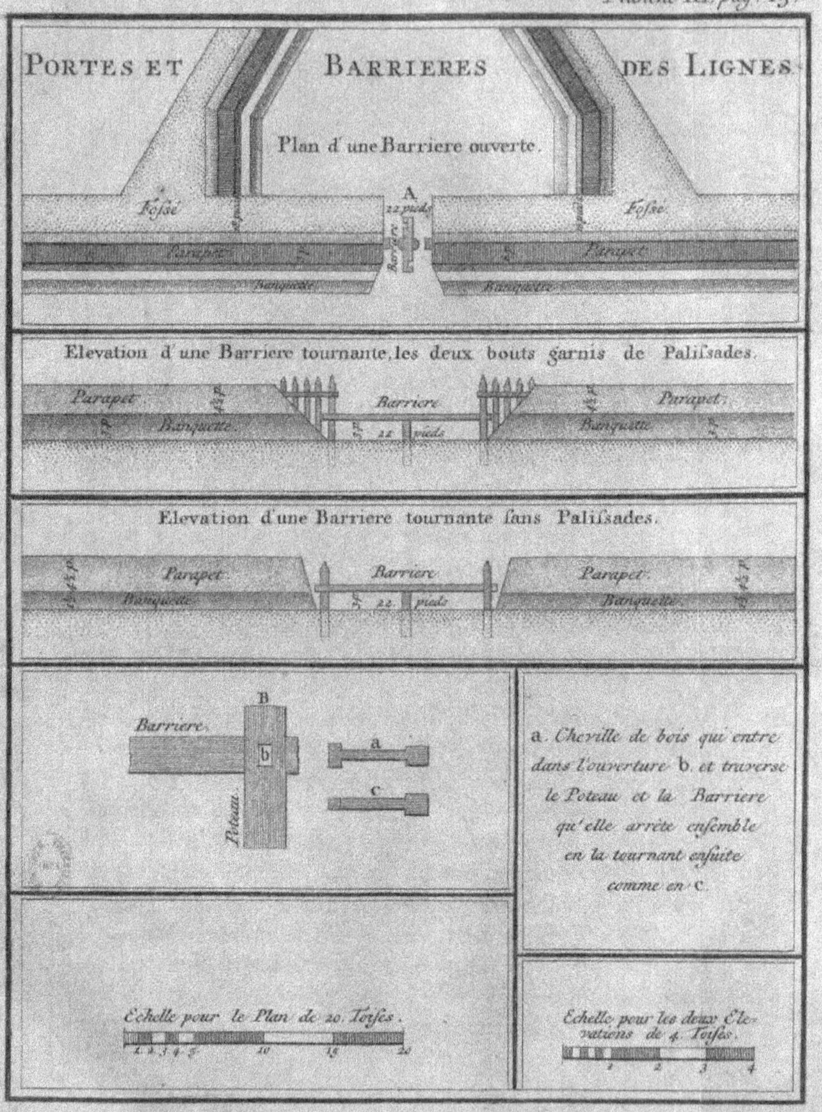
PORTES ET BARRIERES DES LIGNES.
Plan d'une Barriere ouverte.
Fossé
Fossé
A
22 pieds
Barriere
Parapet
Parapet
Banquette
Banquette
Elevation d'une Barriere tournante, les deux bouts garnis de Palissades.
Parapet
Barriere
Parapet
Banquette
22 pieds
Banquette
Elevation d'une Barriere tournante sans Palissades.
Parapet
Barriere
Parapet
Banquette
22 pieds
Banquette
Barriere
B
b
Poteau
a
c
a. Cheville de bois qui entre
dans l'ouverture b. et traverse
le Poteau et la Barriere
qu'elle arrête ensemble
en la tournant ensuite
comme en c.
Echelle pour le Plan de 20. Toises.
1 2 3 4 5   10   15   20
Echelle pour les deux Ele-
vations de 4. Toises.
1   2   3   4

ge, les frapant aussi en talus avec la Pele & le plat de la Pioche.   La finesse de l'œil est ce qui doit régler le Talus extérieur des terres; & comme il ne doit servir qu'un peu de tems, on n'y fait pas grande façon.   Il faut cependant recouper les terres du Talus intérieur, les fouler, & même les fasciner, si l'on peut, de fougere, de genets, de paille, de grandes herbes, & même de petites branches & de gazons, en un mot, de tout ce qu'on peut; afin de soutenir les terres de derriere sur un moindre Talus, que celui de devant; & que les Soldats puissent, au besoin, joindre le Parapet, & faire feu par-dessus. Il y faut aussi faire une Banquette. Enfin, il faut rendre l'élevation des Lignes, à peu de chose près, conforme à celle du Profil qu'on aura choisi.   Les Ingenieurs subalternes, doivent assidûment prendre ce soin, pendant que celui qui les dirige en chef, s'occupe avec les principaux à reconnoître le fort & le foible de la Place; afin qu'après en avoir rendu compte au Général, on forme le dessein des Attaques.

On faisoit autrefois des Emplacemens dans l'Intervalle des Lignes, & de la tête des Camps à quelques 20. toises de cette tête, & de 35. ou 40. toises de long, principalement dans les parties exposées à quelque Commandement de dehors, rarement sur les autres.   Ils étoient disposez par alignemens & paralleles à la tête des Camps, de 9. pieds de haut, sur 10. ou 12. d'épais, mesurez au sommet. La Cavalerie des Assiégeans se met derriere à couvert, quand on attaque les Lignes, & ne les quitte que lorsqu'il faut charger; cela la met à l'abri du Canon.   On n'a point pratiqué cette méthode depuis 50. ou 60. ans.   L'on fortifioit les Lignes par des Forts & par des Redoutes palissadées de distance en distance. On retranchoit même la plûpart des Quartiers tout au tour: ce qui ne se pratique plus présentement.   La briéveté des Siéges n'exige point cette précaution.

POR-

PORTES ET BARRIERES DES LIGNES.

ON fait les Portes & Barrieres des Lignes fur les avenuës des grands chemins ordinaires, par préference aux autres. A-près cela, de deux Courtines à deux Courtines, on fait auffi une Porte de 22. pieds de large, qui ferme avec une Bar-riere à fleau, tournante fur un poteau, dont le fommet, taillé en pivot, eft planté fur le milieu, où il partage l'ou-verture en deux paffages égaux. Ce fleau bat contre deux autres poteaux plantez aux deux extrêmitez des paffages, avec des Entailles pattées auxquelles il s'accroche, & fe fer-me avec une Cheville, comme celle qui eft repréfentée à l'endroit marqué B.

On doit obferver de les placer toutes à-peu-près fur le milieu des Courtines, & de les couvrir de Redans en forme de Demi-lunes, faites comme il eft repréfenté à l'endroit marqué A.

CONTREVALLATIONS.

LEs Contrevallations font de même qualité que les Li-gnes, excepté que le Profil n'en eft pas fi fort. Elles ne font pas à negliger, principalement aux Siéges des Places, dont la Garnifon eft forte, & l'Armée affiégeante peu nom-breufe. Le circuit des Contrevallations doit paffer par le derriere & la queuë des Camps, à diftance à-peu-près dou-ble de la tète des mêmes Camps, aux Lignes de Circon-vallation, en ferrant la Place le plus près que l'on pourra, fans trop s'expofer au Canon. On doit profiter de tous les avantages du terrain, qui fe rencontrent. On y fait auffi des paffages formez de Barrieres de la même façon: mais il n'eft pas néceffaire, que ces Barrieres foient fi fréquentes, ni qu'elles foient couvertes par des Ouvrages detachez.

On

On les flanque de Redans, mais petits & moins répetez
que ceux de la Circonvallation. Du surplus le Profil de la
Contrevallation doit être à-peu-près comme le 6me. Profil,
Planche II.

En voilà assez pour toutes les especes de Lignes, dont
on se pourra servir. Elles se doivent toujours régler selon
les besoins; c'est-à-dire, que si on est résolu d'attendre l'Ennemi dans les Lignes, il faut les faire bonnes, comme celles du prémier Profil. Si l'on prend le parti d'aller au-devant
de lui, on les peut faire comme on voudra: mais le plus sûr
est de les faire bonnes.

Les 2me. & 3me. Profils sont pour les bonnes; les 3me. &
4me. pour les médiocres; & les derniers pour les Lignes des
petits Siéges, où on ne laisse pas d'être obligé de prendre
des précautions.

PREPARATIFS DES ATTAQUES.

DEs le commencement du Siége on doit faire provision
de Gabions, & tenir la main à ce qu'ils soient bien faits,
de bonne assiette & tous égaux; de 8. 9. ou 10. piquets, chacun
de 4. à 5. pouces de tour, lacez, serrez & bien bridez haut
& bas avec de menus brins de fascines, élaguez en partie.
On leur donne 2. pieds & demi de haut sur autant de diametre, afin de les rendre plus maniables. Trois ou quatre jours
avant l'Ouverture de la Tranchée, à-peu-près dans le tems que
les Troupes ont achevé de se camper & de se munir de fou-
rage, on commande des Fascines & des Piquets, à tant par
Bataillon, & tant par Escadron: ce qui va à 2. ou 3000. pour
les prémiers, & 12. ou 1500. pour les derniers. La longueur
des Fascines doit être de 6. pieds sur 24. pouces de tour aux
reliûres, qui seront doubles; les Fascines bien faites; les gros
& petits brins recroissans également l'un sur l'autre par liai-

C

son

son alternative.   Les Piquets doivent avoir 3. pieds de long sur 5. à 6. pouces de tour, mesurez par le milieu.

Il faut remarquer, que les Fascines & les Piquets font des ouvrages de corvée, de même que les Lignes; mais les Gabions se payent ordinairement, cinq sols piece, à cause de la difficulté de leur construction, qui demande des soins, & de l'adresse.   Tous les Corps font amas de ces Fascines à la tête de leurs Camps, où chacun d'eux fait son magazin près des sentinelles.

Quant aux Gabions, c'est un ouvrage de Sapeur & de Mineur bien instruit, & d'un detachement de Suisses qu'on commande pour cet effet.   Ceux-ci font ordinairement plus adroits, que les François, à cette sorte d'ouvrage.   On doit aussi faire amas de toutes les Chapes & Bariques vuides de l'Artillerie, de même que de celles qu'on peut trouver chez les Vivandiers & à la campagne, desquelles on paye même prix que des Gabions.

PREPARATIFS DU PARC.

PEndant qu'on travaille aux Lignes & aux préparatifs de la Tranchée, l'Artillerie de son côté travaille à former son Parc & son Magazin à poudre; à monter les Pieces sur les Affuts; à préparer les Plates-formes du Canon & des Mortiers; à les séparer; à ranger les Bombes, Boulets, Grénades, & les Outils; à radouber ce qui en a besoin; à faire des Portieres & Fronteaux de mire.   On travaille en même tems à faire des Blindes de bois rond ou quarré, de 3. ou 4. pouces de grosseur, larges de 2. pieds & demi à 3. pieds, entre deux poteaux pointus par les deux bouts, longs de 5. à 6. pieds entre deux Traverses de 15. pouces de pointe à chaque bout.

On doit aussi faire amas de Roulettes de Charruës & de

Ma-

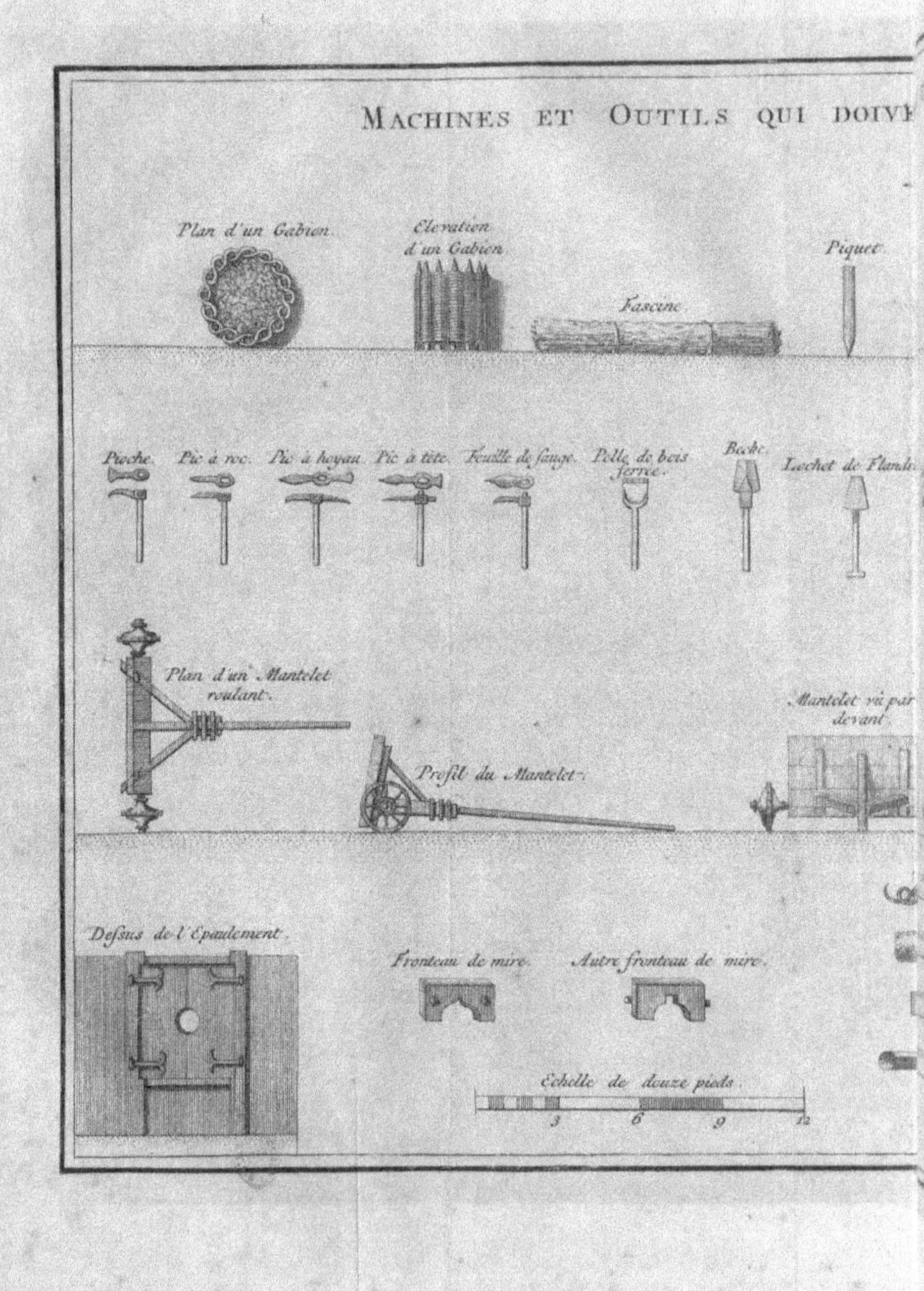
Plan d'un Gabion.
Elevation d'un Gabion.
Piquet.
Fascine.
Pioche.
Pic à roc.
Pic à hoyau.
Pic à tête.
Feuille de sauge.
Pelle de bois ferrée.
Bêche.
Lochet de Flandre.
Plan d'un Mantelet roulant.
Mantelet vû par devant.
Profil du Mantelet.
Dessus de l'Épaulement.
Fronteau de mire.
Autre fronteau de mire.
Echelle de douze pieds.
3   6   9   12

...NT SE TROUVER DANS LE PARC.

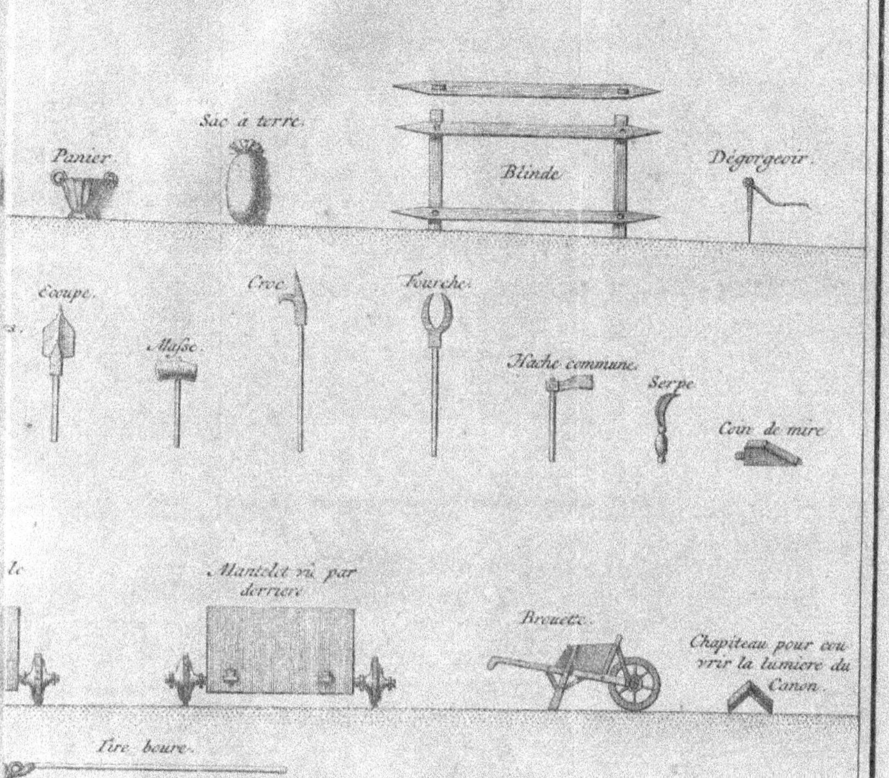

Madriers pour les Mantelets roulans, à l'ufage des Sapes. On ramaffera des Crocs, & Fourches de fer, emmanchées long, pour les Sapes, des Pioches, des Brouëttes, des Sacs à terre & des Paniers, dont il faut toujours avoir grande quantité.

SUITE DES PREPARATIFS DU PARC.

FAÇON DES MANTELETS.

LEs Mantelets propres aux Sapeurs font des machines roulantes, qui ne conviennent qu'à la Sape.

Pour les faire, on cherche des Roulettes de Charruës à la campagne, auxquelles on met un Effieu de 4. à 5. pouces de diametre, fur 4. à 5. pieds de long entre les moyeux. Au moyen de ces Roulettes on affemble une queuë fourchuë de 7. à 8. pieds de long à tenons & mortaifes, dont les bouts font arrêtez dans des entailles fur l'Effieu par des chevilles ou des cloux qui les tiennent fermes. Les deux bouts traverfez fur l'Effieu paffent au travers du Mantelet, qui eft un affemblage de Madriers de 2. pieds, 8. pouces de haut, fur 4. de large, penchant un peu fur l'Effieu du côté de la queuë, pour l'empêcher de culbuter en avant. Les Madriers, qui compofent les Mantelets, font goujonnez l'un à l'autre & tenus enfemble par deux traverfes de 4. pouces de large & 2. d'épais, auxquelles ils font cloüez & chevillez, & tout le corps du Mantelet appuyé fur une ou deux Contre-fiches affemblées dans les traverfes du Mantelet par un bout d'une part, & fur la queuë de même de l'autre, auxquelles elles font fortement chevillées. Les Plans & Profils répréfentant cette machine, acheveront de faire entendre fa conftruction. Comme le tranfport en eft incommode à caufe de fa figure & de fa pefanteur, le mieux fera, après que toutes les pie-

C 2

ces

ces auront été préparées & préfentées l'une à l'autre, de les marquer, de les faire porter toutes demontées à la tête des Sapes, & de les y faire monter: ce qui donnera bien moins d'embarras.

LES OUTILS.

LEs Outils, dont on fe fert dans les Siéges font, Pics-hoyaux, Pics à roc, Pioches fimples, Pelles de fer, Beches communes, Feuilles de fauge, Pelles de bois ferrées & non ferrées, & Lochets de Flandre. Ces derniers font les meilleurs de tous en bon terrain, comme eft celui des Païs-Bas; rarement font-ils bons ailleurs, parce que le plus fouvent les terres font dures, & mêlées de Tuf, Cailloux & Pierrailles, où ils ne font pas d'un bon ufage. Les Pics-hoyaux, qui ont Pioche d'un côté & une pointe de l'autre, font bons mêlez parmi les Tranchez, ou les Pioches communes. Les Pelles de fer, appellées Ecoupes, ne font pas mauvaifes, quand elles ont une bonne douille, & qu'elles font bien emmanchées. Les Beches un peu longues, qui s'enfoncent dans la terre avec le pied, font fort bonnes; parce qu'elles enlevent la terre, & font l'excavation d'un même coup. Les Pelles de bois ferrées font utiles, parce qu'elles prennent beaucoup de terre à la fois; mais elles fe caffent facilement. Les moindres de toutes font les Pelles de bois non ferrées; parce qu'elles font très-caffantes & de peu de durée. Toutes ces efpeces d'Outils font pour la terre & pour les rocailles; les fuivans font pour le bois: fçavoir Serpes, Haches communes, Scies de toute efpece, Cifeaux, Fermoirs de toute grandeur, Hachettes, Doloires, Herminettes, &c. & tous autres Outils apartenant à la Charpenterie, Feronnerie, & Serrurerie, dont il doit y avoir plufieurs atteliers complets dans le Parc. Il faut auffi des Outils

de

de Tourneur, pour faire les Porte-feux des Bombes & des
Grénades, les Platteaux de bois pour les Pierriers, & les
Tampons pour les Mortiers & le Canon. Il doit y avoir encore des Outils de Mineur pour la terre franche, le roc, le
tuf & les murs. Tous ces Outils, qui doivent être bien emmanchez, se tirent des Magazins, où il y en a pour l'ordinaire des Amas de longue main assemblez à loisir. Pour être
bons, ils doivent être de 4. à 5. lignes, fabriquez de bon
fer, de bonne trempe, & bien acérez sur les tranchans, avec
les pointes bien renforcées de bonnes & fortes douilles à la
tête: ce qui se voit rarement, parce que tout cela se prend à
des prix faits, qu'on n'a pas assez de soin de faire observer
avec exactitude.

CHAPITRE V.

OBSERVATIONS A FAIRE SUR LA RE-CONNOISSANCE DES PLACES.

IL y a présentement dans l'Europe peu de Places, dont
nous n'ayons des Plans; la plûpart même font imprimez.
Quoique plusieurs soient peu exacts, on ne laisse pas de s'en
aider, & d'en tirer des lumieres, qui ne font pas inutiles;
c'est pourquoi je crois, qu'il ne faut pas les negliger, non
plus que les Cartes des Environs des Places.

On trouve encore le moyen d'apprendre quelque chose
de l'état des Places par les gens du Païs, principalement par
des Ouvriers un peu intelligens, comme Maçons, Tailleurs
de pierres, Appareilleurs, Terrassiers, Entrepreneurs. On
peut encore introduire quelqu'un dans une Place, qui, après
y avoir fait quelque sejour, vous apporte des nouvelles de
ce que vous voulez sçavoir.

A tout ce qu'on peut apprendre de cette sorte, & à quoi

il ne faut pas trop fe fier, on doit ajoûter ce que l'on decouvre par foi-même: c'eft pourquoi il faut les reconnoître en perfonne, ou les faire reconnoître par des gens fûrs & intelligens; ce qui fe doit faire à petit bruit de jour & de nuit.

De jour on n'a pas la liberté de s'approcher de bien près, à moins qu'on ne le faffe prefque feul; parce que les Gardes avancées de la Place & le Canon vous inquiétent quand vous êtes accompagné, & vous empêchent d'approcher.

Le mieux eft, d'avoir de petites Gardes avancées derriere foi, cachées dans des hayes, ou dans quelque foffé, foutenuës par d'autres un peu plus éloignées, à la faveur defquelles on s'avance feul, ou très-peu accompagné. Cette pratique réüffit prefque toujours. Ce font de ces fortes de chofes qu'il faut dérober comme on peut, & les revoir plufieurs fois.

Ces manières de reconnoître la Place n'inftruifent gueres, que du chemin à tenir pour les Attaques, du nombre & de la grandeur des Baftions, des Cavaliers, Demi-Lunes, Ouvrages à corne, Redans, Chemin couvert, &c. ce qui eft toujours beaucoup. Mais s'il y a des Fonds près de la Place, & autres Couverts qui puiffent être bons à quelque chofe, on a peine à les demêler, & d'ordinaire on ne les reconnoit que fort imparfaitement, non plus que les Eaux dormantes & courantes, qui font près de la Place.

Pour bien demêler tout ceci, il faut les reconnoître de nuit, bien accompagné, afin de les pouvoir approcher & toucher, comme on dit, du bout du doigt; ce qui ne fe fait pas fans peril, encore ne voit-on pas grand' chofe : mais le matin, en fe retirant peu-à-peu avec le jour, on découvre ce que l'on vouloit voir d'une manière plus parfaite. C'eft en quoi il ne faut rien negliger : car on retire de grands avantages d'une Place bien reconnuë.

Au furplus ce n'eft pas une chofe bien aifée, que de démêler

mêler le fort & le foible d'une Place. Vous avez beau la reconnoître de jour & de nuit, vous ne sçaurez pas ce qu'elle renferme dans elle-même, si vous ne l'apprenez par d'autres; c'est pourquoi il ne faut rien negliger.

Il n'y a point de Place, qui n'ait son fort & son foible, à moins qu'elle ne soit d'une construction réguliere, dont les parties de même qualité soient toutes égales entre elles, & située, au milieu d'une plaine rase & qui n'avantage en rien une partie plus que l'autre: tel qu'est le Neuf-Brisac.

Pour lors on la peut dire également forte & foible partout. En ce cas il n'est plus question, que d'en résoudre les Attaques par rapport aux commoditez; c'est-à-dire, par le côté le plus à portée du Quartier du Roi, du Parc de l'Artillerie, des lieux dont on peut tirer des Fascines & des Gabions, & des accès les plus commodes. Mais comme il se trouve peu de Places fortifiées de la sorte; & que presque toutes sont régulieres en quelques parties & irrégulieres en d'autres, par rapport à leurs fortifications, presque toujours composées de vieilles & de nouvelles Pieces, elles ont presque toutes quelque défaut ou quelque avantage par rapport à la situation plus grande à un côté qu'à l'autre, ou par rapport à la campagne des environs: ce qui fait une diversité qui exige différentes observations. Tàchons de déveloper ceci le mieux qu'il nous sera possible; la chose en vaut bien la peine.

Si la Fortification d'une Place a quelque côté situé sur un rocher de 25. 30. 40. 50. ou 60. pieds de haut; & si ce rocher est sain & bien escarpé: nous dirons la Place inaccessible par ce côté. Si ce rocher bat au pied d'une riviere d'eau courante ou dormante, ce sera encore pis. Si quelque côté en plain terrain est bordé par une riviere, qui ne soit pas guéable, qui ne puisse être detournée, & qui soit bordée du côté de la Place d'une bonne Fortification, capable d'en deffendre

le

le paſſage, on pourra dire la Place inattaquable par ce côté. Si le cours de cette riviere eſt accompagné de prairies baſſes & marécageuſes en tout tems, il doit paroître encore plus difficile de l'attaquer par ce côté.

Si la Place eſt environnée en partie d'eaux & de marais, acceſſible pourtant par des terrains ſecs, qui bordent ces marais; ſi ces avenuës acceſſibles ſont bien fortifiées; s'il y a des Pieces dans les marais, qui ne ſoient pas abordables, & qui puiſſent voir à revers les Attaques du terrain ferme qui les joint: ce ne doit pas être là un lieu avantageux aux Attaques, à cauſe de ces Pieces inacceſſibles, & parce qu'il faut pouvoir embraſſer ce que l'on attaque. Si la Place eſt haute, environnée de terres baſſes & de marais, comme il s'en trouve aux Païs-Bas, & qu'elle ne ſoit abordable que par des chauſſées; il faut conſidérer:

1. Si l'on ne peut point deſſecher les marais; s'il n'y a point de tems dans l'année où ils ſe deſſechent d'eux mêmes, & en quelle ſaiſon; en un mot, ſi l'on ne peut pas les faire écouler, & mettre à ſec.

2. Si les Chauſſées ſont droites ou tortuës, enfilées de la Place en tout, ou en partie; de quelle étenduẽ eſt la partie qui ne l'eſt pas, & à quelle diſtance de la Place; quelle en eſt la largeur; & ſi l'on peut y tournoyer une Tranchée en la défilant.

3. Si l'on peut aſſeoir des Batteries au-deſſous, ou à côté, ſur quelque terrain moins bas que les autres, qui puiſſent croiſer ſur les Parties attaquées de la Place.

4. Si les Chauſſées ſont ſi fort enfilées, qu'il n'y ait point de tranſverſales un peu conſidérables, qui faſſent front à la Place d'aſſez près; & s'il n'y a point quelque endroit, qui puiſſe faire un Couvert conſidérable contre elle en rélevant une partie de l'épaiſſeur des Chauſſées ſur l'autre, & à quelle diſtance de la Place tout cela ſe trouve.

5. Si

5. Si des Chauſſées voiſines l'une de l'autre, qui aboutiſſent à la Place, ſe joignent en quelque endroit, & ſi, étant occupées par les Attaques, elles ſe peuvent entre-ſecourir par des vûës de Canon croiſées ou de revers ſur les Pieces attaquées.

6. De quelle nature eſt le Rempart de la Place & de ſes dehors; ſi elle a des Chemins couverts; ſi les Chauſſées qui les abordent y ſont jointes; & s'il n'y a point quelque Avant-foſſé plein d'eau courante ou dormante, qui les ſepare.

De toutes ces conſidérations on doit conclure, qu'il ne faut jamais attaquer une Place par un côté où il ſe rencontre tant d'obſtacles, pour peu qu'il y ait d'apparence d'approcher de la Place par un autre côté; parce qu'on eſt toujours enfilé, & continuellement écharpé par le Canon, ſans pouvoir s'en défendre, ni s'en rendre maître, ni embraſſer les parties attaquées de la Place.

A l'égard de la Plaine, il faut

1. Examiner, par où l'on peut embraſſer les Fronts de l'Attaque; parce que ceux-là ſont toujours à préferer aux autres.

2. La quantité des Pieces à prendre, avant que de pouvoir arriver au Corps de la Place; leurs qualitez, & celles du terrain ſur lequel elles ſont ſituées.

3. Si la Place eſt baſtionnée & revêtuë.

4. Si la Fortification en eſt réguliere ou à-peu-près équivalente.

5. Si elle eſt couverte par quantité de Dehors; quels, & combien; parce qu'il faut s'attendre à autant d'affaires qu'il y en aura à prendre.

6. Si les Chemins couverts ſont bien faits, contreminez & paliſſadez; ſi les Glacis en ſont roides, & non commandez des Pieces ſupérieures de la Place.

7. S'il y a des Avant-foſſez, & quels.

D

8. Si

8. Si les Foſſez ſont revêtus & profonds; ſecs, ou pleins d'eau; de quelle profondeur; ſi l'eau eſt dormante ou courante; s'il y a des Ecluſes, & quelle pente il peut y avoir de l'entrée des eaux à leur ſortie.

9. S'ils ſont ſecs; quelle en eſt la profondeur, & ſi les bords en ſont bas & non revêtus. Au reſte on doit faire attention, que les plus mauvais de tous ſont les plains d'eau quand elle eſt dormante.

Les Foſſez qui ſont ſecs, profonds, & revêtus, ſont bons; mais les meilleurs ſont ceux, qui, étant ſecs, peuvent être inondez d'une groſſe eau courante ou dormante, quand on le veut; parce qu'on peut les défendre ſecs, & enſuite les inonder & y exciter des torrens, qui en rendent le trajet impoſſible. Tels ſont les Foſſez à Valenciennes du côté du Queſnoy, qui ſont ſecs; mais dans leſquels on peut mettre telle quantité d'eau dormante ou courante qu'on voudra, ſans qu'on le puiſſe empêcher. Tels ſont encore les Foſſez de Landau, Place moderne, dont le mérite n'eſt pas encore bien connû. Cette Place toute neuve & ſans être achevée a déja ſoutenu trois grands Siéges, dont aucun n'a été conduit avec une grande intelligence; & les défenſes l'ont été encore plus mal.

Les Places qui ont de tels Foſſez avec des reſervoirs d'eau qu'on ne leur peut ôter, ſont très-difficiles à forcer, quand ceux, qui les défendent, ſçavent en faire uſage.

Les Foſſez revêtus, dès qu'ils ont 10. 12. 15. 20. à 25. pieds de profondeur, ſont auſſi fort bons, parce que les Bombes ni le Canon ne peuvent rien contre ces revêtemens, & que l'on n'y peut entrer que par les déſcentes, c'eſt-à-dire, en défilant un à un, ou deux à deux au plus: ce qui eſt ſujet à bien des inconveniens; car on vous chicane par différentes Sorties ſur vôtre paſſage & vos logemens de Mineurs: ce qui cauſe beaucoup de retardement & de perte.

D'ail-

D'ailleurs quand il s'agit d'une Attaque, on ne la peut soutenir que foiblement, parce qu'il faut que tout passe par un trou ou deux, & toujours en défilant avec beaucoup d'incommodité.

Il faut encore examiner, si les Fossez sont taillez dans le roc, & si ce roc est continué & dur; car s'il est dur & mal aisé à manier, vous serez obligé de combler ces Fossez jusqu'au rez du Chemin couvert, pour faire vôtre passage: ce qui est un travail long & difficile, principalement si le Fossé est profond; car ces manœuvres demandent beaucoup d'ordre & de tems, & l'Ennemi qui songe à se défendre, vous fait beaucoup souffrir par ses chicanes; il détourne les Matériaux, arrache les Fascines, y met le feu, vous inquiete par ses Sorties & par le feu de son Canon, de ses Bombes, & de sa Mousquetterie: contre quoi vous êtes obligé de prendre de grandes précautions, parce qu'un grand feu de près est fort dangereux; c'est pourquoi il faut de nécessité l'éteindre par un plus grand, bien disposé.

Après s'être bien instruit de la qualité des Fortifications de la Place qu'on veut attaquer, il faut voir si quelque Rideau, Chemin creux, ou Inégalité de terrain peut favoriser vos Approches, & vous épargner quelque bout de Tranchée: s'il n'y a point de Commandement qui puisse vous servir: si le terrain par où se doivent conduire les Attaques est doux & aisé à renverser, ou s'il est dur, & mêlé de pierres, cailloux, rocailles, ou de roches pelées, dans lequel on ne puisse que peu ou point s'enfoncer.

Toutes ces différences sont considérables; car si c'est un terrain aisé à manier, il sera facile d'y faire de bonnes Tranchées en peu de tems, & on y court bien moins de risque; s'il est mêlé de pierres, de cailloux, il sera plus difficile, & les éclats du Canon y sont dangereux.

Si c'est un roc dur & pelé dans lequel on ne puisse s'enfoncer, il faut compter d'y apporter toutes les terres & ma-

D 2

tériaux

tériaux dont on aura besoin ; de faire les trois quarts de la Tranchée de Fascines & de Gabions , même de Balots de bourre & de laine : ce qui produit un long & mauvais travail, qui n'est jamais à l'épreuve du Canon , & rarement du Mousquet, & dont on ne vient à bout qu'avec du tems, du peril, & beaucoup de dépense: c'est pourquoi il faut éviter, tant que l'on peut, d'attaquer par de telles avenuës.

FRONT DE PLACE ET TERRAIN EGAL.

IL faut examiner & compter le nombre des Pieces à prendre: car le Front qui en aura le moins ou de plus mauvaises, doit être consideré comme le plus foible, si la qualité des Fossez ne s'y oppose point. Il y a beaucoup de Places situées sur des rivieres, qui n'en occupent que l'un des côtez, ou si elles occupent l'autre, ce n'est que par de petits Forts, ou des Dehors peu considérables, auxquels on communique par un Pont, & par des Bateaux au défaut du Pont.

Tel étoit autrefois Stenay , & tels font encore Sedan , Mezieres, Charlemont & Namur sur la Meuse, Metz, & Thionville sur la Moselle, Huningue, le Vieux-Brisac, Strasbourg, Philipsbourg sur le Rhin , & plusieurs autres.

Où cela se rencontre, il est plus avantageux d'attaquer le long des rivieres , au-dessus ou au-dessous, appuyant la droite ou la gauche sur un de leurs bords, & poussant une autre Tranchée vis-à-vis, le long de l'autre bord, afin de se rendre maître de ces Dehors , ou d'occuper une situation propre à placer des Batteries de revers sur le côté opposé aux grandes Attaques.

Comme les Batteries de cette petite Attaque peuvent aussi voir le Pont qui sert de communication de la Place à ce Dehors , les grandes Attaques de leur côté en pourroient faire

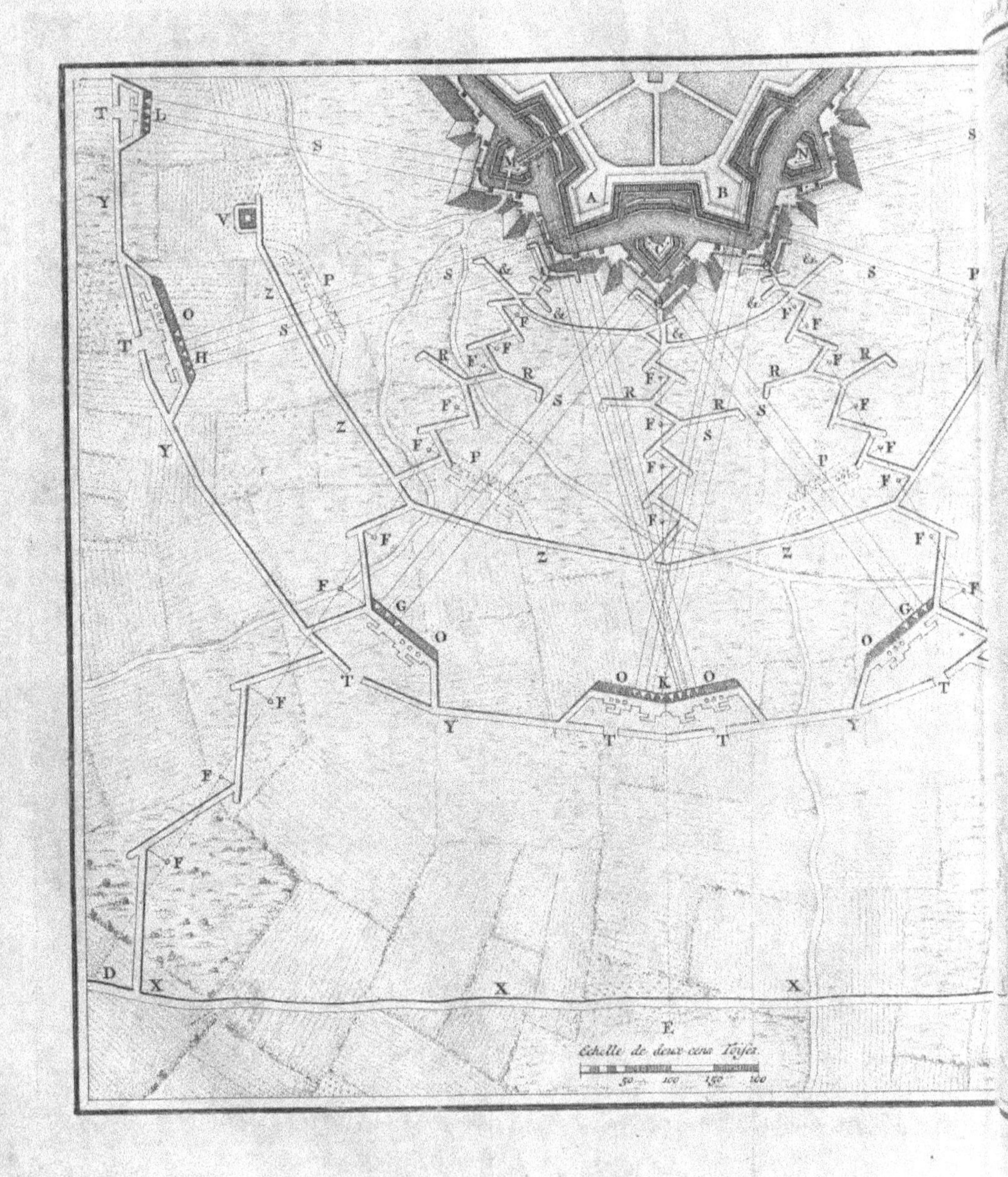

E.
Echelle de deux cens Toises.
50   100   150   200

ATTAQUES REGULIERES

En terrain uni, la Tranchée fuppofée ouverte à la portée du Canon.

A}
B} Baftions du front de l'Attaque.

C Demi-Lune du même front.

D Prolongement des Capitales des Baftions attaquez A. B.

E Prolongement de la Capitale de la Demi-Lune C.

F Piquets bouchonnez de paille ou de mèche allumée fur le Prolongement pour fervir à la conduite des Tranchées.

G Batteries à Ricochets des deux Faces & du Chemin couvert de la Demi-Lune C.

H Batterie à Ricochets de la Face gauche & du Chemin couvert du Baftion A.

I Batterie à Ricochets de la Face droite & du Chemin couvert du Baftion B.

K Batterie à Ricochets des deux autres Faces de ces deux Baftions A. B. & de leur Chemin couvert.

L Batteries à Ricochets des Faces & Chemins couverts des deux Demi-Lunes collaterales M. N.

O Batteries à Bombes.

P Places fur la feconde Ligne, où l'on pourroit mettre les Batteries, s'il étoit néceffaire de les changer.

Q Cavaliers de Tranchée qui enfilent le Chemin couvert de la Place.

R Demi-Places d'Armes.

S Piquets fur le Prolongement des Faces des Pieces attaquées pour l'établiffement des Batteries à Ricochets.

T Paffages que l'on fait en comblant la Places d'Armes avec des Fafcines, pour mener le Canon & les Mortiers à leurs Batteries.

V Redoutes qui terminent la feconde Place d'Armes.

X Chemin pour la communication des Attaques de la droite à la gauche.

Y Première Parallele ou Place d'Armes.

Z Deuxieme Parallele ou Place d'Armes.

& Troifieme Parallele ou Place d'Armes.

faire autant; moyennant quoi il seroit difficile que la Place
y pût communiquer longtems : d'où il s'ensuivroit, que
pour peu que ce Dehors fût pressé, l'Ennemi l'abandonne-
roit, ou n'y feroit pas grande resistance, principalement s'il
est petit, & de peu d'étenduë. Mais ce ne seroit pas la même chose, si c'étoit une partie de Ville, ou quelque grand
Dehors, à-peu-près de la capacité de Wyck, qui fait partie
de la Ville de Mastricht. Tout cela mérite d'être bien démêlé
par de bonnes & serieuses réflexions; car il est certain, qu'on
en peut tirer de grands avantages.

Il faut encore avoir égard aux rivieres ou ruisseaux qui
traversent la Ville, & aux marais, & prairies qui accompagnent leur cours: car quand les terrains propres aux Attaques aboutissent contre, ou les avoisinent de près, soit par
la droite, soit par la gauche, cela donne moyen, en prolongeant les Places d'Armes jusques sur les bords, de barrer les
Sorties de ce côté-là; & bordant d'Infanterie & de Cavalerie ensemble le côté des Attaques qui n'est point favorisé
de cet avantage, il en arrive un autre bien considérable, qui
est que, se trouvant en état de se pouvoir porter tous ensemble à l'action, elle doit produire un bien plus grand effet, que quand elle est separée en deux parties éloignées
l'une de l'autre.

Il est bon encore de commander journellement un Piquet
de Cavalerie & de Dragons dans les Quartiers plus voisins
des Attaques, pour les pousser de ce côté-là, s'il arrivoit que
quelque Sortie extraordinaire bouleversât la Tranchée.

Pour conclusion, on doit toujours chercher le foible des
Places, & l'attaquer par préférence à tous autres endroits;
à moins que quelque considération extraordinaire ne vous
oblige d'en user autrement. Quand on a bien reconnu la
Place, on doit faire un petit recueil de ces remarques avec
un Plan, & le proposer au Général, & à celui qui comman-

de l'Artillerie, avec qui on doit agir de concert, & convenir après cela du nombre des Attaques qu'on peut faire : cela dépend de la force de l'Armée & de l'abondance des Munitions.

Je ne crois pas, qu'il soit avantageux de faire de fausses Attaques ; parce que l'Ennemi s'appercevant de la fausseté dès le troisieme ou le quatrieme jour de l'ouverture de la Tranchée, n'en fait plus de cas, & les meprise : c'est donc de la fatigue & de la dépense inutiles.

On ne doit pas faire non plus des Attaques séparées, excepté que la Garnison ne soit très-foible, ou l'Armée très-forte ; parce que vous êtes obligé de monter aussi fort à une seule qu'à toutes les deux, & cette séparation rend les Attaques plus foibles & plus difficiles à servir.

Les meilleures & les plus faciles Attaques, sont les Attaques doubles, qui sont liées ; parce qu'elles peuvent s'entre-secourir. Elles sont plus aisées à servir, elles se concertent mieux, & plus aisement, pour tout ce qu'elles entreprennent, & ne laissent pas de faire diversion des forces de la Garnison.

Il n'y a donc que certains cas extraordinaires & forcez, pour lesquels je pourrois être d'avis de n'en faire qu'une : par exemple, quand les Fronts attaquez sont si étroits qu'il n'y a pas d'espace pour pouvoir en déveloper deux.

Il faut encore faire entrer dans la reconnoissance des Places celle des Couverts pour l'établissement du petit Parc, du petit Hôpital & du Champ de Bataille pour l'assemblée des Troupes qui doivent monter à la Tranchée, & des endroits les plus propres à placer les Gardes de la Cavalerie.

Le petit Parc se place en quelque lieu couvert à la queuë des Tranchées de chaque Attaque. Il doit être garni d'une certaine quantité de Poudre, de Balles, Grénades, Méches, Pierres-à-fusil, Serpes, Haches, Blindes, Mantelets, Outils,

tils, &c. pour les cas preſſans, afin qu'on n'ait pas la peine
de les aller chercher au grand Parc, quand on en a beſoin.

C'eſt près du petit Parc que ſe range le petit Hôpital;
c'eſt-à-dire, les Chirurgiens & les Aumôniers, avec des Ten-
tes, Paillaſſes, Matelas, & des remedes pour les prémiers
appareils des bleſſures. Outre cela, chaque Bataillon mene
avec ſoi ſes Aumôniers, Chirurgiens-majors, & Fraters, qui
ne doivent point quitter la queuë de leurs Troupes.

A l'égard du Champ de Bataille pour l'aſſemblée des Gardes de Tranchée qui doivent monter, comme il leur faut
beaucoup de terrain, on les aſſemble pour l'ordinaire hors la
portée du Canon de la Place: les Gardes de la Cavalerie s'aſ-
ſemblent de même; celles-ci ſont placées enſuite ſur la droite
& la gauche des Attaques, le plus à couvert du Canon qu'on
le peut. Quand il ne s'y trouve point de Couvert, on fait des
Epaulemens à 4. ou 500. toiſes de la Place pour les Gardes
avancées, pendant que le plus gros ſe tient plus reculé &
hors de la portée du Canon.

Lorſqu'il ſe trouve quelque ruiſſeau ou fontaine près de la
queuë des Tranchées, ou ſur leur chemin, cela eſt d'un
grand ſecours pour les Soldats de la Garde: ainſi il faut les
garder, pour empêcher qu'on ne les gâte; & quand il ſeroit
néceſſaire d'en aſſûrer le chemin par un bout de Tranchée
fait exprès, on n'y doit pas héſiter.

On doit auſſi examiner le chemin des Troupes aux Attaques, qu'il faut toujours accommoder, & régler par les endroits les plus ſecs & les plus couverts du Canon.

Quand le Quartier du Roi ſe trouve à portée des Attaques, cela eſt plus commode: mais on ne doit pas abſolument s'y aſſujettir.

Il eſt bien plus important, que le Parc d'Artillerie en ſoit
le plus près qu'il ſera poſſible.

C'eſt encore une eſpece de néceſſité, de loger les Ingenieurs,

nieurs, Mineurs & Sapeurs le plus près des Attaques que l'on peut, afin d'éviter les incommoditez des éloignemens.

Les Attaques étant donc réfoluës, on régle les Gardes de la Tranchée : fçavoir l'Infanterie fur le pied d'être au-moins auffi forte que les trois quarts de la Garnifon, & la Cavalerie d'un tiers plus nombreufe que celle de la Place : de forte que, fi la Garnifon étoit de 4000. hommes de pied, la Garde de la Tranchée doit être au moins de 3000; & fi la Cavalerie de la Place étoit de 400. Chevaux, il faudroit que celle de la Tranchée fût de 600.

Autrefois nos Auteurs eftimoient, que pour bien faire le Siége d'une Place, il falloit que l'Armée affiégeante fût dix fois plus forte que la Garnifon; c'eft-à-dire, que fi celle-ci étoit de 1000. hommes, l'Armée devoit être de 10000; que fi elle étoit de 2000., l'affiégeante devoit être de 20000; & fi elle étoit de 3000., il falloit que l'Armée, à peu de chofe près, fût de 30000. hommes, felon leur eftimation : en quoi ils n'avoient pas grand tort. Celui qui examinera toutes les manœuvres auxquelles les Troupes font obligées pendant un Siége, n'en fera pas furpris : car il faut tous les jours monter & defcendre la Tranchée; fournir aux Travailleurs de jour & de nuit, à la Garde des Lignes, à celles des Camps particuliers & des Généraux, & à l'efcorte des Convois, des Fourages; faire des Fafcines; aller au Commandement, au Pain, à la Guerre, &c.; de forte qu'elles font toujours en mouvement, quelque groffe que puiffe être une Armée. Ce qui étoit bien plus fatigant autrefois qu'à préfent; parce que les Siéges duroient le double & le triple de ce qu'ils durent aujourd'hui, & qu'on y faifoit de bien plus grandes pertes. On n'y regarde plus de fi près, & l'on entreprend d'attaquer une Place à fix ou fept contre un; parce que les Attaques d'aujourd'hui font bien plus fçavantes, qu'elles n'étoient autrefois.

Il

Il y a cependant une chofe à remarquer fur l'ancienne hypothefe de l'Attaque des Places, qui eft, que je ne confeillerois pas à une Armée de 10000. hommes d'attaquer une Place où il n'y en auroit que 1000., qu'on feroit obligé de circonvaller. La raifon eft, que toute circonvallation devant fe régler fur la portée du Canon de la Place, & fur les défauts & avantages des environs, on eft obligé de la faire auffi grande pour les petites Armées que pour les grandes.

Or il eft certain, qu'une Armée de 10000. hommes circonvalleroit très mal une Place, fi on vouloit l'attaquer dans les formes ordinaires; & même qu'une Armée de 20000. ne la circonvalleroit que foiblement. Car il n'y a point de Place, fi petite qu'elle foit, qui n'ait du moins 3. ou 400. toifes de diametre avec fes fortifications. De-là aux Lignes il y doit encore avoir 14. ou 1500. toifes pour n'avoir pas le Canon dans le derriere des Camps: ce qui fait 3000. toifes. Joignez les 400. de diametre, vous aurez 3400. pour le diametre de la circonvallation, qui vous donnera pour la circonférence environ 10700. toifes en la faifant parfaitement circulaire; & fi elle ne l'eft pas, elle fera encore plus grande. Si l'on ajoûte pour les Redans & finuofitez de la Ligne 3. ou 400. toifes, on trouvera qu'il y a peu de circonvallation, fi petite foit-elle, qui n'ait au moins 12000. toifes de circuit, c'eft-à-dire, cinq lieuës de 2500. toifes chacune, qui font à-peu-près des lieuës communes de France.

Il eft aifé de concevoir, que des Lignes de cette étenduë feroient très foiblement gardées par une Armée de dix-à douze-mille hommes, qui feroit chargée de l'Attaque d'une Place & de toutes les autres corvées indifpenfables des Siéges: ce qui prouve évidemment, qu'une Armée de cette force ne feroit pas en état de foutenir l'attaque d'une Armée de fecours qui fe préfenteroit à ces Lignes. Ainfi

E   cette

cette propofition fort bonne pour les Armées au-deffus de 20000. hommes, ne l'eft pas pour celles qui font au-deffous, à moins qu'elles ne foient foutenuës par une Armée d'obfervation, capable de tenir l'Ennemi en refpeét, & l'empêcher de tenter un grand fecours.

Pour les petits fecours, comme ils fe font à la derobée, il n'en paffe que rarement quand les Lignes font faites; & même l'Ennemi ne les tente pas. Revenons à la Difpofition des Attaques.

C'eft ici où les Ingenieurs doivent faire paroître toute leur capacité: car la Difpofition des Attaques eft principalement de leur reffort.

Il n'y avoit autrefois rien de plus rare en France que les perfonnes de cette profeffion; & le peu qu'il y en avoit fubfiftoit fi peu de tems, qu'il étoit encore plus rare d'en voir qui fe fuffent trouvez à cinq ou fix Siéges. Ce petit nombre d'Ingenieurs, obligé d'être toujours fur les travaux, étoit fi expofé, que prefque tous fe trouvoient ordinairement hors d'état de fervir, par leurs bleffures, dès le commencement ou le milieu d'un Siége, ce qui les empêchoit d'en voir la fin, & par conféquent de s'y rendre fçavans. Cela joint à bien d'autres défauts, dans lefquels on tomboit, ne contribuoit pas peu à la longueur des Siéges, & aux pertes confiderables qu'on y faifoit. Mais depuis que le Roi a commencé de faire la guerre en perfonne, fa préfence a infpiré plus d'efprit & de conduite aux Armées; & Sa Majefté ayant connu par elle-même, combien il lui étoit néceffaire d'avoir des perfonnes éclairées, capables de fervir dans les Siéges & dans les Places, a mis fur pied & entretenu un bon nombre d'Ingenieurs. Les jeunes gens & la Nobleffe même fe font jettez dans cette profeffion, attirez par les bienfaits & la diftinétion qu'ils y ont trouvé; & quoiqu'on en tuë & qu'on en eftropie beaucoup, le Roi n'en manque jamais.

L'on

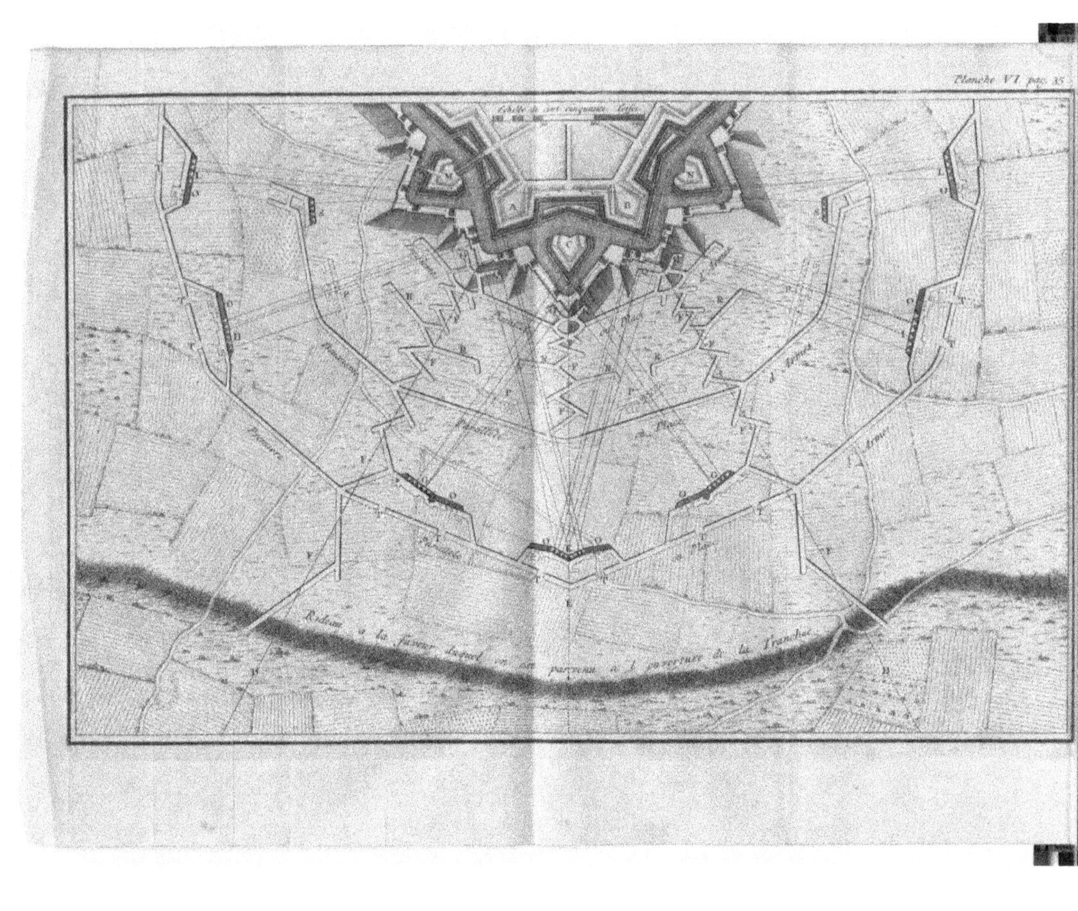
Eschelle de Sixt cinquante Toises

ATTAQUES REGULIERES

La Tranchée étant ouverte à Demi-portée de Canon,
à la faveur d'un Rideau.

A
B } *Bastions du front de l'Attaque.*

C *Demi-Lune du même front.*

D *Prolongement des Capitales des Bastions. A. B.*

E *Prolongement de la Capitale de la Demi-Lune. C.*

F *Piquets garnis sur le prolongement des Capitales.*

G *Batteries à Ricochets des deux Faces de la Demi-Lune. C.*

H *Batterie à Ricochets de la Face gauche du Bastion. A.*

I *Batterie à Ricochets de la Face droite du Bastion. B.*

K *Batteries à Ricochets des deux autres Faces desdits Bastions. A. B.*

L *Batteries à Ricochets des Faces & du Chemin couvert des deux Demi-Lunes col-lateralles M. & N. qui voyent sur les Attaques.*

O *Batteries à Bombes.*

P *Places sur la Deuxieme Ligne où l'on pourroit mettre les Batteries s'il étoit néces-saire de les changer.*

Q *Cavaliers de Tranchée qui enfilent le Chemin couvert.*

R *Demi-Places d'Armes.*

S *Places où l'on pourroit mettre les Batteries à Ricochets contre la Courtine entre les Bastions attaquez.*

T *Passages que l'on fait en comblant la Place d'Armes de Fascines pour mener le Canon & les Mortiers à leurs Batteries.*

L'on ne fait point de Siéges, depuis long-tems, qu'il ne s'y en trouve des trente-six ou quarante, qu'on fepare ordinairement en fix Brigades, de fix ou fept chacune ; afin qu'à chaque Attaque on en puiffe avoir trois qui fe rélevent alternativement toutes les vingt-quatre heures: ce qui fait que jamais la Tranchée n'eft fans Ingenieurs, qui, en partageant entre eux les foins du travail, font que le travail va toujours, & qu'il n'y a pas une heure de tems perduë.

Comme il faut de la fubordination dans tous les Corps, celui-ci en a plus befoin qu'aucun autre, parce que tout ce qu'il fait doit être concerté & dirigé par un fupérieur très-intelligent, qui diftribue à chacun d'eux ce qu'il a à faire, & auquel tous répondent. Il y a autant de Brigadiers que de Brigades, qui ont tous leurs Sous-Brigadiers, qui commandent aux autres en fecond, & qui, avec le Brigadier, diftribuent le travail à toute la Brigade. Tous fe doivent relayer tour-à-tour, parce qu'il y a peu d'hommes fi robuftes qui puiffent foutenir un auffi grand travail que le leur trente heures durant: car pour bien s'acquiter de leur fonction le jour qu'ils rélevent, ils doivent dès les 10. à 11. heures du matin aller à la Tranchée, reconnoître ce qu'ils auront à faire, pour enfuite diftribuer les Travailleurs qui leur font donnez, fuivant les befoins qu'ils auront reconnus néceffaires ; après quoi ils vont les recevoir au rendez-vous, où ils les préparent felon les difpofitions qu'ils ont faites. Ils peuvent bien fe partager & fe relayer la nuit & le jour; mais ils ne doivent jamais quitter la Tranchée que ceux qui les rélevent ne foient arrivez, & qu'ils ne leur ayent affigné le travail.

CHAPITRE VI.

DE L'OUVERTURE DE LA TRANCHE'E.

QUAND tout eſt bien diſpoſé, que tous les Païſans ſont établis, les Lignes à-peu-près avancées aux deux tiers ou aux trois quarts de leur façon, qu'il y a de bons amas de Faſcines à la tête des Camps, que l'Artillerie eſt en état de pouvoir mettre du Canon en batterie dans trois ou quatre jours, la Place étant bien reconnuë, ne paroiſſant rien au-dehors qui puiſſe vous traverſer, & les Attaques enfin réſoluës; on prend jour pour l'Ouverture de la Tranchée. On détermine en même tems les lieux les plus propres à faire cette Ouverture, & l'on y met des marques. On reconnoît les Alignemens prolongez, ainſi qu'ils ſont marquez A. D, B. D, C. E, des Capitales des Piéces qu'on doit attaquer, le long deſquelles on ſe doit conduire, & qu'il faut marquer par des Piquets, auxquels on attache des bouchons de paille marquez F. Le prolongement des Capitales ſe connoît & ſe dirige en alignant la pointe des Piéces qu'on doit attaquer, par celles du Chemin couvert qui les envelope ; ce qui donne deux points : le troiſieme marqué par un Piquet en alignement des deux prémiers en lieu ſûr, où vous puiſſiez approcher commodement. Le quatrieme ſe prend en alignement des trois prémiers; après quoi on n'a qu'à continuer ſur ces deux derniers, pour ſervir de prolongement à meſure qu'on s'approche, en plantant autant de Piquets, qu'on en a beſoin.

MOTEN

MOYEN DE MESURER LA DISTANCE DE L'OUVERTURE DE LA TRAN- CHE'E AU CHEMIN COUVERT.

ON ne sçauroit trop prendre de connoissance de la qualité des Places qu'on veut attaquer. Celle de sçavoir leur éloignement jusqu'à l'Ouverture des Tranchées n'est pas la moins nécessaire; puisque c'est par elle que les Assiégeans pourront sçavoir à point nommé l'éloignement où l'on se trouve journellement des Dehors les plus avancez pendant le cours des Attaques : ce qui donnera moyen en même tems de bien établir les Places d'Armes, & servira pour diriger le chemin des Tranchées, parce qu'on sçait toujours où l'on en est, & combien il en reste à faire pour parvenir aux Ouvrages de la Place.

Supposé donc le lieu pris dans le prolongement de l'une des Capitales marquées pour l'Ouverture de la Tranchée. Si l'on veut sçavoir précisément la distance qu'il y a de l'Angle le plus avancé du Chemin couvert, il n'y a qu'à se servir des opérations de la Trigonometrie pour la trouver avec précision. Mais comme on n'a pas toujours des Tables des Sinus & des Logarithmes en poche, voici un moyen simple, qui n'est pas moins géometrique que les autres.

Soit donc la Capitale prolongée A. B, l'Angle du Chemin couvert A., & le lieu où l'on veut ouvrir la Tranchée B. Après avoir pris garde à se mettre en lieu où l'on puisse avoir l'espace nécessaire à l'opération, il n'y a qu'à former l'angle droit B. & tirer la ligne B. C. avec des Piquets de 60. 80. ou 100. toises, plus ou moins. Vous couperez cette ligne en trois ou quatre parties égales. Cela fait, sur son

E 3

extrê-

extrêmité C. formez un autre angle droit alterne au prémier, & tirez la ligne C. D. indéterminement. Alignez l'un des Piquets de la tranfverfale, comme E., avec l'Angle du Chemin couvert A., vous aurez deux points, qu'il faut marquer avec des Piquets ou Jalons fur la ligne de ces Piquets, en rélevant jufqu'à ce que vous tombiez dans la ligne C. D. que vous couperez au point F; mefurez enfuite C. F. avec une toife pour connoître fa longueur. Si C. E. eft le tiers de B. E, prenez trois fois la longueur C. F., vous aurez la diftance A. B. connuë en toifes; car les deux triangles A. B. E, E. C. F. étant femblables, le côté A. B. eft au côté C. E, comme B. E. eft à F. C., mais B. E. eft le triple de C. E: donc A. B. fera le triple de C. F., & par conféquent, pour avoir A. B. il faut prendre trois fois la longueur de C. F: il faudra en faire autant aux autres Attaques pour être fûr de toutes vos diftances.

L'Ufage de cette connoiffance eft, que toutes les fois qu'on veut fçavoir le chemin qui refte à faire, il n'y a qu'à mefurer celui qu'on a fait, le furplus fera ce qui refte à faire: ce qui vous marquera la diftance la plus propre à établir vos Places d'Armes, Batteries, Logemens, &c.

Pendant que tout cela fe difpofe, le Général régle l'état des Gardes d'Infanterie & de Cavalerie, fur le pied d'avoir cinq ou fix jours de repos.

On régle en même tems la Cavalerie qui doit porter la Fafcine, les Travailleurs de jour & de nuit, qui doivent être en fort grand nombre, & les prémieres & fecondes Gardes: ce qui fe fait un jour ou deux avant l'Ouverture de la Tranchée, à la diligence du Major-Général & du Maréchal-Général des Logis de la Cavalerie, qui ont foin d'avertir les Troupes, & de bien reconnoître les fituations des Gardes.

Ces deux Officiers doivent s'entendre avec le Directeur-Géné-

Général de la Tranchée, recevoir de lui les demandes jour-
nalieres qu'il est obligé de leur faire sur les besoins de la
Tranchée, & avoir soin de les y faire fournir fort exactement.

Tout cela préparé, le Directeur régle son détail avec les
Ingenieurs. Il les instruit par où il veut ouvrir la Tranchée,
& a soin de leur faire prendre de la Mêche, des Piquets &
des Maillets pour la tracer ; ce que l'on fait porter en pa-
quets par des soldats. Ce sont ordinairement des Sapeurs
qui ont soin de tenir tout prêt.

Lorsque tout est ainsi réglé, on pose une petite Garde
près des lieux destinez aux Ouvertures, pour empêcher qu'on
n'y dérange rien, & qu'on ne les fréquente trop : car il est
bon de cacher son dessein tant qu'on peut.

Le jour de l'Ouverture étant venu, les Gardes s'assemblent sur les 2. ou 3. heures après-midi, se mettent en bataille,
on fait la priere, le Général les voit défiler si bon lui semble :
les Travailleurs s'assemblent aussi près de-là, munis de Fascines & de Piquets, & chacun d'une Pelle & d'une Pioche. Quand la nuit approche & que le jour commence à
tomber, les Gardes se mettent en marche, chaque soldat
portant une Fascine avec ses armes : ce qui se doit pratiquer
à toutes les Gardes.

A l'égard des Outils, il suffit d'en faire prendre aux Travailleurs des deux prémieres Gardes, & de les faire laisser à
la Tranchée, où on les retrouve.

La Garde de la Cavalerie va en même tems prendre les
postes qui lui ont été marquez sur la droite & la gauche
des Attaques, ou sur l'une des deux, suivant qu'il a été jugé
convenable.

Tout cela se fait le prémier jour en silence, sans Tam-
bours ni Trompettes. Les Grénadiers & autres Deta-
che-

chemens marcheront à la tête de tous, suivis des Bataillons de la Tranchée; & ceux-ci à la tête des Travailleurs, qui sont tous disposez par Divisions de 50. en 50., chaque Division commandée par un Capitaine, un Lieutenant & deux Sergeans. On les fait marcher par 4 ou 6. de front jusques près l'Ouverture de la Tranchée; où, quand la tête des Troupes est arrivée, le Brigadier Ingenieur de jour, qui a son dessein réglé, va poser les Brigades en avant, par où se doit conduire la Tranchée, pendant que les Bataillons s'arrangent à droite & à gauche de l'Ouverture de la Tranchée, derriere les Couverts qui se trouvent, si-non aux endroits qui auront été marquez à leur Major, où ils dechargent leurs Fascines. Ils se retirent ensuite sur leurs armes en silence, toujours prêts à exécuter les ordres qui leur seront donnez.

Pendant cet arrangement, le Brigadier de jour, qui a posé ses detachemens, donne le prémier coup de cordeau, & montre ce qu'il y a à faire aux Sous-Brigadiers pour continuer à tracer la Tranchée. Il fait ensuite défiler les Travailleurs, un-à-un, portant la Fascine sous le bras droit si la Place est à droite, & sous le bras gauche quand on la laisse à gauche; & commence lui-même par poser le prémier des Travailleurs, & puis 2. 3. 4. 5. &c. l'un après l'autre, en leur recommandant:

   1. Le Silence,

   2. De se coucher sur leurs Fascines.

   3. De ne point travailler, qu'on ne le leur commande.

Quand le Brigadier en a posé quelque nombre, il cede la place au Prémier Ingenieur, qui continue à poser & à faire poser, pendant que le Brigadier va prendre garde aux tracées. Tout cela se continue de la sorte, jusqu'à tant qu'on ait tout posé: observant bien,

1. Tous

1. Tous les replis & retours de la Tranchée.

2. De faire avancer les gens detachez à mesure qu'on avance la trace.

3. De couvrir toujours les brisures de retour par un prolongement de 2. ou 3. toises en arriere, pour couvrir les enfilades ; ce qui se fait au dépens de la ligne en retour, & ainsi des autres.

4. De faire toujours jetter la terre du côté de la Place.

5. De prendre bien garde de ne pas s'enfiler, ni aussi de se trop écarter ; mais de raser les parties les plus avancées des Dehors de la Place à quelques 10. ou 12. toises près : ce qui se fait plutôt par estime qu'autrement, à moins qu'on n'ait commencé à tracer, avant que le jour soit tout-à-fait tombé, ce qui est toujours mieux, lorsqu'on le peut sans grand risque.

6. De ne pas s'éloigner des Capitales prolongées A. D, B. D, dont il faut renouveller les Piquets F. de tems en tems, les coëffer d'un bouchon de paille, & même de quelque bout de Méche allumée pendant la nuit, afin de les reconnoître ; parce qu'il faut se faire une loi de ne pas s'en éloigner, & de les croiser fréquemment, & par conséquent les reconnoître de tems en tems pour pouvoir toujours se diriger selon elles, afin d'éviter les écarts & les retours inutiles, parce que ce sont les vrais guides, qui nous doivent mener à la Place.

Pour mieux faire, il faut poser les retours & compter les Fascines, afin d'en sçavoir toujours les mesures. Si la situation des ouvertures est favorable, il ne sera pas impossible qu'on ne puisse parvenir jusqu'à la Prémiere Parallele ou Place d'Armes dès la prémiere nuit ; mais si l'on est obligé d'ouvrir de fort loin, cela sera moins aisé, & il faudra employer beaucoup plus de travail.

F

II

Il eſt à préſumer, que le Directeur-Général aura fait ſon projet ſur le pied d'avancer juſques-là. J'ajoûte, de la commencer en retour, ſi cela ſe peut, n'y employât-on qu'une cinquantaine de Travailleurs.

Ce que je dis pour les Attaques de la droite, ſe doit auſſi entendre pour celles de la gauche. Chacune d'elles doit aller le même train & toujours marcher de concert; de ſorte que quand l'une trouvera quelque difficulté qui la retarde, l'autre doit attendre, afin d'éviter les inconveniens auxquels ſont ſujets ceux, qui allant trop vîte, ne ſe précautionnent pas aſſez.

Quand le travail eſt diſpoſé, on fait haut les bras, & tout le monde travaille, avertiſſant toujours les Travailleurs de jetter la terre du côté de la Place. On ſe diligente, tant que l'on peut, juſqu'au grand jour. Alors on fait mettre les Detachemens à couvert ſur le revers de ce qu'il y a de fait de la Place d'Armes, & derriere les plus proches replis de la tête des Tranchées, où on les fait coucher ſur le ventre, car les Ouvrages ſont encore bien foibles au matin. Après cela on en congédie les Travailleurs de nuit, & on les réleve par un pareil nombre de jour, qui commencent par la tête, au contraire de ceux de la nuit qui ont commencé par la queuë.

Il eſt rare que cette prémiere journée puiſſe bien achever les Ouvrages qu'on a commencez, quelque ſoin qu'on ſe puiſſe donner pour cela; parce que d'ordinaire on en entreprend beaucoup.

On ne doit pas cependant congédier les Travailleurs de jour, qu'ils n'ayent à-peu-près achevé l'ouvrage de la largeur & profondeur qu'on le veut mettre; ce qu'on a bien de la peine d'obtenir des Ouvriers, qui ont toujours grande envie de s'en retourner, & très peu d'achever. C'eſt pourquoi il eſt à propos de faire parcourir le ſecond jour le tra-

travail de la prémiere nuit par un Detachement de 100. ou 200. hommes à chaque Attaque, qui ne feront autre chofe que d'achever & parer ce qui a été commencé la prémiere nuit.

La feconde Garde, le mafque étant levé, monte la Tranchée Tambour battant, & l'on pofe encore à decouvert; mais il s'en faut bien qu'on entreprenne autant de travail que la prémiere nuit.

Celle-ci doit s'employer par préférence à la continuation de la Prémiere Place d'Armes, à laquelle il faut donner toute l'étenduë néceffaire, & cependant pouffer ce qu'on pourra en avant, en croifant toujours les Capitales, dont il faut avoir foin de marquer les prolongemens à mefure qu'on s'avancera vers la Ville, & les piquer chaque fois qu'on les croife, afin de les rendre toujours remarquables.

La Place d'Armes, entreprife fur toute fa longueur, doit être achevée dans toute la perfection qu'on pourra lui donner à la fin de la troifieme Garde; parce qu'elle doit être la demeure fixe des Bataillons jufqu'à ce que la Seconde foit faite.

Outre la Prémiere Place d'Armes, que je confidere comme l'ouvrage de la feconde & troifieme nuit, quoique commencée dès la prémiere, je fuppofe que les deux Tranchées auront marché encore en avant confiderablement, mais non jufqu'à la Seconde Parallele ou Place d'Armes: il ne feroit pas prudent de fe tant avancer.

Les Travailleurs de jour de cette Garde doivent être fournis en nombre égal à ceux de la nuit; & le travail de jour commencé par la tête, comme celui de la nuit par la queuë.

Tout le monde doit contribuer à preffer & perfectionner le travail de jour tant que l'on peut, après quoi & quand

il

il eſt en état , il faut faire avancer les prémiers Bataillons dans la Place d'Armes , & ne mettre des Detachemens que dans les ouvrages de la tête, avec ordre de ne point tenir ferme ſi l'Ennemi vient à eux.

Le troiſieme jour il faudra encore faire monter force Travailleurs , afin d'en pouvoir employer 3. ou 400. à perfectionner ce qui manquera des jours précédens , & arriver à la Seconde Ligne Parallele ou Place d'Armes , à laquelle il faudra auſſi travailler avec la même vivacité.

Comme le feu doit commencer à devenir dangereux , il faudra employer les Sapes : non qu'il faille renoncer tout-à-fait à poſer encore à decouvert quelque partie de la nuit , mais il faut le faire diſcretement , & pour cela trouver quelque terrain favorable qui fourniſſe un demi-Couvert ; ou prendre le tems que le feu de la Place eſt fort ralenti , comme il arrive ſouvent après les deux ou trois prémieres heures, que les gens ſont las de tirer.   Pour lors on peut derober un tems pour poſer 100. ou 120. Travailleurs , & plus ſi le feu continue à diminuer : mais c'eſt de quoi il ne faut pas abuſer, parce qu'on doit tenir pour maxime, de ne jamais expoſer ſon monde mal-à-propos & ſans grande raiſon ; ce qui ſe fait bien moins ſouvent qu'il ne ſeroit à deſirer parmi nous , ſans que cela nous avance beaucoup.   Au contraire, rien n'eſt plus capable de retarder le travail ; c'eſt pourquoi après la ſeconde nuit il ne faut plus poſer à decouvert ſans grande circonſpection.

CHA-

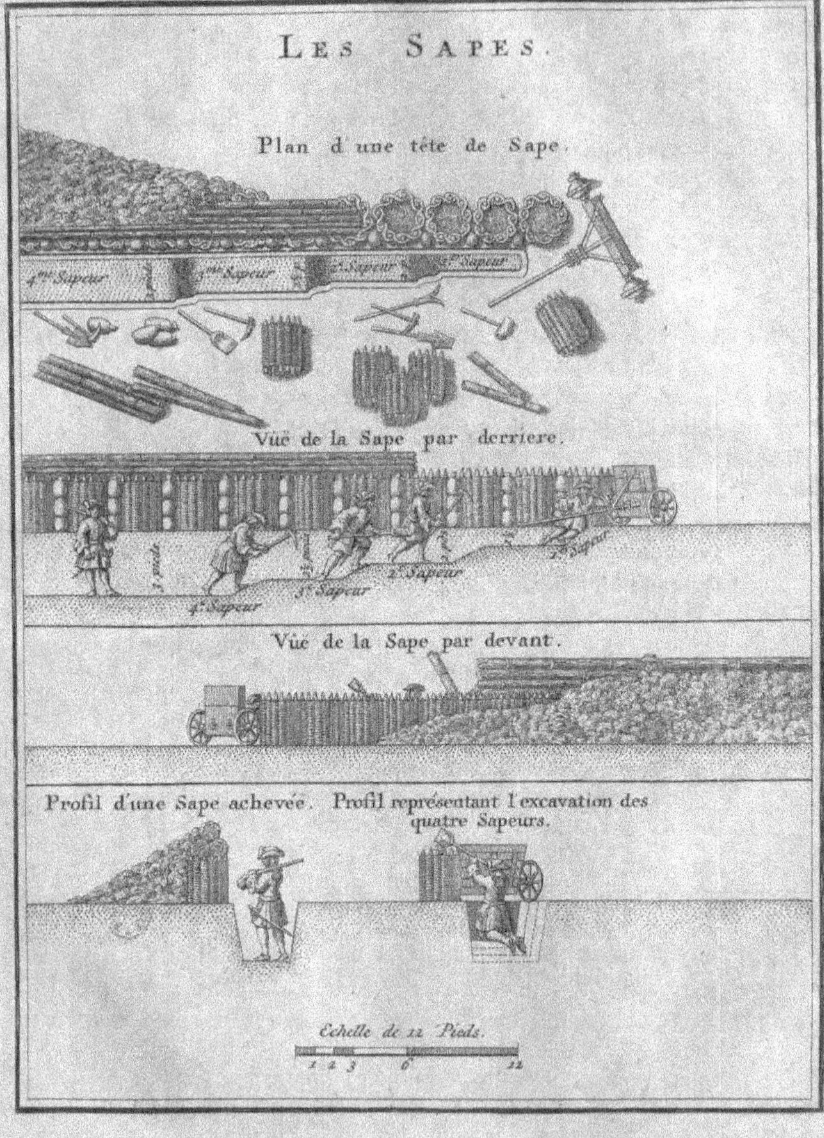
LES SAPES.
Plan d'une tête de Sape.
4.me Sapeur
3.me Sapeur
2.e Sapeur
1.e Sapeur
Vûë de la Sape par derriere.
4.e Sapeur
3.e Sapeur
2.e Sapeur
1.e Sapeur
Vûë de la Sape par devant.
Profil d'une Sape achevée.
Profil représentant l'excavation des quatre Sapeurs.
Echelle de 12 Pieds.
1 2 3   6   12

CHAPITRE VII.

DE LA SAPE.

COMME la Sape, fait une partie confiderable de la Tranchée, je crois qu'il eft à-propos d'expliquer la manière de la conduire.

Nous entendons par la Sape, la tête d'une Tranchée pouffée pied-à-pied, qui va jour & nuit également. Quoiqu'elle avance peu en apparence, elle fait beaucoup de chemin en effet, parce qu'elle marche toujours. C'eft un métier qui demande une efpece d'apprentiffage pour fe rendre habile, auquel on eft bientôt fait quand le courage & le defir du gain font de la partie.

Voici comme elle fe conduit.

L'Ouvrage étant tracé, & les Sapeurs inftruits du chemin qu'ils doivent tenir, on commence par faire garnir la tête de Gabions, Fafcines, Sacs à terre, Fourches de fer, Crocs, gros Maillets, Mantelets, &c.

Cela fait, on perce la Tranchée par une ouverture que les Sapeurs font dans l'épaiffeur de fon Parapet, à l'endroit qui leur eft montré.

Le Sapeur qui mene la tête, commence de faire place pour fon prémier Gabion, qu'il pofe fur fon Plan, & l'arrange de la main, du Croc, & de la Fourche, du mieux qu'il peut. Il pofe le deffus deffous, afin que la pointe des piquets des Gabions debordant, le fommet puiffe fervir à tenir les Fafcines dont on le charge. Après cela il le remplit de terre, en la jettant de biais en avant, & fe tenant un peu en arriere pour ne pas fe decouvrir. A mefure qu'il

rem-

remplit le prémier Gabion, il frape de tems en tems de ſon Maillet ou de ſa Pioche contre le Gabion pour faire entaſſer la terre.

Ce prémier rempli, il en poſe un ſecond ſur le même alignement, qu'il arrange & remplit comme le précédent, & après un troiſieme, avec les mêmes précautions, qu'il remplit auſſi. Après ce troiſieme un quatrieme: ce qu'il continue toujours de la ſorte, en ſe tenant à couvert & courbé derriere ceux qui ſont remplis. Mais parce que les joints des Gabions ſont fort dangereux avant que la Sape ſoit achevée, il les faudra fermer de deux ou trois Sacs à terre, poſez bout ſur bout ſur chaque joint, que le ſecond Sapeur arrange, après que le troiſieme & le quatrieme les y ont fait poſer.

Au vingtieme ou trentieme Gabion poſé & rempli, on reprend les Sacs de la queuë pour les reporter en avant, afin de les épargner; de ſorte qu'une centaine de Sacs à terre bien menagez peut ſuffire à conduire une Sape depuis le commencement d'un Siége juſqu'à la fin.

A l'égard de l'excavation de la Sape, voici comme elle ſe doit conduire. Le prémier Sapeur creuſe un pied & demi de large ſur autant de profondeur, laiſſant une borne de ſix pouces au pied du Gabion, & taluant un peu du même côté.

Le ſecond élargit de ſix pouces, & approfondit d'autant; ce qui fait deux pieds de large & autant de profondeur.

Le troiſieme auſſi-bien que le quatrieme creuſe encore un demi-pied & élargit d'autant, fait les talus, & reduit les Sapes à trois pieds de profondeur, & trois pieds de large par le haut, revenant à deux pieds & demi ſur le fond, les talus parez; ce qui eſt la meſure que nous demandons pour la rendre parfaite. Il reſte quatre hommes à employer de la même Eſcoüade, qui ſe tiennent en repos derriere les autres, font rouler les Gabions & Faſcines aux quatre de la tête, afin que les prémiers Sapeurs les trouvent ſous la main. Ils leur

font

font auffi gliffer des Fafcines pour garnir le deffus des Gabions quand ils font pleins , fçavoir deux fur les bords & une dans le milieu, qu'on a foin de faire entrer dans les piquets pointus des Gabions qui furmontent le fommet, afin de les tenir fermes; après quoi on les charge de terre.

L'Excavation de ces 3. pieds de profondeur fournit les terres néceffaires à remplir les Gabions , & une maffe de Parapet, formant un talus à terre courante du côté de la Place, qui eft rempli de haut en bas, & qui ne peut plus être percé que par le Canon.

Quand les quatre prémiers Sapeurs font las, & qu'ils ont travaillé une heure ou deux avec force , ils appellent les 4. autres, lefquels prenant la place des prémiers, travailleront de même force, jufqu'à ce que la laffitude les oblige à rappeller les autres ; en obfervant que celui qui a mené la tête, prend la queuë des quatre à la prémiere reprife du travail: car chacun d'eux doit mener la tête à fon tour, & pofer une pareille quantité de Gabions, afin de partager également le peril & le travail. De cette façon on fait une grande diligence quand la Sape eft bien fournie.

Du furplus , on marche à la Sape non feulement en avant, mais auffi à côté fur les prolongemens de la droite & de la gauche; & pour l'ordinaire , on voit des quatre, cinq & fix Sapes dans une feule Tranchée, qui toutes marchent à leur fin.

Dans le même tems celui qui dirige les Sapeurs doit avoir foin de faire fervir des Gabions & Fafcines à la tête des Sapes : ce qui fe fait par l'intervention de celui qui commande la Tranchée, qui lui fait fournir le monde dont il a befoin.

Le moyen d'être bien fervi, feroit de donner fix deniers de chaque Fafcine portée de la queuë des Tranchées à la tête des Sapes fur le champ, à la fin des voyages ou d'une certaine quantité. Chaque foldat en peut porter aifement

trois

trois, & faire trois ou quatre voyages. Il faudroit, pour la même raison, donner un sol des Gabions. Par cette petite libéralité les Sapes seroient toujours bien & aisément servies.

Il est encore à remarquer, que quand on a affaire à des Ennemis un peu éveillez, ils canonnent la tête des Sapes avant que vôtre Canon tire, de manière que souvent on est obligé de les abandonner; mais si on y est forcé de jour, on s'en dedommage pendant la nuit.

A mesure que la Sape avance, on fait garnir celle qui est faite par les Travailleurs de la Tranchée, qui l'élargissent jusqu'à ce qu'elle ait 10. ou 12. pieds de large sur 3. de profondeur. Pour lors elle change de nom & s'appelle Tranchée, si elle sert de chemin pour aller à la Place: mais on la nomme Place d'Armes, si elle lui fait face, & qu'elle soit disposée pour y loger des Troupes.

Ces sortes d'Ouvrages qui supposent de l'adresse & de l'intelligence, & qui se font avec danger, doivent être bien payez, si l'on veut être bien servi.

Le prix le plus raisonnable de la Sape doit être de 40. sols la toise courante; sçavoir tout le long du travers de la Seconde Place d'Armes, & ce qui se trouve entr'elle & la troisieme.

Pour la Troisieme Place d'Armes & le travail jusqu'au pied du Glacis, 2. Livres 10. sols.

Pour celle qui se fait sur le plat Glacis, 3. Livres.

Pour celle qui se fait sur le haut du Chemin couvert, 3. Livres 10. sols.

Pour celle qui entre dans le Chemin couvert, 5. Livres.

Pour celle que l'on fait au passage des Fossez secs, 10. Livres.

S'ils sont pleins d'eau, & quand elle sera double, comme cela arrive quelquefois, il faudra payer au double, selon les endroits où on la fera, 20. Livres.

A l'é-

A l'égard de celle qui se fera dans les bréches des Bastions des Demi-lunes, elle n'a point de prix réglé parce qu'elle est exposée à tout ce que la Place a de plus dangereux : c'est pourquoi selon le peril auquel ils seront exposez il faudra donner ce qu'on jugera à propos.

Le toisé se doit faire par un seul Ingenieur proposé pour cela à chacune des Attaques. Le même fait le compte des Brigades en présence des Officiers & Sergeans, qui ont soin après de faire distribuer aux Escoüades ce qui leur revient. C'est pourquoi ils doivent controller tous les jours ce que chacun aura fait d'ouvrage, de concert avec l'Ingenieur qui fera le toisé ; sur le prix desquels on pourroit retenir un dixieme pour les Officiers & Sergeans, afin de les rendre plus exacts à rélever & faire servir les Sapes.

En observant cet ordre, comme tous seront intéressez à ce travail, il ne faut pas douter qu'il ne se pousse avec toute la diligence possible, & l'on peut estimer qu'ils feront 80. toises en vingt-quatre heures.

Au surplus, l'Ingenieur qui les toisera, le doit faire tous les jours. Il doit toujours laisser des marques sensibles à la fin de chaque toisé, & tenir regître du tout ; afin que quand on voudra le vérifier, on le puisse faire sans confusion.

Or 80. toises, à 2. Livres la toise, font 160. Livres ; retranchez le dixieme, montant à 16. Livres ; il restera pour les Sapeurs 144. Livres : qui distribuées à 24. hommes, font 6. Livres pour chacun ; ce qui est un gain raisonnable. Ils ne gagneront gueres davantage dans le courant des Siéges, quoique le prix de la Sape augmente à mesure qu'ils approchent de la Place, parce que le peril augmente aussi : car il est sûr que plus ils en approcheront, & moins ils feront d'ouvrage.

On a accoûtumé de leur payer quelque chose de plus que le prix de la toise courante pour chaque Coupure qu'ils font

G   dans

dans la Tranchée; par la raiſon qu'il y a plus d'ouvrage qu'ailleurs. Cela ſe peut reduire à doubler le prix de la prémiere
toiſe, & rien plus.

Au reſte, il y a une choſe à laquelle les Officiers doivent
bien prendre garde: c'eſt que ſouvent les Sapeurs s'enyvrent
à la tête de leurs Sapes, après quoi ils ſe font tuer comme
des bêtes, ſans attention à ce qu'ils font. C'eſt ce qu'il faut
empêcher, en ne leur permettant pas d'y porter du vin,
ſans être mêlé de beaucoup d'eau.

Comme rien n'eſt plus convenable à la ſûreté, à la diligence, & à la bonne façon des Tranchées, que cette manière d'en conduire les têtes, & de les ébaucher; rien n'eſt
auſſi plus néceſſaire que d'en régler la conduite: car outre
que la diligence s'y trouve, il eſt certain qu'on préviendra
beaucoup de friponneries, qui s'y font par la précipitation
confuſe avec laquelle elles ſe conduiſent, qui font qu'il y a
toûjours de l'embrouillement, & quelqu'un qui en profite.

CHAPITRE VIII.

DES LIGNES PARALLELES APPELLÉES PLACES-D'ARMES.

APRE'S avoir décrit la Sape, ſa conduite, & le moyen
de l'employer utilement, nous la laiſſerons pour un
tems ſe diriger à droite & à gauche des Capitales, & faire
ſon chemin vers la Place, afin d'expliquer la façon, l'uſage,
& les propriétez des Places d'Armes, que nous nommérons
ci-après Lignes Paralleles, ou ſimplement Lignes Prémiere,

LES PLACES D'ARMES.

Profil d'une Place d'Armes à faire feu.

Profil d'une Place d'Armes disposée par Banquettes pour passer par dessus.

Profil d'une Place d'Armes d'où les Grenadiers partent pour attaquer.

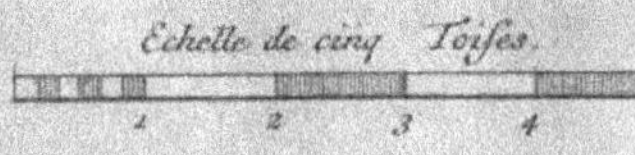

Seconde & Troifieme, pour éviter la confufion que la ref-
femblance de leur nom avec les Places d'Armes de la Place
pourroit caufer.

Soit qu'on ouvre la Tranchée de près ou de loin, la Prémiere s'établit à 300. toifes ou environ des Dehors de la
Place. Quand on peut l'établir plus près, elle n'en eft que
mieux. Cette diftance doit être obfervée dans toute la cir-
culation qu'on lui fait faire. Elle doit être confiderée comme le plus grand éloignement où les Sorties des Ennemis
puiffent donner atteinte, c'eft pourquoi on n'en propofe l'é-
tabliffement qu'à cette diftance.

Comme on n'a point donné de regle certaine jufqu'ici
pour la façon & la fituation des Places d'Armes, cela a fait,
qu'il y a toujours eu quelque confufion, & qu'elles n'ont
pas toujours été fort bien fituées.

La prémiere fois que ces fortes de Lignes ou Places d'Armes ont été pratiquées, ce fut au Siége de Maftricht fait en
1673. par le Roi en perfonne. J'en conduifis les Attaques.
Cette redoutable Place fut prife en 13. jours de Tranchée
ouverte. Depuis ce tems elles ont été employées dans tous
les autres Siéges que les François ont faits, mais avec plus
ou moins d'exactitude. Le Siége d'Ath fait en 1697. eft
celui où elles ont été exécutées avec le plus de précifion;
& le peu de tems & de monde que ce Siége couta en a juf-
tifié la bonté.

La figure de la Prémiere doit être circulaire, un peu ra-
plattie fur le milieu. Elle doit auffi embraffer toutes les Attaques par fon étenduë, qui fera fort grande, & deborde la
Deuxieme Ligne de 25. à 30. toifes de chaque bout. Quant
à fes autres mefures, on peut lui donner depuis 12. jufqu'à
15. pieds de large fur 3. de profondeur. Dans les endroits,
où l'on ne pourroit pas creufer 3. pieds, à caufe du roc ou
du marais qui peuvent fe rencontrer dans le terrain qu'elle

                          doit

doit occuper, il faudra l'élargir davantage, afin d'avoir les terres nécessaires à son Parapet. On n'y doit pas faire entrer les Bataillons jusqu'à ce qu'elle soit achevée, mais seulement des Detachemens, à mesure qu'elle se perfectionnera.

Les usages de cette Ligne ou Place d'Armes sont:

1. De proteger les Tranchées qui se poussent en avant jusqu'à la Deuxieme.

2. De flanquer & de gagner la Tranchée.

3. De garder les prémieres Batteries.

4. De contenir tous les Bataillons de la Garde sans embarrasser la Tranchée.

5. De leur faire toujours faire front à la Place sur 2. ou 3. rangs de hauteur.

6. De communiquer des Attaques de l'une à l'autre, jusqu'à ce que la Deuxieme Ligne soit établie.

7. Elle fait encore l'effet d'une excellente Contrevallation contre la Place, dont elle resserre & retient la Garnison.

La Seconde Ligne doit être Parallele à la Prémiere, figurée de même, mais moins étenduë de 25. à 30. toises de chaque bout, & plus avancée vers la Place de 120. 140. ou 150. toises. Sa largeur & sa profondeur doivent être égales à celles de la Prémiere. Il faut faire des Banquettes à l'une & à l'autre, & border leurs sommets de rouleaux de Fascines piquetées, pour leur tenir lieu de Sacs à terre ou de Paniers jusqu'à ce qu'elle soit achevée. On n'y fait entrer que des Detachemens pendant qu'on y travaille. La Tranchée continue toujours son chemin, jusqu'à ce qu'elle soit parvenuë à la distance marquée pour la Troisieme Ligne; à laquelle on commence à travailler dès que la Seconde est achevée, & avant même qu'elle le soit entierement. Pour lors on fait entrer dans la Seconde Ligne les Bataillons de la Prémiere, & on ne laisse dans celle-ci que la Reserve, qui est

envi-

environ le tiers de la Garde. Pendant tout cela le travail de la Tranchée fait fon chemin de l'une à l'autre, jufqu'à la Troifieme.

Les proprietez de la Seconde Ligne font les mêmes que celles de la Prémiere. Il n'y a point d'autre différence excepté qu'elle approche la Place de beaucoup plus près.

A 120. 140. ou 145. toifes, un peu plus ou un peu moins, au-delà de la Seconde Ligne, on établit la Troifieme, plus courte & moins circulaire que les deux prémieres: ce que l'on fait pour approcher le Chemin couvert le plus près que l'on peut, & éviter les enfilades, qui font là fort dangereufes.

De forte que fi la Prémiere eft à 300. toifes des Angles les plus voifins du Chemin couvert, la Seconde n'en eft plus qu'à 160. toifes, & la Troifieme à 15. ou 20. feulement: ce qui fuffit par le fecours des Demi-Places d'Armes, dont nous parlerons dans la fuite, pour foutenir toutes les Tranchées, que l'on pouffe en avant quand les Batteries ont tellement pris l'afcendant fur les Ouvrages de la Place que le feu en eft éteint, ou fi fort affoibli qu'on peut impunement le meprifer.

Mais fi la Garnifon eft forte & entreprenante, & que les Batteries à Ricochets ne puiffent être employées, il faut s'approcher jufqu'à la portée de la Grénade, c'eft-à-dire, à 13. ou 14. toifes près des Angles faillans. Comme les Sorties font bien plus dangereufes de près que de loin, il faut auffi plus perfectionner cette Ligne que les deux autres, lui donner plus de largeur, la mettre en état de faire un grand feu, & de pouvoir tirer par-deffus, en pouffant les Sacs à terre ou les rouleaux de Fafcines devant foi: ce qui fe fait en lui donnant un grand Talus intérieur, avec une Banquette dans le haut de ce Talus.

C'eft fur le revers de cette derniere Ligne qu'il faut faire

G 3

un amas abondant d'Outils, de Sacs à terre, Piquets, Gabions & Fascines, pour fournir au logement du Chemin couvert. Sur quoi il y a une chose bien serieuse à remarquer; c'est que comme les Places de guerre sont presque toutes irregulieres & différemment situées, il s'en trouve sur des hauteurs, où le Ricochet ayant peu de prise, ne pourroit pas dominer avec assez d'avantage, parce que les Angles des Chemins couverts sont trop élevez, & qu'on ne trouve pas de situation propre à placer ces Batteries: tels sont, par exemple, la tête du Terra-nova du Château de Namur, celle du Fort St. Pierre à Fribourg en Brisgow, le Fort St. André de Salins, la Citadelle de Perpignan, celle de Montmidy, quelques têtes de Philipsbourg, & plusieurs autres de pareille nature. Il y a encore celles où les situations ne pourroient convenir aux Ricochets, qui sont, lorsque des Marais & des lieux coupez de Rivieres empêchent l'emplacement des Batteries. Enfin celles où les Glacis élevez par leur situation sont si roides, que l'on ne peut plonger le Chemin couvert par les logemens élevez en Cavaliers qu'on peut faire vers le milieu du Glacis, comme on le dira dans la suite. Lorsque cela se rencontrera, on pourra être obligé d'attaquer le Chemin couvert de vive force. En ce cas il faudra approcher la Troisieme Ligne à la portée de la Grénade, comme il a été dit, ou bien en faire une Quatrieme; afin de n'avoir pas de longues marches à faire pour joindre l'Ennemi, & toujours la faire large & spacieuse, afin qu'on s'y puisse manier aisément, & qu'elle puisse contenir beaucoup de monde, & une grande quantité de Matériaux sur ses revers.

Cette Ligne achevée, on y fera entrer le gros de la Garde, ou les gens commandez, & l'on placera la Reserve dans la Deuxieme Ligne. La Prémiere Ligne demeurera vuide, & ne servira plus que de Couvert au petit Parc, à l'Hôpital de la Tranchée qu'on fait avancer jusques-là, & aux Fascines

de

de provifion que la Cavalerie décharge dans le commencement le long des bords. Quand il s'agit d'un renfort extraordinaire de la Garde ou de Travailleurs (ce qui n'arrive que
quand on veut attaquer le Chemin couvert ou quelques autres Pieces confiderables des Dehors) on les y peut mettre,
en attendant qu'on les employe.

Au furplus, fi le travail de la Prémiere & Seconde nuit
de Tranchée peut fe pofer à decouvert, celui des deux prémieres Places d'Armes pourra fe pofer de même; parce qu'on
eft affez loin de la Place, pour que le feu n'en foit pas encore fort dangereux; car ce n'eft gueres que depuis la Seconde Ligne qu'on commence de marcher à la Sape: mais
pour ne point perdre de tems & pouvoir avancer de jour &
de nuit, on ne peut employer la Sape à l'exécution de la
Seconde.

Outre les proprietez que la Troifieme Ligne a de commun
avec les deux prémieres, elle a encore celle de contenir les
Troupes commandées qui doivent attaquer, & tous les Matériaux néceffaires fur fes revers.

C'eft-là, enfin, où l'on délibere & où fe réfout l'Attaque
du Chemin couvert; où l'on fait les difpofitions; où l'on regle les Troupes qui doivent attaquer; & d'où l'on part pour
l'infulte du Chemin couvert.

Il faut obferver, que c'eft de la Seconde Ligne, qu'on
doit ouvrir une Tranchée contre la Demi-Lune C, qui fe
conduit comme les autres, c'eft-à-dire à la Sape, & le long
de fa Capitale prolongée C. E.; & quand les trois têtes de
Tranchée feront parvenuës à la diftance demandée pour l'é-
tabliffement de la Troifieme Ligne, on y pourra employer
fix Sapes en même tems: fçavoir deux à chacune, qui, prenant les unes à la droite & les autres à la gauche, fe feront
bien-tôt jointes; & comme les parties plus voifines de la
Tranchée fe perfectionnent les prémieres, on y pourra faire

entrer

entrer le Detachement à mesure qu'elle s'avancera, & on les fortifiera plus ou moins, selon que les Sorties seront plus ou moins à appréhender.

DES DEMI-PLACES D'ARMES.

QUand la Garnison est nombreuse & entreprenante, & que les intervalles des grandes Lignes sont de 140. ou 145. toises, (comme il faudroit qu'elles fussent pour être bonnes,) on pourra couper ces mêmes intervalles en deux parties à-peu-près égales par des Crochets ou Demi-Lignes de 40. à 50. toises de long, figurées comme les marquées R. Elles serviront à placer les Detachemens qui doivent appuyer les Travailleurs. Ces Demi-Lignes ou Demi-Places d'Armes ne sont bien nécessaires qu'entre la Seconde & Troisieme Ligne, pour pouvoir soutenir de près les têtes avancées de la Tranchée jusqu'à ce que la Troisieme Ligne soit achevée. Leur largeur & profondeur doivent être comme celles des Tranchées, ou encore mieux, comme celles des grandes Lignes.

Pour conclusion, les proprietez des trois grandes Lignes & Demi-Lignes consistent en ce que

1. Elles rallient & communiquent les Attaques les unes aux autres par tous les endroits où il est nécessaire.

2. C'est sur leurs revers que se font tous les amas de Matériaux.

3. Elles degagent les Tranchées & les débarassent des Troupes, laissant le chemin libre aux allans & venans.

4. C'est-là que se rangent les Detachemens commandez pour les Attaques, & que se réglent toutes les dispositions quand on veut entreprendre quelque chose de considerable, soit de vive force ou autrement.

5. Elles

5. Elles ont, enfin, pour proprieté singuliere & très estimable d'empêcher les Sorties, de les rendre inutiles, & de vous mettre en état de ne point manquer le Chemin couvert.

CHAPITRE IX.

DES SORTIES.

MAXIMES GENERALES QU'IL FAUT OBSERVER POUR LES PREVENIR ET LES RENDRE INUTILES.

I.

LA prémiere & la plus importante de toutes est de bien faire perfectionner les trois Places d'Armes, & de les mettre en état de servir de même que les autres logemens à feu, que nous appellons Demi-Places d'Armes.

I I.

De ne faire aucun Ouvrage qui n'en soit flanqué à bonne portée.

I I I.

De n'en pousser en avant, que ceux qui les doivent soutenir ne soient en état.

<table>
<tr><td>H</td><td>I V.</td></tr>
</table>

I V.

De bien difpofer les Troupes dans les Places d'Armes, de tenir les aîles & le milieu toujours plus forts que les autres parties, de deſtiner le gros de la Garde pour faire feu, & les Grénadiers & les Troupes détachées pour marcher aux Ennemis, quand il en fera tems ; n'oubliant pas de fe menager une Reſerve, qui fera forte du tiers ou du quart de la Garde, & qui tiendra lieu de Troiſieme Ligne.

V.

D'Inſtruire journellement la Garde de Cavalerie de ce qu'elle aura à faire en cas de Sorties, de l'obliger d'envoyer au Lieutenant-Général de Tranchée quelques Officiers intelligens pour recevoir fes ordres.

V I.

De renouveller tous les jours la difpofition des Gardes, à cauſe de l'avancement des Tranchées, & les régler comme ſi l'on étoit aſſûré que l'Ennemi dût faire Sortie ; & en conféquence bien inſtruire les poſtes de ce qu'ils auront à faire.

V I I.

De ne jamais s'opiniâtrer à ſoutenir des Ouvrages imparfaits, mais céder, & faire retirer les Gens armez & les Travailleurs fur les revers des Places d'Armes prochaines ; laiſſant agir le feu de la Tranchée, qui fera beaucoup plus de mal à l'Ennemi, que la refiſtance qu'on pourroit lui faire en s'opiniâtrant à lui tenir tête dans les lieux defàvantageux qui ne feroient pas en état.

V I I I.

VIII.

Par la même raison on ne doit point se presser d'aller au-devant de l'Ennemi, mais l'attendre, le laisser engager, & essuyer le feu des Places d'Armes tant & si longtems qu'il trouvera à-propos de s'y exposer. Quand il sera affoibli & bien engagé, le faire charger par les Grénadiers & les Troupes detachées, pendant que la Garde de Cavalerie, qui aura eu le tems de venir, tombera sur lui, soit en le coupant, ou en le prenant par les flancs.

IX.

Après avoir battu la Sortie, il ne faut pas la poursuivre avec beaucoup d'opiniâtreté, mais se contenter de la pousser & renfermer chez elle: après cela il faut se jetter promptement dans la Tranchée, pour ne pas demeurer exposé au feu de la Place, qui étant préparé, sera pour lors fort dangereux.

X.

De tenir encore une fois pour maxime très certaine de ne se jamais trop presser, mais de laisser agir vôtre feu, quand il est bien disposé, & de ne revenir sur l'Ennemi, que quand on le verra en desordre & fort engagé. Enfin, de ne se pas faire une affaire de lui voir renverser une douzaine ou deux de Gabions, & mettre le feu à quelque bout du travail imparfait; car si vôtre feu est bien conduit, il le payera très cherement.

Ces Maximes suffiroient pour indiquer les dispositions nécessaires à se pouvoir opposer aux Sorties avec beaucoup d'avantage, & même pour empêcher l'Ennemi d'entreprendre rien de considerable; car il est certain, que si l'on éta-

blit

blit des Places d'Armes comme il est proposé dans ces Mémoires, & que la disposition des Troupes y soit bien ordonnée, l'Ennemi n'y pourra faire de Sortie, qu'il ne rencontre tête pour tête toute la Garde de la Tranchée. Si d'autre côté les Batteries à Ricochets sont bien servies, il ne pourra s'assembler en nul endroit des Chemins couverts opposez aux Attaques: ainsi il n'y aura que peu ou point de Sorties.

On pourroit donc en demeurer-là, & finir ce chapitre: mais comme il ne paroîtroit peut-être pas assez détaillé, nous allons expliquer plus au long ce que l'on doit observer pour empêcher les Sorties & les rendre inutiles.

Les Sorties ont toujours pour objet de faire du mal aux Assiégeans; ce qui peut arriver de plusieurs manières:

1. De battre la Tranchée, en tout ou en partie.

2. De raser quelque bout considerable & mal protegé de ses Logemens.

3. De retarder le progrès des Attaques.

4. D'attirer l'Assiégeant sous le feu de la Place pour lors très bien préparé.

5. De reprendre quelque partie du Chemin couvert nouvellement perdu, & où l'Assiégeant ne seroit pas bien établi.

6. Le chasser d'une bréche où il sera encore mal affermi, soit dans les Demi-Lunes, Contre-gardes, Ouvrages à corne, ou dans l'enclos de la Place même.

7. De chicaner le passage du Fossé.

8. Enfin, de chasser ou tuer le Mineur dans son trou. Voilà, en général, les objets de toutes les Sorties.

Nous diviserons les Sorties en Extérieures & Intérieures.

Les Extérieures sont celles qui se font hors des Chemins couverts.

Les Intérieures sont celles qui se font dans l'enclos des mêmes Chemins couverts.

DES

DES SORTIES EXTERIEURES.

ON peut diviſer les Sorties Extérieures en générales & particulieres.

Les générales ne s'entreprennent, que quand une Garniſon eſt bien forte, ou que la Place a reçû quelque renfort conſiderable qui la met en état de braver les Aſſiégeans, & de pouvoir faire impunément de grandes entrepriſes ſur eux.

Ces Sorties ſe peuvent reduire aux projets ſuivans :

Celui d'abattre la Tranchée, ou d'enlever quelque Quartier des plus à portée.

Ce dernier peut réüſſir ſeulement, lorſque l'Aſſiégeant eſt trop foible par rapport à la Garniſon. Pour lors c'eſt à lui à ſe ſentir, & à voir s'il eſt en état de continuer le Siége. S'il ne l'eſt pas, il doit lever le Piquet le plus promptement qu'il lui ſera poſſible. S'il ſe trouve en état de le continuer, il eſt à préſumer qu'il ne ſe laiſſera pas ſurprendre ; qu'il ſe ſera précautionné par une bonne Contrevallation ; que les Quartiers les plus expoſez à la Place ſeront bien retranchez ; qu'on y fera bonne garde nuit & jour ; que pendant la nuit il y aura des Batteurs d'eſtrade entre les Quartiers & la Place pour avertir ; que tous les jours les Gardes y ſeront renforcées ; enfin, que les Quartiers ſe mettront en état de n'avoir rien à craindre, & que de plus ils auront toujours un Piquet commandé de Cavalerie & d'Infanterie, pour à tous évenemens s'en pouvoir ſervir au beſoin. Moyennant ces précautions il eſt moralement impoſſible qu'une Sortie réüſſiſſe, quelque grande & bien concertée qu'elle puiſſe être.

Si la Sortie ſe fait ſur la Tranchée, l'Ennemi ouvrira en même tems toutes les Barrieres du Chemin couvert oppoſé aux Attaques, & même celles de la droite & de la gauche

H 3

qui

qui les debordent, afin de pouvoir fortir plufieurs Corps à la fois, & attaquer enfemble tout le front de la Tranchée. Si cela arrive à la prémiere ou deuxieme Garde de Tranchée, cette Sortie pourroit échouër, du moins elle s'expoferoit à fouffrir une grande perte; parce qu'elle s'éloigneroit trop de la Place, & qu'elle effuyeroit longtems le feu de la Tranchée avant que d'en pouvoir venir aux mains, fans que de fa part elle pût lui rendre la pareille. De plus, elle fe mettroit en danger d'être coupée par la Cavalerie tant de la Garde que du Piquet, & d'être chargée en même tems par les Grénadiers & gens detachez de la Tranchée, foutenus des Bataillons: ce qui feroit très capable de la battre, & de la défaire entierement. C'eft pourquoi, quelque forte que puiffe être une Garnifon, je ne crois pas qu'elle fe doive commettre jamais à de pareilles avantures. Les deux ou trois prémiers jours de la Tranchée, elle peut faire feulement quelque galopade de Cavalerie de peu d'effet, & incapable de rien déranger aux Attaques.

Les quatre ou cinq prémiers jours de la Tranchée on fera encore loin du Chemin couvert. Comme la Deuxieme Place d'Armes pourroit bien n'être pas achevée, il ne feroit pas impoffible que l'Ennemi, dans le defir de profiter de cette imperfection, ne pût hazarder une Sortie, s'il étoit bien fort. Il eft à préfumer, que la Prémiere Place d'Armes fera pour lors achevée & occupée par la Garde, & la Deuxieme commencée fans être tout-à-fait achevée. En ce cas la difpofition fuivante pourra fervir à repouffer la Sortie & à rendre les efforts inutiles.

1. Bien garnir les deux extrêmitez & le milieu de la Prémiere Ligne ou Place d'Armes par des Grénadiers & gens commandez, & border le furplus de la même Ligne par des Bataillons.

2. Si la Seconde Place d'Armes eft bien avancée, quoique

que non achevée, y faire tenir 2. ou 3. Bataillons, avec des Detachemens & des Grénadiers à l'extrêmité des aîles.

3. Une Compagnie de Grénadiers à la queuë des Travailleurs les plus avancez, & quelque Detachement pour les soutenir, avec des sentinelles à la tête du travail, bien averties de ce qu'elles auront à faire; & le surplus de la Garde posté de manière, qu'il puisse border les Places d'Armes & tous les logemens à feu qui seront en état.

Lorsque tout cela sera bien disposé, & que toutes les Gardes seront front à la Place, avertissez encore tous les Postes de diverses choses, dont la prémiere est, de ne pas se laisser surprendre.

La deuxieme, de ne point tenir ferme dans les parties imparfaites du travail, mais de céder, & de faire retirer les Travailleurs & Gens armez de la tête dans les revers des Places d'Armes prochaines, & laisser agir le feu de la Tranchée.

La troisieme, de ne se pas presser d'aller aux Ennemis, mais d'attendre qu'ils soient à quinze pas de la Tranchée, avant que de faire sortir des Grénadiers & gens commandez pour aller sur eux.

La quatrieme, de faire sur eux tout le feu possible des Logemens, & Places d'Armes pendant tout le tems qu'ils feront en marche pour venir à vous. Cela bien observé donnera un grand avantage à l'Assiégeant.

En même tems la Garde de la Cavalerie, qui doit être avertie dès qu'elle monte la Tranchée de ce qu'elle doit faire en cas de Sortie, aura vraisemblablement disposé devant elle deux ou trois petites troupes de 30. Maîtres chacune, commandées par de bons Lieutenans, qui observant la marche des Ennemis, attendront qu'ils soient bien engagez, & le signal qui leur sera fait de la Tranchée, avant que de partir; & quand les Ennemis seront à 30. ou 40. pas, ces petites Troupes doivent partir, & prendre aussi-tôt le galop

pour

pour aller les charger par les flancs, ou les couper tout-à-
fait, pendant que les Grénadiers fortant des Places d'Armes
les attaqueront par la tête.   Le gros de la Garde de Cavalerie, divifé en plufieurs Efcadrons, doit fuivre au trot pour
foutenir les Detachemens, & faire fon poffible pour couper
la Sortie.   Si elle eft foutenuë par la Cavalerie de la Place,
comme il n'y a pas à en douter, il ne faudra pas manquer
de la faire charger par quelques-uns de vos Efcadrons, pendant que d'autres foutiendront avec elle, pour achever de
rompre le gros de la Sortie, qu'il faudra pourfuivre tant que
l'on pourra, fe mêler avec elle & s'en épauler contre le feu
de la Place: mais fi-tôt que les Ennemis feront recoignez
dans leur Chemin couvert, il faut que toute l'Infanterie qui
aura chargé fe rejette dans la Tranchée, & que la Cavalerie
s'éloigne promptement ; car le feu de la Place, qui fans
doute fera bien préparé, deviendra alors fort dangereux.

Voilà de quelle manière on peut repouffer les grandes
Sorties fans beaucoup de perte les quatre ou cinq prémiers
jours de l'Ouverture de la Tranchée.   Quand les Prémieres
& Secondes Places d'Armes feront achevées & garnies des
Troupes qui leur conviennent, les Ennemis n'en entrepren-
dront plus de femblables.

Mais comme la Troifieme Place d'Armes fe fait pour l'ordinaire fort près de la Place, & qu'elle eft affez éloignée de
la Deuxieme, il pourroit bien arriver que l'Ennemi entre-
prendroit encore deffus, avant qu'elle fût achevée.   Cependant la Prémiere & Seconde Place d'Armes étant pour lors
bien garnies, l'Ennemi fera moins en état de réüffir qu'auparavant, parce qu'il fera beaucoup refferré.   Non obftant
cela, jufqu'à ce que la Troifieme Ligne foit en état de recevoir du monde, il pourra bien être tenté d'entreprendre.
C'eft pourquoi, quand la Tranchée fera pouffée jufqu'à l'endroit de fa fituation, il faudra la diligenter avec application,

la

la garnir & border de Troupes à mesure que quelque partie s'achevera, & enfin la mettre en état de recevoir quelques Bataillons.

Lorsque cette Place d'Armes sera une fois remplie des Troupes qui lui conviennent, il n'y aura plus d'autre Sortie à craindre que celles qui se feront à la derobée, qui sont toujours petites, & ne s'entreprennent jamais que de nuit. Supposé cependant que l'Ennemi en entreprît quelqu'une de considerable avant qu'elle fût achevée, il ne faudra pour le repousser que tenir la conduite ci-devant proposée pour les quatre ou cinq prémieres gardes.

Toutes les Sorties à faire entre la Troisieme Place d'Armes & le Chemin couvert, ne se font que pour tâcher de surprendre quelque bout de Sape imparfait, renverser le travail, y mettre le feu, & obliger les Postes avancez de la Tranchée à se decouvrir.

Ces Sorties se font ordinairement par 10. 20. 30. ou 40. hommes, appuyez de beaucoup de feu préparé contre ceux de la Tranchée qui se decouvriront pour charger. Comme cela ne sçauroit manquer d'être fort sanglant, vû la proximité du Chemin couvert, il ne faut pas s'y exposer. On doit seulement bien apprêter le feu de la Troisieme Place d'Armes, & le laisser agir ; & quand il sera tems, y faire marcher quelques Compagnies de Grénadiers, se servant des Couverts de la Tranchée tant qu'on pourra. Sur-tout il ne faut point se presser d'aller au-devant de ces Sorties, mais ceder & leur donner lieu de s'engager pour les attirer sous vôtre feu ; ensuite quand ils seront bien en desordre, les faire pousser par les Grénadiers, sans poursuivre trop loin, mais se contenter de les recoigner chez eux, & puis se retirer dans vos Couverts.

Comme ces Sorties ne peuvent avoir pour objet que de surprendre quelque tête de Tranchée imparfaite, d'obliger

I

vôtre

vôtre monde à s'expofer au feu apprêté pour cela, il faut, pour ne s'y point commettre, donner ordre aux Sapes & à ceux qui les joindront, de fe retirer promptement fur les revers de la Place d'Armes fi-tôt qu'on verra paroître les prémieres têtes de la Sortie, laiffer agir quelque tems le feu de la Ligne, & revenir fur eux quand on les verra affez engagez, fans fe faire une affaire de les voir renverfer une douzaine ou deux de Gabions & y mettre le feu, pourvû qu'on le leur faffe bien acheter. Une heure de réparation bien employée, fera qu'il n'y paroîtra plus. C'eft-là une répetition de ce qui a déja été dit, je l'avouë, mais l'importance de la chofe mérite bien qu'on la répete plufieurs fois, plutôt que de manquer à la bien éclaircir.

DES SORTIES INTERIEURES.

SI après être logé fur le Parapet du Chemin couvert, l'Ennemi s'avifoit d'y revenir avant que le Logement fût bien établi, il ne faut pas s'opiniàtrer à le foutenir: mais il faut faire retirer les Travailleurs & Gens armez à l'abri des Cavaliers, & leur laiffer jetter leur feu, qui fe reduira peut-être à faire joüer quelque Fougace. Pendant ce tems-là il faut faire fervir les Ricochets, & remonter fur les Cavaliers pour faire feu. Certainement ils ne fortiront pas alors de leur Chemin couvert pour défaire ce Logement; ainfi ils n'y feront pas grand mal. Laiffez-leur donc fuivre quelque tems leur prémiere fougue. Enfuite les mêmes gens qui étoient à la garde du Logement ayant repris haleine, ou d'autres Troupes fraîches, bien munies de Grénades & de ce qui leur fera néceffaire, reviendront fur la Sortie, & acheveront de lui faire quitter le Logement, qu'il faudra réparer & mettre en état de pouvoir fe foutenir par lui-même le plutôt qu'il fera poffible.

Si

Si après qu'on aura pris les Traverses les plus prochaines, l'Ennemi fait mine d'y revenir, vraisemblablement il ne le sera que pour avoir le tems de faire joüer quelques Fougaces, & attirer ce qu'il pourra d'Assiégeans dessus: c'est pourquoi, sans avoir d'empressement de s'y mettre, il faudra ceder d'abord, & quelques momens après le faire brusquement attaquer par une Compagnie de Grénadiers qui le poussent & délogent de-là. En même tems il faudra en faire entrer 3. ou 4. dans le Chemin couvert pour chercher le trou de la Mine, en tirer la Saucisse, la rompre, ou l'enterrer si on ne peut l'arracher.

Que si pendant toute l'émeute que cette action causera, la Fougace joüe, il faudra se loger dans le trou qu'elle fera, & s'y couvrir aussi-tôt. Ensuite on s'étendra, & l'on achevera de s'y établir.

Quand on se sera rendu maître des Places d'Armes des Angles rentrans, si avant d'avoir mis les Logemens en état, l'Ennemi s'avisoit d'y revenir par une Sortie, il faudroit se conduire comme ci-devant, sans se présenter, ni se mettre en peine de la soutenir de vive force; parce que le feu de la Place d'Armes, celui des Ricochets & des Bombes, & l'effet des Pierres vous en feront raison dans peu.

Que si toutes ces choses ne le peuvent obliger à l'abandonner, la moindre charge le déterminera à s'en aller: ce qui doit être suivi d'une réparation & d'un achevement parfait, qui vous mette hors de la portée de pareille entreprise.

Si l'Ennemi fait une Sortie dans le Fossé, ce ne peut être que dans ceux qui seront secs, pour tâcher d'en traverser le passage, y apporter du retardement, & nuire à l'attachement du Mineur.

Les précautions à prendre contre ces Sorties, qui sont

ordi-

ordinairement foibles, font, de bien faire plonger les Logemens du Chemin couvert dans le Foffé, le plus près que l'on pourra, & même les Batteries contre les Flancs, où il fera bon d'avoir quelques Gargouches chargées à Balles de Moufquet, pour en cas de befoin en charger promptement quelques Pieces.

D'ailleurs en débouchant dans le Foffé, il faudra d'abord établir des Logemens adoffez contre fon bord extérieur, qui flanqueront le paffage des deux côtez. Ces Logemens doivent être affez étendus pour y mettre à couvert 25. ou 30. Grénadiers.

Après cela on travaillera à l'Epaulement, qu'il faut charger de terre le plus qu'on pourra, afin qu'il foit moins facile à brifer: car fi les Ennemis l'attaquent, ce ne fera que dans cette vûë. C'eft pourquoi, fuppofé que l'eau fût près de la fuperficie, il y faudroit faire des trous, & fe pourvoir d'Ecoupes pour jetter de l'eau de tems en tems fur l'Epaulement & le mouiller. Il fera bon auffi de percer le Foffé par plufieurs Defcentes, & d'avoir dans le Logement le plus prochain quelques Compagnies de Grénadiers pour accourir au fecours de l'Epaulement.

Quant aux Mineurs, fi l'on fait bréche avec le Canon, il ne fera pas queftion de Sorties fur eux, & fi après l'éboulement du Canon on juge qu'il foit néceffaire d'y en attacher un, l'Epaulement qui fera pour lors achevé, & le Logement fait pour foutenir l'un & l'autre muni du monde néceffaire, feront fuffifans pour le prolongement, fans fe mettre en peine d'y faire autre chofe.

Nous dirons de quelle manière on doit fe procurer cet Etabliffement lorfque nous parlerons de la prife de la Demi-Lune, qui eft un moyen fûr de prévenir les retours, & de faire du moins qu'ils ne foient pas dangereux. Comme

ce.

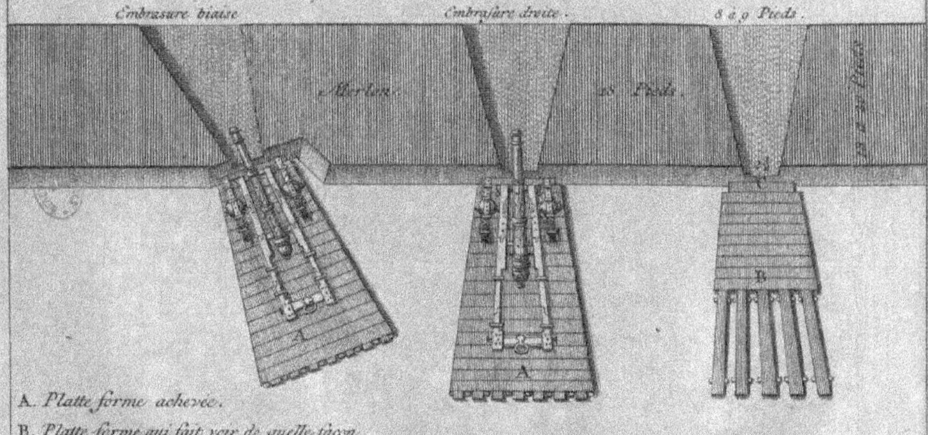

BATTERIE DE CANON.

Profil d'une Batterie, repréſentant une Piece dans l'Embraſure
prête à tirer.

A. *Gîte de la Platte forme.*
B. *Madriers.*
C. *Heurtoir.*

Plan d'une Batterie, telle qu'elle doit être construite.

A. *Platte forme achevée.*
B. *Platte forme qui fait voir de quelle façon*
   les Gîtes doivent être disposez.
C. *Heurtoir.*

Echelle de dix Toiſes.

ce qui fe fait pour une Demi-Lune en cas pareil fe peut faire pour une Contre-garde, Ouvrage à Corne, Baftions & autres Pieces revêtuës, nous finirons ici le chapitre des Sorties, qui font très peu fréquentes depuis l'ufage des Places d'Armes, du moins les grandes.

CHAPITRE X.

DES BATTERIES DE CANON.

SI on s'en rapporte à l'opinion commune de la plûpart des gens, & principalement des Officiers d'Artillerie, il faut mettre du Canon en Batterie dès le prémier jour de la Tranchée: pratique qui dans le fond n'eft bonne qu'à faire du bruit & à confumer des Munitions très inutilement, parce que du Canon tiré de 5. ou 600. toifes n'a point de force contre des Parapets à l'épreuve, & n'ajufte que par le plus grand hazard du monde : c'eft pourquoi on ne doit placer des Batteries dès le commencement du Siége, que lorfque quelque Rideau vous approche de la Place à jufte portée. Autrement il faut de néceffité avancer jufqu'à la Prémiere Ligne, & même jufqu'à la Seconde, pour faire des Batteries qui puiffent faire l'effet qu'on fe propofe, qui eft, de demonter le Canon de la Place, & de chaffer l'Ennemi de fes Défenfes.

Au prémier cas, on peut travailler aux Batteries le troifieme jour pour tirer le cinquieme.

Au fecond cas on ne doit pas efpérer d'en pouvoir tirer avant le fixieme jour; & je crois ce fecond parti le meilleur, parce que fi l'on attend jufques-là, on pourra placer les Batteries fi avantageufement qu'on ne fera pas obligé de les

I 3

chan-

changer de place tant que le Siége durera : ce qui eſt un grand bien, & un menage conſiderable, en ce que l'on bat de plus près, & qu'on ne conſume point tant de Munitions mal-à-propos.

L'Objet de ces Batteries doit être double; ſçavoir de demonter le Canon qui eſt devant vous, & d'éteindre le feu de l'Ennemi en le chaſſant de ſes Défenſes. Pour cet effet il n'eſt point néceſſaire de placer vos Batteries différemment : ſi elles ſe trouvent bien pour l'un, elles ſe trouveront bien pour l'autre.

Soit donc A. B. le Front attaqué de la Place, ayant pour Dehors la Demi-Lune C. Il faut chercher le long des Places d'Armes, où les prolongemens des Faces attaquées tant de la Demi-Lune que des Baſtions viendront ſe couper; marquer cet endroit; rendre ces Lignes ſenſibles par des Piquets comme S., & en même tems réſoudre la ſituation des Batteries, qui doivent toujours ſe placer en avant & hors de la Place d'Armes comme en G. H. I. K. L.

Ces ſituations étant déterminées, on ouvrira des Sapes pour y communiquer par un bout de Tranchée qu'on fait exprès; après quoi on en diſtribue le terrain à l'Artillerie, qui fait inceſſamment ſes préparatifs pour cet effet.

Quand la nuit commence, on acheve de les diſpoſer : ſurquoi on doit obſerver,

1. De faire front direct à la partie qu'on veut battre.

2. De porter tellement les découvertes ſur l'intérieur des Pieces attaquées, que les deux tiers du Canon puiſſent enfiler directement & par plongées les Faces des Pieces oppoſées aux Attaques.

3. D'Ouvrir les Embraſures de manière, que des mêmes Pieces on puiſſe échaper un revers ſur les Chemins couverts qui font face aux Attaques.

4. D'Etablir les Plattes-formes de ces Batteries auſſi

haut

haut que le niveau de la campagne, & plus si l'on peut. Mais parce qu'il est impossible de bien ajuster quand les Plattes-formes sont pliantes & mal faites, comme il arrive souvent, on donnera ici le détail d'une Batterie, telle qu'il les faudroit faire toutes pour que l'on en tirât tous les avantages possibles.

CONSTRUCTION D'UNE BATTERIE.

IL seroit à souhaiter que le lit du Canon fût élevé de 5. ou 6. pieds au-dessus de la terre ferme, pour être à raisonnable hauteur; mais cela nous feroit perdre plus de tems que cet avantage n'en pourroit faire gagner. Il faut donc se reduire à l'usage ordinaire, qui est d'élever une Batterie jusqu'au niveau de la campagne, & quelques pieds de plus s'il est possible, mais jamais moins.

Disposer l'espace sur le pied de 18. à 20. pieds du milieu d'une embrasure à l'autre, sur la largeur de 18. à 20. pieds de Platte-forme.

Faire les Parapets de 3. toises d'épais, sur la hauteur de 7. pieds & demi au moins. La matiere de ces Parapets, que l'Artillerie appelle Epaulemens, doit être de la terre prise sur le lieu au-devant de la Batterie, foulée de lit en lit de Fascines en boutisse & parement, proprement reliées & bien piquetées : ce qui doit faire liaison avec les lits posez en boutisse, afin que le parement se soutienne & ne surplombe pas. Remarquez que celui des Embrasures doit avoir 2. pieds & demi à 3. pieds d'ouverture à la gorge au plus étroit, & 8. à 9. au plus de large, sur 2. pieds & demi de Genouillere.

Les Plattes-formes doivent être composées de 5. à 6. Gîtes par embrasure; de bois quarré de 5. à 6. pouces, sur 18. à 20. pieds de long; d'un Heurtoir de 6. à 7. pouces quarré,

&

& de 6. à 7. pieds de long ; de 18. Madriers d'un pied de large, deux pouces & demi d'épais, sur 7. pieds & demi de long près du Heurtoir, revenant à 13. pieds & demi sur le derriere des Plattes-formes.

Les Gites de ces Plattes-formes doivent être posez sur la terre battuë & bien également applanie, assemblez par entailles avec leurs Heurtoirs en égale distance, ouvrant également sur le derriere, comme il est figuré à leur Plan particulier. Ces Gites seront proprement arrêtez par des Piquets, & l'entre-deux rempli de même terre battuë & bien pressée, sur laquelle on pose après les Madriers.

Toute la Platte-forme d'une Piece doit donc avoir 18. à 20. pieds de long, sur 7. & demi de large au Heurtoir; ayant attention de la tenir toujours la plus élevée qu'il sera possible.

Il faut de plus border l'intérieur de chaque Embrasure d'un cordon de Fascines, & les blinder avec de gros rouleaux bien liez, les armer de portieres, & que chaque Piece soit munie d'un Fronteau de mire, l'un & l'autre à l'épreuve du Mousquet.

Les Batteries achevées on y mene le Canon & ce qu'il faut pour le servir. Au surplus, pour bien faire une Batterie, il faut du moins employer deux jours & une nuit, ou deux nuits & un jour. Il vaut mieux y mettre plus de tems, & qu'elles soient bien faites.

Quand il ne s'agira que de demonter le Canon ennemi, on pourra battre à pleine charge: mais aussi-tôt qu'il sera demonté, il faut battre en Ricochets. Pour cet effet on doit mettre les Pieces sur la Semelle, c'est-à-dire à toute volée, & charger avec des mesures remplies, & raclées avec exactitude, en versant la charge dans la Lanterne, & en la conduisant doucement au fond de la Piece, sur laquelle on coule la bourre, appuyant le Refouloir dessus sans battre. La
Piece

Piece chargée de la forte, pointée & pofée fur la Semelle comme il eft dit ci-deffus, il n'y aura plus que le trop ou le trop peu de charge qui puiffe empêcher le coup d'aller où l'on veut: mais on a bien-tôt trouvé la véritable charge qu'il lui faut ; car en chargeant toujours de même Poudre, on l'augmente & diminue jufqu'à ce qu'on voit le boulet entrer dans l'Ouvrage, effleurant le fommet du Parapet : ce qui fe voit aifement parce qu'on conduit le boulet à l'œil.

Quand on a une fois trouvé la vraye charge, il n'y a plus qu'à continuer. Comme la Piece ne recule pas tant que la même Poudre dure, le boulet fe porte toujours où il doit aller.

Obfervez auffi que quand on change de Poudre, il faut prendre garde au Ricochet, & le régler de nouveau. Quand il eft trop fort, c'eft-à-dire quand il éleve confiderablement, il fera bon de l'abaiffer, & d'employer pour cet effet le Coin de mire & en augmenter la charge, afin de le roidir un peu davantage; il en devient plus dangereux. Mais il faut prendre garde à deux chofes: l'une, de ne pas trop roidir, parce qu'il pourroit paffer fans plonger; l'autre, de lui faire rafer toujours les Paniers dont les foldats affiégez fe couvrent, & quand il en abat quelqu'un, il n'eft que mieux: car c'eft la perfection de bien tirer que de rafer le fommet du Parapet le plus près qu'il eft poffible fans le toucher. Un peu d'exercice & de bon fens l'ont bien-tôt réglé.

Il faut encore bien prendre garde à une chofe; c'eft que le Ricochet ne doit pas faire bond fur le Parapet des Faces plongées, mais fur le Rempart qui eft derriere. C'eft pourquoi il faut toujours laiffer 4. toifes ou environ, depuis le devant des Pieces où l'on bat, jufqu'à l'endroit où l'on pointe.

Quand il y a lieu de changer d'objet & de battre de revers fur le Chemin couvert, ou dans le Foffé, ou fur l'arriere

K

des

des Baſtions, il n'y a qu'à donner un peu de flaſque à la Piece, la pointer, & toujours la poſer ſur la Semelle, & remonter enſuite le Ricochet juſqu'à ce qu'on ſoit ajuſté: après quoi il n'eſt plus néceſſaire d'y toucher. Quand les Pieces ſont dirigées ſur ce que l'on veut battre, comme elles ne reculent point, on peut les affermir pour la nuit & le jour; & quand même il faudroit les contenir par des tringles cloüées ſur les Plattes-formes, pour s'en mieux aſſûrer, cela ne ſeroit que mieux.

Le nombre des Pieces aux Batteries à Ricochet doit être depuis 5. juſqu'à 8. ou 10. Si l'on en mettoit moins, le Ricochet ſeroit trop lent, & laiſſeroit des tems à l'Ennemi dont il pourroit ſe prévaloir pour ſe traverſer, & travailler à ſes retranchemens.

Par cette raiſon on ne doit jamais permettre de tirer en ſalve, mais toujours un coup après l'autre par intervales égaux.

On ne doit jamais tirer en Ricochet, qu'on ne charge avec des Meſures; c'eſt de quoi il faut être abondamment fourni.

Les Meſures néceſſaires doivent être de fer-blanc, comme celles dont on meſure le ſel, ſçavoir d'une once, de 2., de 3., de 4., de 8. qui font la demi-livre, & enfin de 16. onces qui font la livre.

Cette quantité de Meſures peut ſuffire pour toute ſorte de Pieces: car s'il s'agit de charger d'une once, vous aurez la Meſure; ſi de deux, vous l'avez auſſi; de trois, de même; de quatre, vous l'avez encore; ſi de cinq, ajoutez 1. à 4; ſi de 6., ajoutez 2. à 4.; ſi de 7., ajoutez 3. à 4. La Meſure de 8. onces fait la demi-livre; qui repetée 2. fois fait la livre; 3. font la livre & demi; 4. fois font deux livres.

Il vaut mieux néanmoins avoir quelques Meſures de plus pour ne point tâtonner, & les faire toutes exactement numeroter.

roter. On eſt bien-tôt accoutumé aü Ricochet, qui eſt la meilleure & la plus excellente manière d'employer utilement le Canon dans les Siéges.

Les proprietez de ces Batteries dans le commencement d'un Siége ſont:

1. De demonter promptement les Barbettes & toutes les autres Pieces montées le long des Faces des Baſtions & Demi-Lunes, qui peuvent incommoder la Tranchée en battant à pleine charge.

2. De chaſſer l'Ennemi des Défenſes de la Place oppoſées aux Attaques, en battant à Ricochet.

3. De plonger les Foſſez, y couper les communications de la Place aux Demi-Lunes, principalement s'ils ſont pleins d'eau.

4. De chaſſer l'Ennemi des Chemins couverts, & de tellement l'y tourmenter par la rupture des Paliſſades, en les plongeant d'un bout à l'autre, que l'Ennemi ſoit obligé de les abandonner.

5. De prendre le derriere des Flancs & des Courtines qui peuvent s'oppoſer par leurs feux aux Paſſages des Foſſez, & rendre leur communication inutile.

6. D'être d'une grande économie; car elles peuvent ſervir tant que le Siége dure, ſans qu'on ſoit obligé de changer de Batterie.

7. De conſumer 7. ou 8. fois moins de Poudre que les autres Batteries, & de ne tirer jamais inutilement.

8. De tirer plus juſte, plus promptement, & bien plus efficacement que toutes les autres manières de battre.

Après ces Batteries il n'en faut pas d'autres que celles du Chemin couvert: car il n'arrive point qu'un Parapet à l'épreuve ſoit aſſez raſé pour que l'on ne s'en puiſſe plus ſervir. D'ailleurs cela eſt inutile quand le Ricochet eſt bien placé: ainſi toutes les autres Batteries doivent s'établir ſur le haut

K 2

du

du Parapet du Chemin couvert & le border. Elles font toutes de même efpece, mais elles ont différent ufage.

Les prémieres en ordre doivent être les deux D. de 4. Pieces chacune, deftinées à l'ouverture de la Demi-Lune C. On les place de part & d'autre de fon Angle, à-peu-près dans les endroits marquez D., & quand la Demi-Lune eft prife, on les peut changer de place, en les mettant un peu à droite & à gauche, pour enfiler fon Foffé, afin de pouvoir battre en bréche les épaules des Baftions comme on voit en E.

Après que les bréches font faites, foit à la Demi-Lune ou aux Baftions, & bien éboulées, on tient ces Batteries en leur prémier état, toujours prêtes à battre le haut, jufqu'à ce qu'on en foit le maître. On biaife même les Embrafures pour agrandir davantage les bréches; en obfervant que, pour faire bréche avec le Canon, il faut toujours battre en falve & le plus bas qu'on peut, mais jamais le haut, parce que cela attire des ruines aux pieds, qui rompent l'effet du Canon.

Pour bien faire, il ne faut pas que la Sape ait plus de 6. à 7. pieds de haut. On ne doit jamais quitter le trou qu'on bat, que l'on ne l'ait enfoncé de 8. à 10. pieds au moins. On peut donc dire que les Batteries des Demi-Lunes ont trois ufages.

Le prémier eft celui d'ouvrir les Pieces attaquées.

Le fecond, de battre le haut de la bréche.

Et le troifieme, d'ouvrir le Corps de la Place près des Orillons.

Les deuxiemes Batteries en ordre font celles marquées H., qui s'établiffent fur le haut du Chemin couvert, devant les Faces des Baftions A. B., qu'on peut ouvrir.

Elles font compofées de 6. 7. à 8. Pieces chacune. Leur ufage eft de battre en Sape le pied des Baftions fur toute l'é-

ten-

tenduë des Faces pour y faire bréche, & quand elle eſt faite
& autant battuë qu'on le deſire, on en conſerve une partie
pour battre dans le haut, & on en recule 3. ou 4. Pieces ſur
le derriere de la Platte-forme, dont on bouche les Embraſures avec une Barique remplie de Sacs à terre, & d'autres
qu'on range à côté. Elles ſervent pour lors à chaſſer l'Ennemi du haut des bréches, & à achever d'abattre les Défenſes, pendant que les Ricochets continuent à plonger & enfiler les dedans, & l'empêchent de s'y préſenter.

La troiſieme eſpece de Batteries du Chemin couvert ſont
les marquées I., qu'on oppoſe aux Flancs ; celles-ci ſont
pour l'ordinaire de 5. 6. 7. à 8. Pieces, ſelon l'eſpace que
l'on peut avoir. Leur uſage eſt de demonter le Canon des
Flancs oppoſez; ce qui n'eſt pas bien aiſé, & ne ſe fait qu'en
rompant le Flanc même, & en abattant toutes ſes Défenſes:
cela va quelquefois à une longue conteſtation, quand elles
ne ſont pas aidées par les échapées des Ricochets, par
les Bombes, & même par les Pierriers.

Au Siége de Fribourg, la Place fut priſe avant qu'on eût
pû entierement demonter les Batteries des Flancs, parce
que les Orillons les couvroient de revers.

On peut encore placer des Batteries de Canon ſur les Places d'Armes des Angles rentrans, comme il eſt marqué en
K., dont l'uſage eſt de faire bréche à la Courtine, & de
tourmenter les Tenailles. Celles-ci ſont rares, & ne doivent pas trop bien réuſſir : c'eſt pourquoi il vaut mieux y
mettre des Pierriers.

Outre ces Batteries, qui toutes ſe placent ſur le haut du
Chemin couvert, on peut encore ajuſter des Ricochets ſur
les Flancs, en les plaçant comme il eſt marqué ſur le Plan
en K., moyennant quoi il y a peu d'endroits où le Canon
de l'Ennemi puiſſe tenir long-tems.

K 3

Voilà

Voilà à-peu-près toutes les Batteries praticables, à moins qu'on n'ait recours à des revers éloignez & séparez des Attaques par des Rivieres & des Eaux non-guéables : ce qui arrive affez fouvent aux Places qui font fort irrégulieres, & fituées fur des Rivieres ; comme on l'a pratiqué à Namur, lorfque le Roi s'en rendit maître, & à Brifac, lorfque le Duc de Bourgogne en fit le Siége & le prit.

REFLEXIONS SUR L'USAGE DES BATTERIES DE CANON QUI TIRENT A PLEINE CHARGE.

IL n'y a rien de plus important que le bon ufage du Canon dans un Siége ; mais il eft très rare d'en voir qui foit bien fervi, & encore plus, qui ajufte comme il devroit. On s'étonne avec raifon de l'inégalité de fes coups, & de leur peu d'effet ; mais peu de gens en voyent le défaut. Il eft cependant très vifible, puifqu'il ne provient que de la mauvaife conftruction des Plattes-formes, & de l'inégalité de la charge qu'on lui donne.

Pour tirer plus jufte, il faut

1. Faire ces Plattes-formes complettes, folides, & non pliantes, comme celles dont on fe fert.

2. Charger de même comme il eft propofé pour les Batteries à Ricochets.

3. Obferver les coups qu'on tire, & quand on aura bien ajufté, les marquer fur le Coin de mire, ou fur la Semelle, & recharger de la même manière tant qu'il y aura de la même Poudre. Quand les barils fur lefquels on fe fera réglé feront vuides, il faudra examiner de nouveau les prémieres

char-

BATTERIE DE MORTIERS.

Profil d'une Batterie représentant un Mortier qui tire.

a. *Platte-forme.*
b. *Affût du Mortier.*
c. *le Mortier.*

Plan d'une Batterie telle qu'elles doivent être construites.

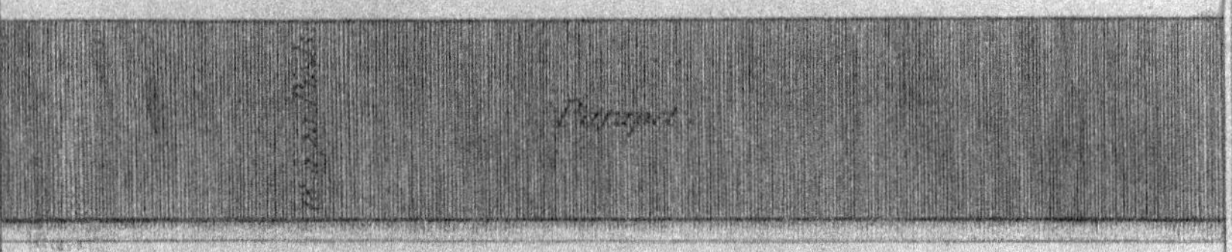

Plattes-formes à Mortiers.

Platte-forme droite.   Platte-forme imparfaite.   Platte forme biaise.

A. *Plattes-formes achevées avec les Mortiers dessus.*
B. *Platte-forme qui fait voir de quelle façon les Gîtes doivent être disposez.*
C. *Madriers qui couvrent les Gîtes.*

Echelle du Profil et du Plan de 10 Toises.

1 2 3 4 5 10

charges dont on se servira. Il est sûr que tant qu'on chargera de la même Poudre, les coups ajusteront incomparablement mieux.

Enfin, il ne se faut point négliger sur les Batteries, mais les faire solidement avec les soins & précautions proposées, moyennant quoi on en verra de bons effets.

C'est à quoi le Général doit étendre son application, & ne pas s'en rapporter aux Officiers d'Artillerie, qui, par négligence ou par intérêt pourront ne pas faire leur devoir à cet égard: ce qui est d'une conséquence infinie; car c'est le bon emploi du Canon & des Bombes qui prend les Places & abrege les Siéges.

CHAPITRE XI.

DES BATTERIES A BOMBES.

LES Batteries à Bombes doivent être situées, à droite & à gauche de la Tranchée, mais assez éloignées pour qu'elles n'incommodent pas dans la Tranchée.

A l'égard de leur distance à la Place, il faut les placer entre les Prémieres & Secondes Places d'Armes, ou attenant & joignant les Batteries à Ricochets, afin qu'elles puissent aussi battre d'enfilade: ainsi la situation la plus convenable sont les endroits marquez O.

Les Parapets des Batteries à Bombes doivent être de la qualité de ceux du Canon, excepté qu'on n'y fait pas d'Embrasures. Comme il importe peu que leurs Plattes-formes soient élevées ou non, on peut les enfoncer de 2. ou 3. pieds pour plus grande commodité & pour avoir plutôt fait, & les éloigner de neuf ou dix pieds de l'Epaulement.

Pour

Pour établir une Batterie à Bombes, il faut préparer un espace de 10. à 12. pieds quarrez pour chaque Mortier, qu'il faudra applanir & bien battre à la Demoiselle, avec une pente de quatre pouces du derriere au devant, sur lequel on posera des Poutrelles de bois quarré tant plein que vuide de 8. à 9. pouces de gros sur 9. à 10. pieds de long, qu'on arrêtera ferme sur le milieu par des Piquets ; & après avoir égalé leur distance & leurs pentes, on remplit les entre-deux de la Platte-forme de même terre battuë, & égalée aux rez des Poutrelles, qui seront couvertes de Madriers bien joints sur les Poutrelles, & l'un contre l'autre, de trois pouces d'épais, sans être clouez ni chevillez sur les Poutrelles, mais seulement arrêtez par les Piquets tout autour; de manière que quand il s'agira de les défaire, on le puisse sans les gâter.

Cela fait, on environnera la Platte-forme d'une tringle tout autour, pour arrêter le recul du mortier, & bien deblayer & applanir les environs, afin que leur service soit libre & dégagé. Remarquez que la distance d'un Mortier à l'autre doit être de 15. à 16. pieds. Il faudra en même tems prolonger un bout de l'Epaulement, & faire un trou ou deux bien couverts à quelque distance séparée de la Batterie, pour mettre en sûreté les Poudres, & les Bombes chargées.

Tout cela préparé de la sorte, il n'y aura plus qu'à mettre les Mortiers sur les Plattes-formes. Si on les place bien la prémiere fois, il ne sera plus nécessaire de les changer: c'est pourquoi il faudra les approcher du moins autant que les Batteries à Ricochets marquées G. H. I. K. L. Planches V. & VI.

Cela fait, & les Mortiers montez sur les Plattes formes, il faudra simplement tirer aux Défenses & Batteries de la Place, & dans le centre des Bastions & de la Demi-Lune, où on peut faire des Retranchemens, & non aux maisons; parce que ce sont autant de coups perdus, qui ne contribuent

en

en rien à la prise de la **Place**, & le dommage qu'on y fait tourne toujours à perte pour l'Assiégeant; c'est pourquoi il est nécessaire de bien apprendre aux Bombardiers ce qu'ils doivent battre, & leur défendre très expressement de tirer aux bâtimens.

DES MORTIERS A PIERRES.

LEs Pierriers se doivent mettre bien plus près que les Batteries à Bombes: Leur situation quant à la distance se partage en deux, dont la prémiere est entre la Troisieme Place d'Armes & le pied du Glacis, parce qu'ils ne portent pas loin; la deuxieme, sur les Angles saillans & rentrans du Chemin couvert tant de la Demi-Lune que des Bastions. Il ne faut à ceux-ci qu'un Epaulement comme aux Batteries à Bombes, & une Platte-forme toute simple; parce qu'il ne s'agit pas de soutenir l'effort d'une grosse charge comme aux Mortiers.

Le vrai lieu de les bien placer seroit dans le Chemin couvert, sur les Angles flanquans & rentrans; mais ils y seroient trop difficiles à servir.

Au surplus les Mortiers à Bombes sont de 12. ou 13. pouces de Diametre; Il seroit bon d'en avoir une demi-douzaine de l'espece appellée Comminges, qui ont 16. à 18. pouces, & mille Bombes par Mortier, pour l'éboulement des bréches & pour ruiner les Retranchemens.

Ceux de 8. pouces sont de peu de service. Les Pierriers sont beaucoup moins chargez de métal que les autres; ils doivent être de 18. pouces de diametre.

On seroit fort bien de battre en Ricochet les Faces des Demi-Lunes collaterales M. & N. qui ont vûë sur la droite & la gauche des Attaques, parce qu'elles ne laissent pas d'incommoder beaucoup de leur Mousqueterie & du Canon.

L

On

On s'eſt beaucoup arrêté au détail des Sapes, des Places d'Armes, & des Batteries à Ricochets, parce que ce ſont des nouveautez dont les proprietez ne ſont pas encore bien developées, non plus que la manière de bien placer les Mortiers à Bombes & les Pierriers.

Les Hollandois employent depuis peu quantité de petits Canons courts, qu'ils appellent Obus, & de petits Mortiers à Grénades portatifs par deux hommes, & ils en tirent une fort grande quantité : mais cela demande trop de ſervice & de dépenſe, & ils ne ſont pas d'un grand effet. Il vaut mieux s'en tenir au gros Canon, à nos Bombes, & aux Pierriers.

Ce n'eſt pas que l'on ne puiſſe employer le Canon de 4. 8. & de 12. Livres de balle à la Tranchée; mais en augmentation des Batteries à Ricochets ſeulement.

Voilà tout ce qui m'a paru devoir être particulierement expliqué, reprenons préſentement la conduite de nos Tranchées.

CHAPITRE XII.

CONTINUATION DES TRANCHE'ES.

SI l'on a pouſſé les Tranchées en même tems que leurs Places d'Armes, elles ſeront arrivées au pied du Glacis auſſi-tôt que la Troiſieme Ligne ſera achevée; & juſques-là, la conduite en doit être uniforme. Il faut ſeulement obſerver:

1. De ne jamais s'éloigner des Capitales prolongées qui leur ſervent de guides.

2. De racourcir leur retour à meſure qu'on s'approche de la Place comme il eſt marqué au Plan.

3. De ne les jamais enfiler ſans une néceſſité abſoluë, & lorſ-

Echelle de 180. Toises.

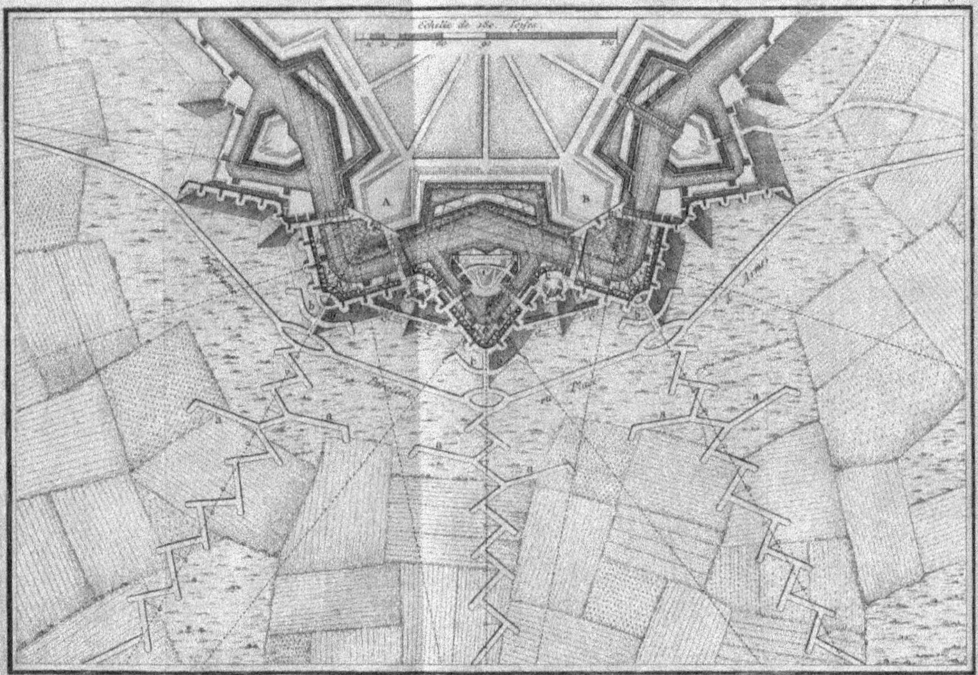

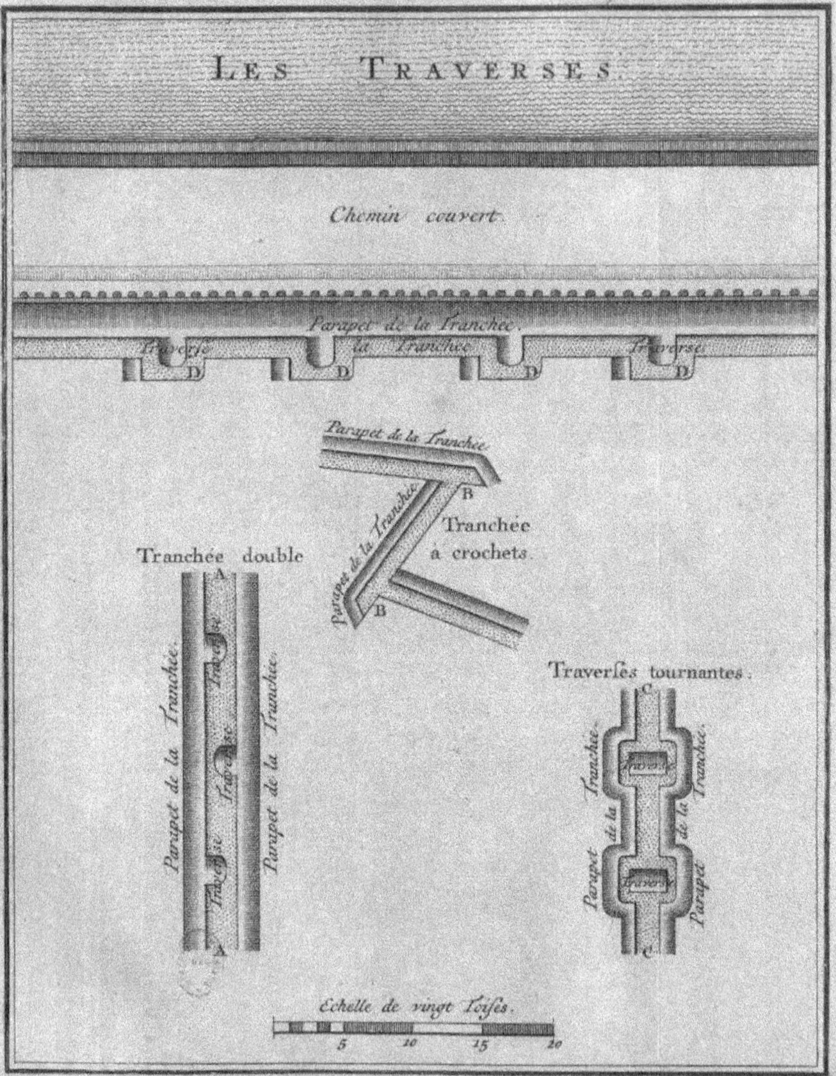

LES TRAVERSES
Chemin couvert.
Parapet de la Tranchée.
Traversé
la Tranchée
Traverse
D
D
D
D
Parapet de la Tranchée.
Tranchée
a crochets.
B
B
Parapet de la Tranchée
Tranchée double
A
A
Tranchée
Traversse
Parapet de la Tranchée.
Parapet de la Tranchée.
Traverses tournantes.
C
C
Tranchée
Tranchée
Parapet de la
Parapet de la
Traverse
Traverse
Echelle de vingt Toises.
5
10
15
20

lorſqu'on ſera contraint de le faire; de couvrir les enfilades par de bonnes Traverſes avant que l'Ennemi en puiſſe profiter.

Les Traverſes ſont des bouts de Tranchée ſeparez, qui ſervent à couvrir les revers & les enfilades, ſelon les endroits où on les applique. Comme elles ont différentes figures, nous les expliquerons par les qualitez qui conviennent le plus à l'uſage qu'on en fait; ſçavoir

Les Tranchées doubles - - - - - - - - A,
Les Tranchées à crochets - - - - - - - B,
Les Directes - - - - - - - - - - C,
Et les Tournantes - - - - - - - - D.

Les Tranchées doubles ſont celles dont l'un des côtez ſert de Traverſe à l'autre, pour ſe couvrir mutuellement contre les revers & les enfilades qui viennent des deux côtez.

Les Tranchées à crochets ſe font ſur tous les retours de la Tranchée, ſur l'extrêmité des Lignes & Places d'Armes, & ſur les Cavaliers.

Les Directes ſervent à boucher les enfilades, à quoi on eſt quelquefois contraint.

Et les Tournantes ſont principalement employées, tant dans les Logemens du Chemin couvert dont on n'eſt pas encore bien le maître, que dans les grandes Pieces, comme Baſtions, Demi-Lunes, & Ouvrages à Corne. On les employe auſſi quand, après avoir pris quelque Ouvrage, on prolonge la Tranchée vers ſon centre pour achever d'en occuper le dedans, & y faire quelqu'établiſſement. On peut voir les Figures de tous ces Ouvrages.

L 2

DES

DES AVANT-FOSSEZ.

DAns les lieux où il se trouvera des Avant-fossez pleins d'eau, il faudra combler un peu en biaisant, s'enfilant de l'arête du Glacis, & du surplus s'épauler comme aux Passages des Demi-Lunes.

Ceux-ci sont beaucoup plus aisez: mais il est à remarquer, qu'il ne faut pas entreprendre ces Passages que l'on ne soit fortifié sur son bord par une grande & forte Parallele, ou plutôt que la Troisieme Place-d'Armes ne soit bien établie, & en état de soutenir par son feu le Passage, & tout ce qui se sera au-delà de l'Avant-fossé. Quand on l'aura passé, il faudra s'étendre un peu le long du bord du Glacis à droite & à gauche, afin d'y loger quelque Detachement pour soutenir les Travailleurs, qui après cet établissement gagneront le milieu de l'arête, environ à moitié chemin de la Palissade, pour de-là s'étendre à droite & à gauche, & gagner l'enfilade du Chemin couvert par un des côtez de son Angle, que le Ricochet enfilera par plongées de l'autre : établissant aussi les Cavaliers dans leur tems aux fins proposées pour l'Attaque des Chemins couverts des pays secs.

Quand le Glacis est plat & fort large, on y fait quelquefois passer toute la Troisieme Ligne, auquel cas la prise du Chemin couvert en est plus facile : mais il se trouve rarement assez large; & quand cela est ainsi, on doit faire plusieurs Passages, car il faut toujours être en état de partir par de grosses troupes.

CHA-

CHAPITRE XIII.

PRISE DU CHEMIN COUVERT.

SUPPOSANT la Tranchée arrivée à moitié du Glacis, on sera en état de choisir l'un de ces deux partis: sçavoir d'attaquer le Chemin couvert de vive force, ou par industrie.

Si l'on choisit celui de l'industrie, ce ne pourra être que par l'effet des Batteries à Ricochets, soutenuës de la proximité des Places d'Armes, & des Cavaliers qu'on aura faits pour imposer au Chemin couvert: parce que les unes mettent les Palissades en desordre, & chassent l'Ennemi de ses Défenses; & les autres imposant par leur supériorité, la Place ne sera plus tenable, attendu même la proximité de cette Troisieme Ligne, où se trouvent de fort gros Detachemens, qui joints à toute la Garde de la Tranchée pourront mettre les Assiégeans en état de tomber tout d'un coup sur le Chemin couvert par un gros Corps, & d'enveloper & tailler en pieces en un instant tout ce qui se trouvera dedans. C'est à quoi l'Ennemi doit s'attendre, sans qu'il y ait apparence de pouvoir éviter ce coup.

Cela bien consideré, la raison veut que les Assiégez ne se commettent pas à recevoir un échec qui paroît effroyable, sans fruit, & sans espérance de pouvoir y parer que par l'abandon du Chemin couvert.

Les apparences presque certaines sont donc, qu'ils ne s'y hazarderont pas, & qu'ils n'y laisseront que de petits Detachemens: auquel cas les Ricochets & les petits Cavaliers Q.,

que

que nous suppofons faits à moitié du Glacis, prendront infailliblement le Chemin couvert fans coup férir.

Mais fi ce Chemin couvert n'eft point battu des Ricochets; fi l'on n'eft pas en état de le dominer par les petits
Cavaliers; s'il eft bien traverfé, & la Garnifon forte : on
fera peut-être obligé d'en venir aux mains, & de le forcer
par une Attaque générale.

En ce cas, après avoir bien achevé & muni abondamment
la Troifieme Ligne d'Outils, Sacs à terre, Gabions, &
Fafcines, on fait commander 8. ou 10. Compagnies de Grénadiers extraordinaires, plus ou moins felon que la Garnifon fera forte ou foible, que l'on joint à ceux de la Tranchée, avec d'autres Detachemens de Fufeliers, difpofez tout
le long de la Troifieme Ligne ou Place d'Armes fur 3. ou 4.
rangs de hauteur, rangez contre le Parapet, les Travailleurs
commandez derriere eux fur le revers de la Place d'Armes,
fournie de Gabions, Fafcines, Sacs à terre, &c., & chacun
de deux Outils.

Quelque tems auparavant on doit avoir averti aux Batteries de Canon, Bombes, & Pierres, de fe tenir prêtes,
de ce qu'il y a à faire, & du tems qu'on attaquera; afin qu'on
s'y mette en état de même qu'aux autres Poftes de la Tranchée qui doivent concourir à l'action. Quand tout eft prêt
on donne le Signal : ce qui fe fait par une certaine quantité
de coups de Canon ou de Bombes, defquels les 3. ou 4. derniers traînent un peu, afin de donner le tems aux Troupes
de fe developer. Quand le dernier coup a fini le Signal,
toutes les Troupes commandées paffent brufquement par-
deffus le Parapet de la Place d'Armes, marchent à grands pas
au Chemin couvert qu'ils envelopent de tous côtez, & entrant dedans par les ouvertures, taillent en pieces tout ce
qu'elles rencontrent, & en chaffent l'Ennemi; pendant que

les

les Ingenieurs établiſſent promptement les Travailleurs ſur le haut de ſon Parapet, qui ne ſont pas plutôt arrangez, qu'on leur fait inceſſamment ſervir des Sacs à terre & des Faſcines par d'autres.

On rappelle preſqu'en même tems les Troupes qui ont chargé, leſquelles ſe viennent rallier derriere les Travailleurs, où elles reſtent genouil en terre, juſqu'à ce que le Logement ſoit en état de les couvrir.

Pendant cette action, qui eſt toujours très violente, toutes les Batteries de Canon & de Mortiers tirent inceſſamment aux Défenſes de la Place, auſſi-bien que les Places d'Armes de la Tranchée qui ont des vûës ſur les mêmes Défenſes.

La Place, de ſon côté, ſe défend, & met tout en uſage pour repouſſer l'Aſſiégeant. Comme la plus grande partie, ou pour mieux dire, tout ce ſpectacle ſe fait à decouvert de la part des Aſſiégeans, & dure quelquefois 2. ou 3. heures, il y a toujours beaucoup de ſang repandu de la part de ceux qui attaquent, & de ceux qui défendent ; mais pour l'ordinaire beaucoup plus des prémiers que des derniers. Par conſéquent, toutes les fois qu'on peut ſe rendre maître du Chemin couvert par induſtrie, ſans être obligé d'en venir aux mains, c'eſt ſans contredit le meilleur moyen qu'on puiſſe employer.

Suppoſons préſentement que les Ricochets ſoient bien diſpoſez, & que leurs effets, joints à celui des Cavaliers & de la Place d'Armes, puiſſent nous donner aſſez d'aſcendant ſur le Chemin couvert, pour impoſer à un ou pluſieurs de ſes Angles par les enfilades ou plongées des Cavaliers: pour lors quand la Tranchée ſera parvenuë au pied du Glacis, il n'y aura plus gueres de retours à faire ; encore ne pourra-t-on pas s'empêcher de les enfiler : mais il faut tâcher que ce ne ſoit que du Chemin couvert, & briſer ſouvent ; moyennant quoi on couvre aiſement les enfilades, dont les coups

partant

partant d'un lieu près & peu achevé, ne font que rafer l'horifon, & ne plongent gueres.

Après le fecond ou troifieme retour au plus, le mieux fera de s'enfiler le long de l'arête du Glacis par une Sape double, qui fe couvre des deux côtez à l'ordinaire, & la tête par des Mantelets roulans, ou par des Gabions pleins de Fafcines & de Sacs à terre, que les Sapeurs pouffent & arrangent devant eux felon leurs befoins; moyennant quoi les deux Tranchées s'achevent fans beaucoup de peril, pourvû qu'on fuive directement l'arête: car les ouvertures de la Paliffade qui font à la pointe, joignant le Parapet, font un biais qui ne fe préfente point à l'arête; mais vis-à-vis des Faces feulement, & il n'y a tout au plus que la Place d'un Fufelier ou deux qui puiffent voir la tête des Tranchées, à qui il eft facile d'impofer par les Ricochets & par le feu de la Troifieme Ligne, qui doit être pour lors en état.

Quand on fera affez avancé pour juger qu'on n'eft plus qu'à 13. ou 14. toifes du Chemin couvert, ce qui fe connoît par le jet des Grénades à main, dont la portée ne va pas plus loin, il faudra s'arrêter, & s'étendre à droite & à gauche du Chemin couvert, ayant foin de fe bien couvrir contre les enfilades des Angles faillans de la droite & de la gauche. Quand on fera parvenu jufqu'à doubler le Chemin couvert de 7. ou 8. toifes de chaque côté, il faut fe barrer contre les enfilades par de groffes Traverfes, affez étenduës pour couvrir entierement le derriere des Cavaliers.

Il eft à remarquer que la diftance de 14. toifes met l'intérieur de ces Cavaliers à couvert de l'effet des Grénades, & hors de la fituation des Mines: car fi l'Ennemi ne veut pas chambrer trop près de fa Paliffade, de peur de la faire fauter & de s'ouvrir, il ne voudra pas non plus faire les Mines fi éloignées, que leur effet ne puiffe nuire au Logement établi fur le haut du Parapet; ce qui arriveroit, s'il les pouffoit

à une

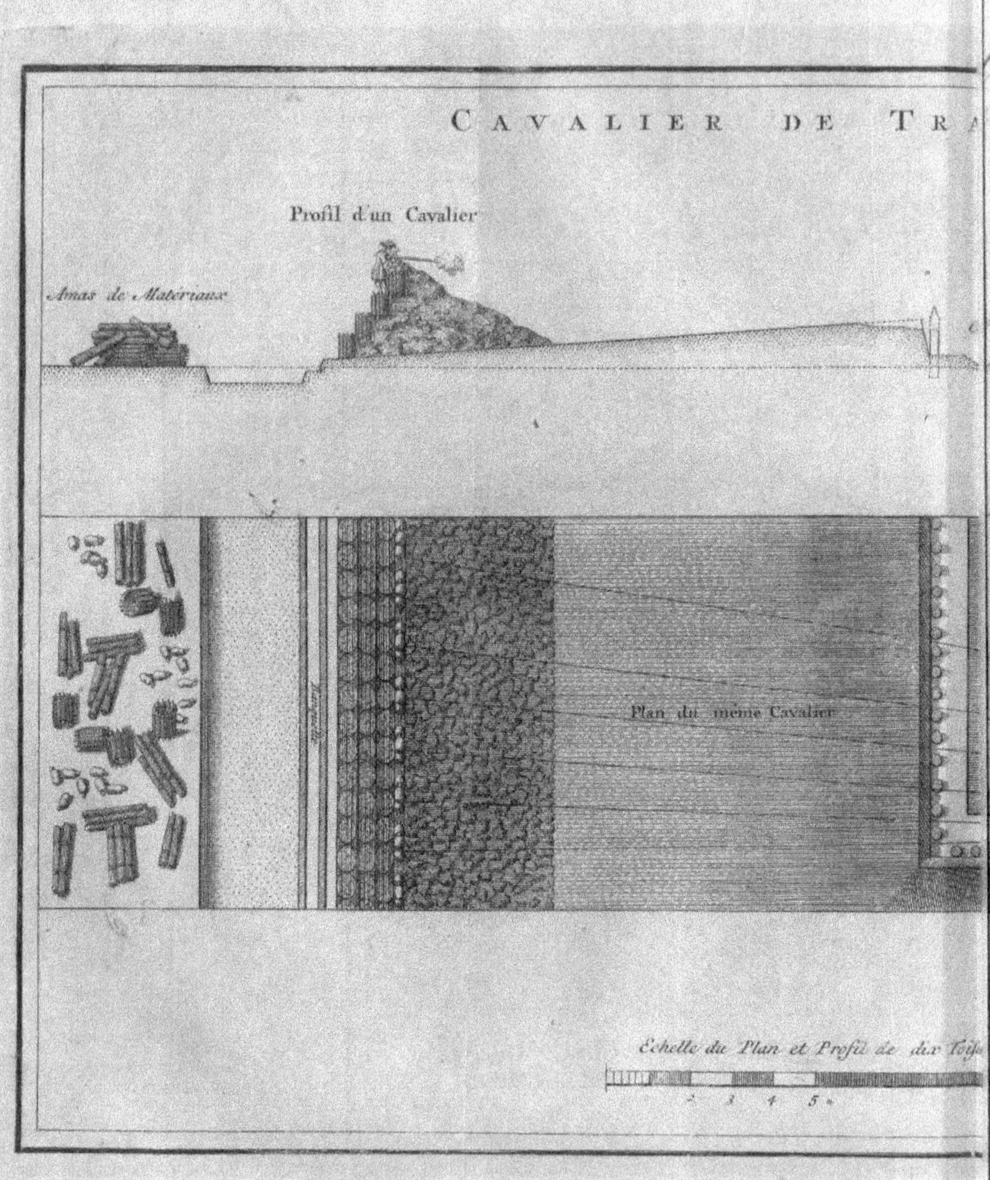

Profil d'un Cavalier
Amas de Matériaux
Plan du même Cavalier
Echelle du Plan et Profil de dix Toiſes
2   3   4   5

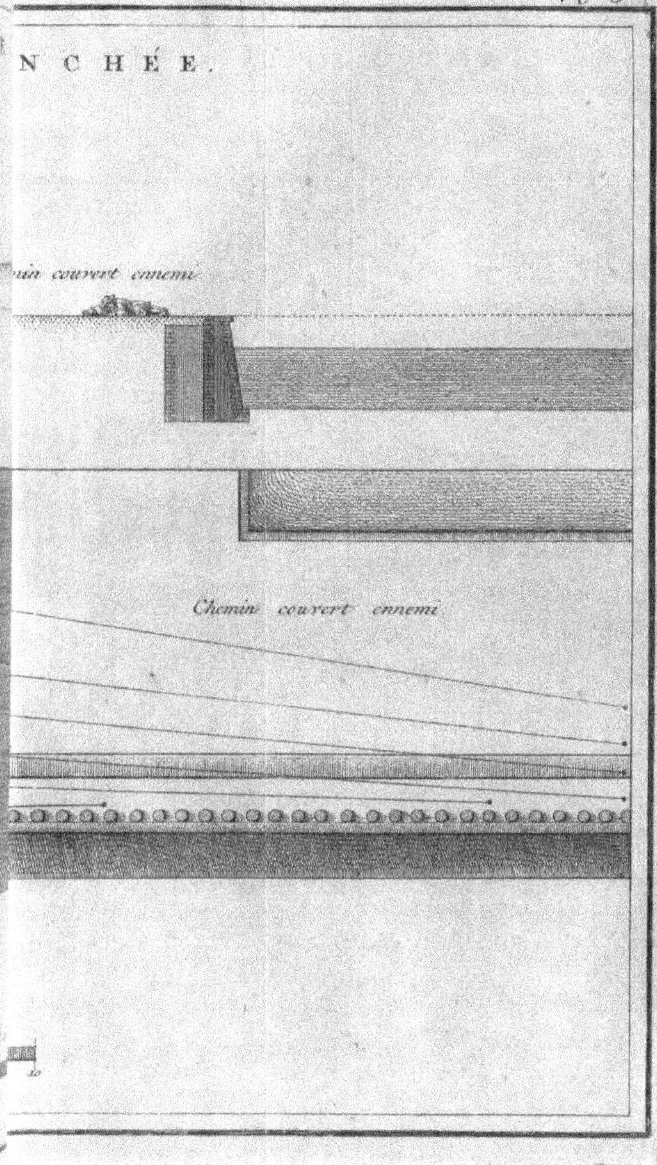

NCHÉE.
min couvert ennemi
Chemin couvert ennemi
10

à une diſtance à-peu-près égale à celle des Cavaliers. C'eſt pourquoi il ne le fera pas ; & vraiſemblablement il prendra un milieu, qui ſera de ne point hazarder le ſaut de la Paliſſa-de, & de chambrer ſes Mines à portée de pouvoir nuire aux Logemens : c'eſt-à-dire qu'il aura fait les Mines à 4. 5. ou 6. toiſes de la Paliſſade, qui eſt, à peu de choſe près, la moi-tié de la diſtance aux Cavaliers. En ce cas elles ne feront pas de mal aux Logemens en bordant le Chemin couvert de près, ni aux Cavaliers, parce qu'ils en ſeront diſtans de 7. à 8. toiſes, ſi ce n'eſt par la chûte de quelques debris de Mi-ne qui ne feront pas un grand fracas.

Au reſte, comme les Mines ſe font & ſe chargent avant l'érection des Cavaliers, leur ſituation auſſi-bien que leur effet ſont toujours fort incertains.

DE LA CONSTRUCTION DES CAVALIERS.

SUppoſons la Tranchée étenduë à droite & à gauche des Angles ſaillans dont on veut chaſſer l'Ennemi, de la diſ-tance de 14. ou 15. toiſes, en doublant cet Angle de 7. à 8. toiſes, comme nous l'avons déja dit ; il faudra

1. Leur donner la capacité des Places d'Armes ; dans cet-te ſituation il eſt à préſumer qu'on ſera à-peu-près au niveau du Chemin couvert.

2. Avoir fait grand amas de Gabions, Sacs à terre, & Faſ-cines de toute eſpece au plus proche de ces Logemens.

3. Avoir des Travailleurs de relais tout prêts, & quand le jour commencera à tomber, travailler de force à l'éleva-tion de ce Logement : ce qui ſe fait promptement en y em-ployant 3. ou 4. rangées de Gabions poſez l'un ſur l'autre en retraite, à un pied & demi l'un de l'autre, pour ſervir de relais & d'autant de Banquettes.

M

4. Ra-

4. Rafer le deſſus de chaque Gabion après qu'ils ſeront remplis de Faſcines & de terre, juſqu'à ce que de cette élevation on puiſſe plonger à l'aiſe dans le Chemin couvert; après cela border le ſommet des Cavaliers de Sacs à terre, en y faiſant les Creneaux néceſſaires ; obſervant d'élever auſſi les Traverſes à pareille hauteur, & même un peu plus. Tout cela bien pouſſé peut être fini au grand jour, & en état d'y faire monter les Grénadiers, qui plongeant de près dans le Chemin couvert, en chaſſeront infailliblement l'Ennemi, à l'aide des Bombes, des Pierres & des Batteries à Ricochets, qui toutes, inſtruites des endroits où il faudra tirer, ne manqueront pas de bien tourmenter l'Ennemi dans ſes Défenſes, & dans les parties du Chemin couvert un peu éloignées des pointes plus avancées.

L'Ennemi en abandonnant ne manquera pas de mettre le feu à ſes Mines, s'il y en a: ce qui ſera le ſignal de ſa retraite. S'il le fait, il y faudra faire paſſer des Travailleurs qui ſe logeront dans le trou qu'elles auront fait, & en même tems occuper les deux côtez de l'Angle, en ſe logeant des deux côtez de la Paliſſade, & s'y couvrant en toute diligence.

Pour cet effet il faudra avoir menagé des ſorties par la tête de la double Sape. Je dis par la tête, car il vaut mieux que ce ſoit par-là que par les extrêmitez de la droite & de la gauche, parce qu'on n'aura qu'à écarter un peu les Mantelets & les Sacs à terre qui pourront faire empêchement; ce qui ſera bien-tôt fait.

Peu de tems après, on fera la communication au Logement par la prolongation de la Sape. Il ſuffira pour le coup de poſer 25. à 30. Gabions de chaque côté de l'Angle, & d'y faire paſſer en même tems beaucoup de Sacs à terre pour couvrir les joints des Gabions, & donner moyen aux Travailleurs de ſe mettre à couvert promptement. Il ne faut pas oublier de ſe bien traverſer aux deux extrêmitez. Si les

Rico-

Ricochets & les Bombes font bien leur devoir dans ce tems-là, on n'aura pas grand feu à essuyer.

Le travail de ce Logement doit être continué par des Travailleurs relayez, qui en peu de tems le rendront en état d'y demeurer en sûreté. Il faudra continuer à le perfectionner jusqu'à ce qu'il soit en état de faire feu aux Défenses de la Place : ce qui demande beaucoup de soins, parce qu'il faut que ce prolongement soit sûr & commode, que les Creneaux soient bien faits, qu'ils puissent plonger dans le fond du Chemin couvert, biaiser sur les Bastions & Demi-Lunes, & que la communication soit bien achevée.

Aussi-tôt que ce Logement sera en état, il y faudra faire entrer un Détachement, avec ordre de ne pas s'opiniâtrer à le soutenir dès le commencement, si l'Ennemi, contre toutes les apparences, se mettoit en tête d'y revenir; mais de laisser agir les Ricochets & les Bombes, qui jointes au feu de la Place d'Armes & des Cavaliers, l'auront bientôt écarté. Après cela établissez des Sapes à droite & à gauche pour plonger & étendre le Logement, sans s'écarter du bord du Parapet qu'il faut toujours serrer de près, reduire celui des Logemens à l'épaisseur nécessaire pour resister au Canon, toujours perfectionner ce qu'on fera, à mesure que l'on avancera, & bien traverser tout cela contre les enfilades & revers des Bastions & Demi-Lunes.

Quand on sera parvenu près des prémieres Traverses du Chemin couvert, si l'Ennemi les garde encore, comme il ne pourra y avoir que peu de monde, on pourra le chasser par une Compagnie de Grénadiers, & jetter 6. ou 7. hommes assurez dans le passage de la Traverse avec des Outils, afin qu'ils s'y logent. En même tems il faudra prendre garde à la Fougace; car si l'Ennemi demeure-là, ce ne sera que dans l'intention de la faire joüer à-propos s'il le peut. C'est pourquoi, soit qu'on prenne le Chemin couvert de force ou par induſtrie, il ne ſaut pas manquer de faire entrer 2. ou 3. hommes hardis, pour chercher l'embouchure des Mines, & pour en arracher le Sauciſſon ; précaution qui a preſque toujours réüſſi.

Quand on ſera parvenu aux Traverſes plus prochaines de la pointe, qui ſont celles qui pour l'ordinaire bornent la Place d'Armes, il faut faire une entrée dans le Chemin couvert, le perçant vis-à-vis le milieu des prémieres Traverſes afin de ſe couvrir pour défiler la Tranchée, bien enfoncer les paſſages, les faire de bonne largeur & les blinder. De plus il les faut rendre aiſez & commodes, & les prolonger vers le bord du Foſſé à la Sape, en ſe couvrant de la Traverſe. Quand on y ſera parvenu, il faut les joindre de part & d'autre le long de la portion de cercle autour de l'Angle du Foſſé, laiſſant devant ſoi une épaiſſeur à l'épreuve, à cauſe du Canon des Flancs & des Courtines.

Ce Logement ainſi établi ſera tenu bas & fort enterré, afin qu'il ne faſſe point d'empêchement à celui qui ſera derriere ſur le haut du Parapet du Chemin couvert. Son uſage ſera de faire feu ſur les bréches de près, & d'y placer des Pierriers en cas de beſoin.

Il faut continuer à couler dans l'épaiſſeur des Parapets du Chemin couvert juſqu'aux Places d'Armes des Angles rentrans, d'où il faudra peut-être chaſſer les Ennemis de vive force, ſuppoſé qu'ils y tiennent encore, comme cela ſe peut. Il eſt cependant vrai que, comme les Ricochets & les Bombes peuvent fort les incommoder ſur le derriere de leurs Places d'Armes, il n'y a gueres d'apparence qu'ils s'opiniâtrent à y demeurer, ſur-tout quand ils ſe verront ſerrez de près par les Sapes de la droite & de la gauche; car le feu des Baſtions & des Demi-Lunes ne les y ſoutiendra que très foiblement, parce qu'il ſera éteint par celui des Bombes & des Ricochets des Attaques, qui doit être d'une grande vivacité

vacité dans ces tems-là. En tout cas ce fera l'affaire d'une ou de deux Compagnies de Grénadiers qu'il faudra faire partir à-propos, après avoir averti & fait apprêter les Batteries de Canon & de Mortiers, & être convenu d'un Signal avec ceux qui commandent ces Batteries.

Par la prife des Places d'Armes rentrantes du Chemin couvert on achevera de l'occuper entierement. Il faudra s'y établir tout le long & le bien traverfer, couper les mêmes Places d'Armes par les Gorges, comme celles des Angles flanquez, entrer dedans & s'y bien établir. Les endroits K. montrent comment cela fe peut faire.

DES BATTERIES QU'IL FAUT ETABLIR SUR LE CHEMIN COUVERT.

SI-tôt qu'on fera maître du Chemin couvert, on doit fans perdre de tems s'appliquer à trois chofes:

La prémiere, à diftribuer la place des Batteries qui doivent agir contre les Flancs.

La feconde aux Batteries deftinées à faire bréche.

Et la troifieme, aux Defcentes des Foffez.

La place des Batteries oppofées aux Flancs eft marquée I., & celle des Batteries qui doivent ouvrir les Baftions, H.

A l'égard des Defcentes, les endroits les plus propres à les faire font marquez F. L., tant à la Demi-Lune qu'aux Baftions.

Nous avons traité de la façon des Batteries aux Chapitres X. & XI., c'eft pourquoi nous n'en parlerons ici que pour dire, qu'en établiffant les Batteries fur le Chemin couvert il faudra encore avoir égard à trois chofes:

La

La prémiere, à l'Epaulement qu'il faut faire fort près du bord du Parapet.

La seconde, à bien ouvrir les Embrafures.

Et la troifieme, à les bien dégorger & leur donner une grande pente du derriere au devant, pour les mettre en état de plonger jufqu'au bas du revêtement, où l'on peut faire bréche.

CHAPITRE XIV.

DE LA DESCENTE DU FOSSÉ DE LA DEMI-LUNE.

LEs Foffez font fecs, ou pleins d'eau dormante ou courante. S'ils font fecs, l'on commence l'ouverture de leur Defcente plus près ou plus loin, felon qu'il eft plus ou moins profond. Si cette profondeur eft fort grande, comme de 18. 20. 25. à 30. pieds, il faudra commencer l'ouverture dès le milieu du Glacis, & paffer en Galerie de Mineur par-deffous le Logement de la Contrefcarpe & le Chemin couvert, pour fortir à-peu-près auffi bas que le fond du Foffé, comme il eft marqué au Plan & Profil A. Planche XIV. Cela fe pratiqua à Montmidy & à Stenay fort heureufement, & c'eft ce qu'on doit faire en cas pareil à toutes les Places dont les Foffez font fecs & fort profonds. Si le Foffé n'a que 12. à 15. pieds de profondeur, il fuffira de paffer au travers des Parapets du Chemin couvert, & avoir foin de bien blinder la Defcente, & de l'enfoncer 4. à 5. pieds au-deffous de la Banquette, en prolongeant la rampe en arriere autant qu'il fera néceffaire pour l'adoucir en avant & la rendre moins roide.

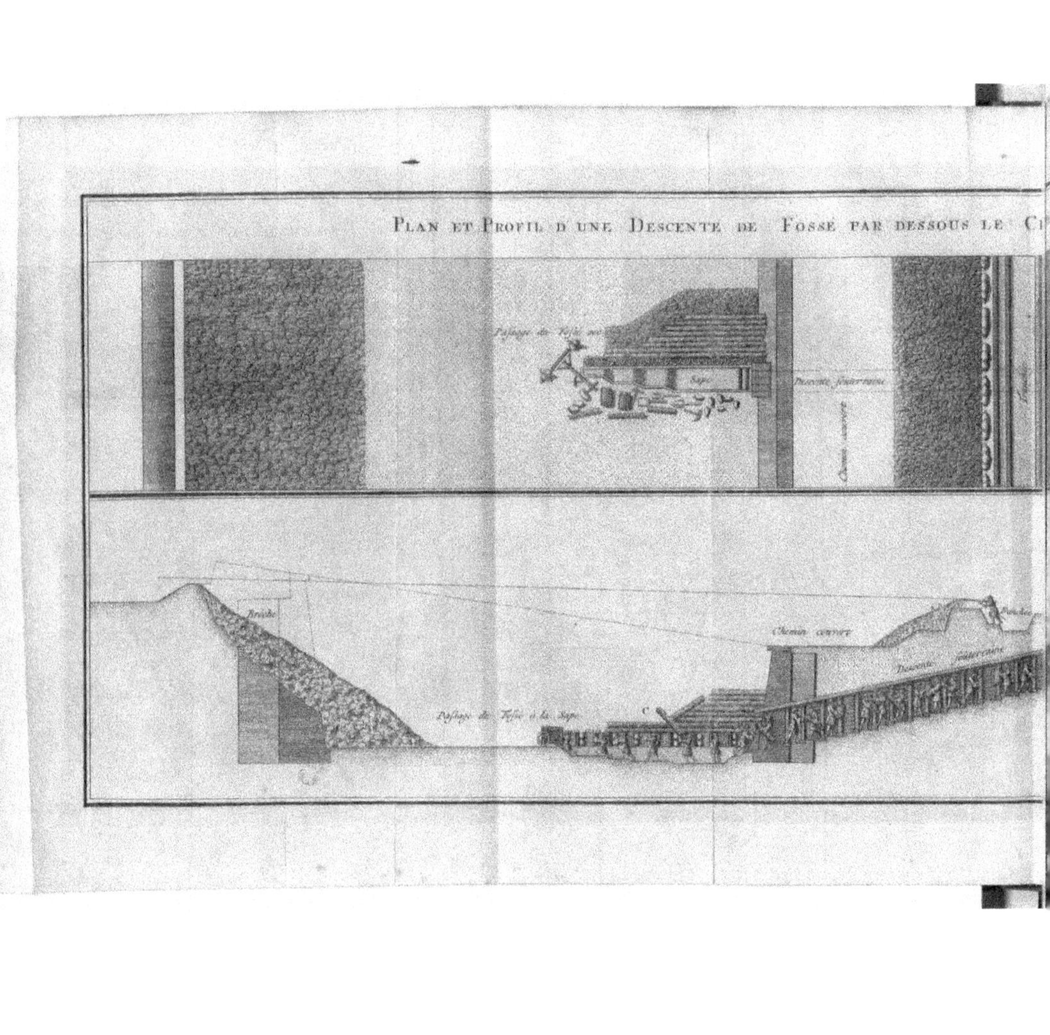
PLAN ET PROFIL D'UNE DESCENTE DE FOSSÉ PAR DESSOUS LE CH
Passage du Fossé
Sape
Descente souterraine
Breche
Chemin couvert
Descente souterraine
Passage du Fossé à la Sape
C

CHEMIN COUVERT.

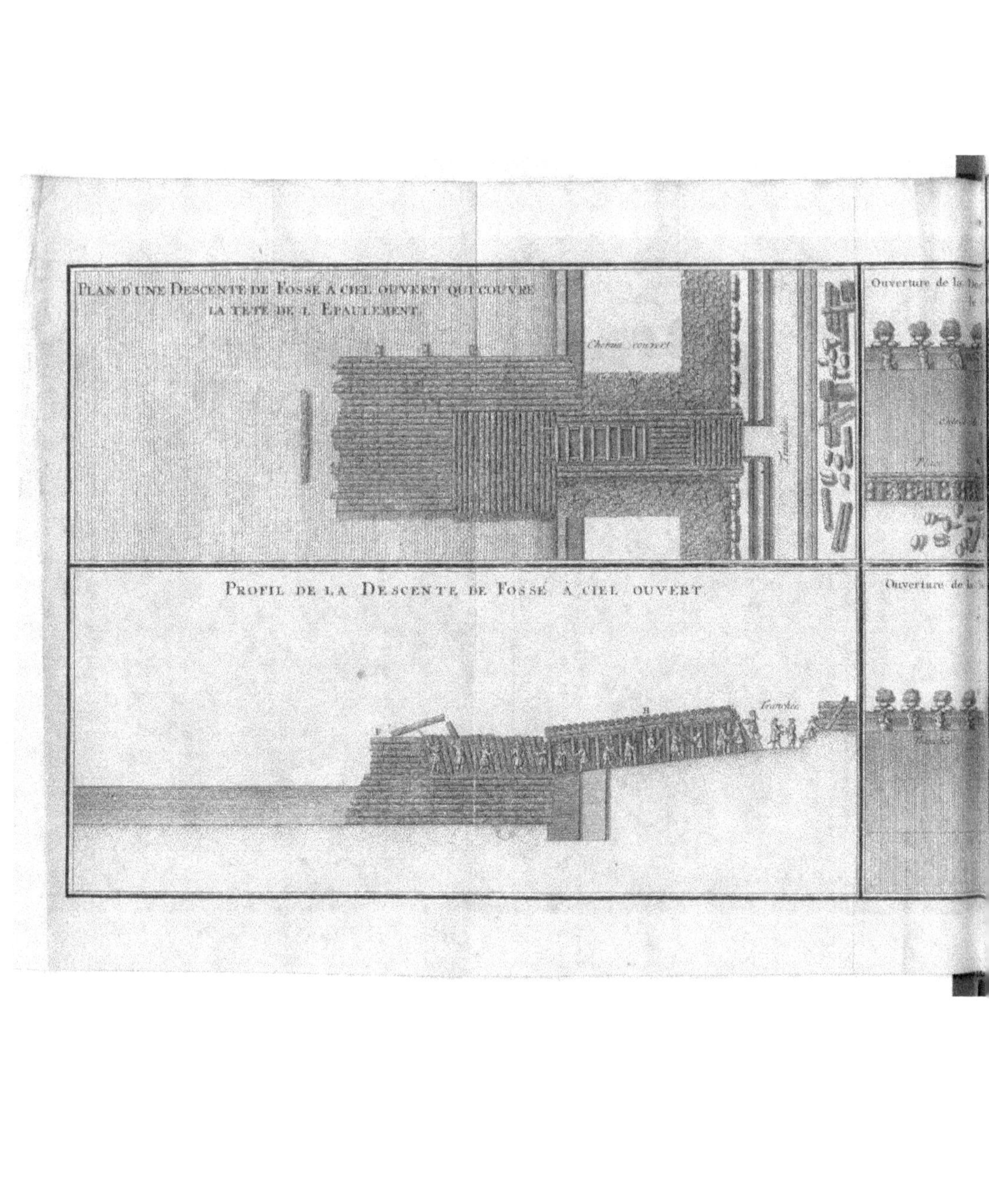

PLAN D'UNE DESCENTE DE FOSSÉ À CIEL OUVERT QUI COUVRE
LA TÊTE DE L'ÉPAULEMENT
Chemin couvert
Tranchée
Ouverture de la
PROFIL DE LA DESCENTE DE FOSSÉ À CIEL OUVERT
Tranchée
Ouverture de la
Tranchée

...te du Foſsé sec. qui paſse ſous ...emin couvert.

Debouchement de la Descente soûterraine dans le Foſsé sec.

...cente du Foſsé à ciel ouvert.

Debouchement de la Descente à ciel ouvert dans un Foſsé plein d'eau.

roide. Conduisez ensuite le reste en rampe & à Sape découverte sur tout le travers du Chemin couvert, se prolongeant le long des Traverses jusques sur le bord du Fossé. Quand on l'aura joint, on travaillera à l'approfondissement de la Descente autant qu'il sera nécessaire , réglant le fond en marches d'escalier, s'il le faut, qu'on soutiendra par des planches avec des piquets; Voyez le Profil A. de la Planche XIV.; observant de bien étayer les terres des bords, pour les empêcher de s'ébouler & tomber dans la Descente.

Si le Fossé est plein d'eau dormante, dont la superficie soit élevée de 3. 4. ou 5. pieds près du bord , la Descente sera plus facile parce qu'il n'y aura que peu de rampes à faire; mais il faudra toujours s'épauler très fortement du côté des Flancs, & marcher en Galérie couverte, composée de Fascines soutenuës par de fortes Blindes , plantées de part & d'autre à 5. ou 6. pieds l'une de l'autre, avec d'autres posées en travers : ce qui sera la largeur de la Galerie sur 6. pieds de hauteur. Il faudra la charger de 2. ou 3. lits de Fascines, posées avec la Fourche & bien arrangées, afin qu'il n'y reste pas de jour. Autrefois on faisoit ces Galeries par des assemblages de charpenterie de bois quarré, couvertes par les côtez & par le dessus de Madriers à l'épreuve du Mousquet, & sur le tout par des peaux de bœufs fraîchement tuez. Outre cela le côté opposé aux Flancs se faisoit à l'épreuve du Canon ; ce qui se continuant sur tout le Passage des Fossez, employoit bien du tems & de la dépense, & ne laissoit pas que d'être souvent interrompu, parce que rarement le feu du Canon de la Place qui pouvoit avoir vûë dessus étoit bien éteint, non plus que celui de la Mousqueterie: mais depuis que l'on a sçû se rendre maître de ce feu par les Ricochets & quantité d'Artillerie, on y fait moins de façon.

CHA-

CHAPITRE XV.

DE LA PRISE DE LA DEMI-LUNE.

LA Prise de la Demi-Lune devant précéder celle des Baſtions, nous nous attacherons à décrire les préparatifs
qui doivent précéder ſon Attaque & ſa Priſe.   Selon qu'on
embraſſe les Angles des deux côtez de 4. ou 5. pieces de Canon chacun, marquez **D.** Planche **XI.**; commençant les
deux enſemble par la pointe en tirant vers les épaules, juſqu'à ce qu'on ait fait 12. à 15. toiſes de bréche bien éboulée
de part & d'autre de ſon Angle flanqué; obſervant toujours
de battre en Sape de 3. 4. 5. à 6. pieds près du pied des Murs
au plus, & de ne pas tirer un ſeul coup de ces Batteries contre le haut, mais toujours contre le bas en ſalve, ramaſſant
tous les coups enſemble.   Il ne faut pas quitter les endroits
auxquels on ſe ſera attaché qu'on ne voye tomber la terre du
derriere du revêtement: cela marquera qu'il eſt entierement
coupé.

Cette manœuvre exécutée à la lettre, on biaiſera les Pieces ſur ce qui n'a point été entamé.   On fait ainſi des deux
autres, en taluant le Paſſage des Foſſez, marqué **F.** Planche
XI. vis-à-vis l'extrêmité des bréches du côté des épaules, &c.

Nous avons déja dit qu'il falloit couvrir en Galerie le trajet du Chemin couvert, parce qu'il eſt plongé, enfilé, &
ſujet aux Pierres & Grénades.   Cette Galerie ne doit point
avoir moins de quatre pieds & demi à cinq pieds de large
& même ſix.   Il ſuffit de l'épauler du côté de la Place.

Pour la bien faire, il faut avoir des Blindes de bois plus fortes

tes que les communes.   Si le Foſſé de la Demi-Lune eſt
ſec, il faudra prendre dans le fondement la terre néceſſaire
pour ſe couvrir ſi l'on peut s'y enfoncer, & y employer beaucoup de Faſcines & de Sacs à terre.   Voyez ce Paſſage marqué C. Planche XIV.

Quand la terre eſt rare, on en fait broüetter ſi la Galerie
eſt large & commode; ſi-non, on la fait paſſer de main en
main avec des Paniers, ou à la Pelle.   Outre cela on y employe une grande quantité de Faſcines, qui eſt l'eſpece de
matériaux les plus en uſage pour cette ſorte d'ouvrage.

Pendant qu'on y ſera employé, il faudra animer les Ricochets un peu vivement, & même les renforcer de quelques
Pieces.   Un jour ou deux avant l'attaque il y faudra ajuſter
les Batteries à Bombes & à Pierres, afin d'occuper ceux qui
ſeront à ſa défenſe, les empêcher d'inquieter le Paſſage du
Foſſé & ſe retrancher dans ſa Gorge.   Il faudra même
faire battre ſa communication à la Place par les Ricochets
des Baſtions.

Si tout cela eſt bien conduit, la défenſe de cette Piece
deviendra très dangereuſe pour ceux qui la ſoutiendront.   Il
ne faudra point ſe preſſer de l'attaquer, mais laiſſer bien ouvrir les bréches, en battant toujours en Sape.   Le Parapet
ſuivra l'éboulement quand le revêtement ſera tombé.   Si les
Contre-forts ne ſuivent pas, il les faudra battre auſſi, & y
employer le Canon des Batteries biaiſées, comme celles qui
ſont marquées E., qui peu de tems après, & quand la Demi-Lune ſera emportée, pourront être utilement employées
contre les Baſtions.   Il faudra auſſi faire tirer des Bombes
dans l'excavation & ſur le bord même des bréches, & du
Canon dans le haut, quand il ne reſte plus que peu d'épaiſſeur au Parapet; & pendant qu'on travaillera à cet éboulement, continuer le Paſſage du Foſſé de part & d'autre, &
le bien épauler, enſorte qu'on y puiſſe être à couvert, &

N

que

que la Defcente foit libre & dégagée.   Il faut fe préparer en
même tems au Logement par l'amas des matériaux néceffaires, comme Fafcines, Gabions, Sacs à terre, & quantité
d'Outils, dont il faudra avoir bonne provifion le plus près
qu'il fera poffible, fans embaraffer la Tranchée, & les ranger fur les revers par tas.   L'on doit bien accommoder les
Logemens qui doivent faire feu; préparer toutes les Batteries de Canon, de Bombes & de Pierres; faire commander
5. ou 6. Compagnies de Grénadiers d'extraordinaire, à telle
fin que de raifon; & avertir ceux qui commanderont les Batteries de ce qu'ils doivent exécuter fuivant le fignal qu'on
leur fera.   Pour cet effet on les appellera fur les lieux pour
les voir de plus près, & recevoir leurs inftructions.

Le fignal fe pourra faire par un Drapeau qu'on élevera
fur la pointe des Logemens du Chemin couvert, à l'endroit
où il puiffe être vû de toutes les Batteries en même tems &
des Logemens; en obfervant de faire ôter tous les autres.
Tout étant ainfi difpofé, & les fufils paffez entre les Sacs à
terre, prêts à faire feu, on attendra en filence le fignal, qui
fera de hauffer le Drapeau quand il faudra faire feu, & de le
baiffer quand on le voudra faire ceffer.   Lorfque les bréches
feront en état, on fera monter 2. ou 3. Sapeurs dans la bréche, non vers la pointe, mais fur la droite & la gauche, joignant les endroits où finira la rupture des murs du côté des
épaules, où il fe fait pour l'ordinaire un Couvert entre la
partie du revêtement qui demeure fur pied, & celle qui
tombe.

Les 2. ou 3. Sapeurs fe mettront dans ce Couvert, & ti-
reront les decombres en bas, en remontant vers le haut. Ils
feront place pour eux & pour 2. ou 3. autres qu'on y fera
monter, avec ordre à tous de s'en revenir quand l'Ennemi
fe mettra en devoir de les en chaffer. Dans ce cas, auffi-
tôt qu'ils en feront dehors, il faudra faire le fignal; & alors
les

les Batteries de toute espece & les Logemens faisant leur devoir, il est sûr que l'Ennemi n'y demeurera pas long-tems, & qu'il en sera bien-tôt écarté.

Si-tôt qu'on s'en appercevra, il faudra baisser le Drapeau, & faire remonter les Sapeurs, qui reprendront leur ouvrage & le diligenteront de leur mieux; avec ordre de l'abandonner, comme la prémiere fois, dès que l'Ennemi s'y présentera: ce qu'il pourra bien faire une seconde fois, & même une troisieme. A chaque fois il faudra toujours recommencer à faire joüer les Batteries, même celles du Chemin couvert: ce qui écartera certainement l'Ennemi, & vous laissera la liberté d'établir vôtre Logement. Ce ne sera apparemment que la prémiere & seconde fois qu'ils reviendront qu'ils feront joüer les Mines, s'il y en a: ce qui sera la marque infaillible qu'ils abandonnent l'Ouvrage. Cependant ces Mines ne seront pas d'un grand effet, attendu qu'elles joüeront à vuide, si nos gens n'y sont pas, ou dans l'endroit où il n'y aura personne, comme à la pointe, ou dans celui où il y en aura peu. Cependant les Sapeurs auront préparé quelques Couverts dans l'excavation, qu'il faudra occuper par de petits Detachemens quand il en sera tems, sans se trop presser: mais si-tôt qu'ils auront abandonné l'Ouvrage, il faudra travailler de vive force au Logement, & le bien assûrer dans l'excavation des bréches, & non plus avant; ensuite l'étendre à droite & à gauche sur le Rempart, & y entrer par des Sapes, en formant une portion de cercle qui occupe tout le Terre-plain de son Angle flanqué, d'où l'on coulera après par les extrêmitez le long des Faces de la droite & de la gauche, jusqu'à ce qu'on se soit mis en état de forcer les retranchemens de la Gorge, ce qui n'ira pas loin. On peut voir la manière de faire cet établissement dans le Plan à l'endroit marqué G. Planche XI.

La suite du Logement de la Demi-Lune sera continuée

jus-

juſqu'à ſon entrée : occupation qui ne ſera terminée que par la priſe du Retranchement de la Gorge , s'il y en a, & par l'établiſſement tout le long de ſes bords; ce qui ſe fera par le prolongement des Sapes à droite & à gauche le long du Rempart , comme il a été dit ci-deſſus, & par une Tranchée menée par le dedans de la Place.   Le prolongement des Sapes le long du Rempart vous mettra à portée de prendre les Traverſes , & en état de voir la Communication de la Tenaille à la Demi-Lune; & la Tranchée menée par le dedans du Terre-plain de la Demi-Lune vous donne, lieu d'attaquer les Retranchemens de la Gorge quand il en ſera tems.

Nous avons ſuppoſé que la Demi-Lune étoit revétuë; examinons maintenant celles qui ne le ſont pas, ou qui ne le ſont que de Gazon ou de Placages fraiſez & paliſſadez.

Il faut procéder à leur attaque de la même manière qu'à l'attaque de celles qui ſont revétuës, juſqu'à l'ouverture des bréches: c'eſt-à-dire que les Attaques, les Batteries de chaque ſorte, les Logemens du Chemin couvert, les Deſcentes & Paſſages des Foſſez doivent être la même choſe.

A l'égard des bréches, comme il ne ſera pas queſtion de revêtement, il ſuffira de raſer la Fraiſe , les Paliſſades ou la Haye vive , s'il y en a ; de bien labourer les Talus extérieurs de la Piece, & d'en rompre la pointe , afin que ces éboulemens faſſent & facilitent de grandes montées , dont on ſe ſervira quand on voudra la faire attaquer ſoit en gros ou en détail, ſoit par l'une, ou par l'autre des manières que l'on a ci-devant expliquées.   Examinons maintenant ce qui ſe doit pratiquer à l'Attaque des Baſtions.

CHAPITRE XVI.

DU PASSAGE DU FOSSÉ DU CORPS DE LA PLACE, ET DE LA MANIERE DE SE RENDRE MAITRE DES BASTIONS.

PENDANT l'Attaque de la Demi-Lune, l'on a dû travailler aux Descentes du Fossé aux Bastions ; & elles doivent même avoir percé dans le grand Fossé. En ce cas, s'il est sec, il faudra procéder à son Passage, comme à celui de la Demi-Lune, & ne pas manquer de l'assûrer en jettant quelque monde dedans, à qui il faudra faire un petit Couvert.

S'il est de la nature de ceux qui se peuvent défendre secs & pleins d'eau, il faudra prendre garde à ne pas deboucher plus bas que la superficie de l'eau, quand il est plein ; parce qu'il inonderoit la Descente, ce qu'on doit éviter.

Voici donc ce qu'il faut observer dans ce Passage. Quand il est plein d'eau, on fait passer la Fascine de main en main, en rangeant 100. ou 120. hommes, plus ou moins, en haye selon les besoins, à deux pas l'un de l'autre, adossez contre le Parapet, qui la font passer de main en main, jusqu'à la tête du Pont. A mesure qu'on la passe, le Sapeur qui mene la tête l'ajuste, en épaulant sur sa droite ou sur sa gauche, selon le côté où il veut se couvrir. Quand il en a jetté une assez grosse masse pour pouvoir en être couvert, il s'avance quelques pas. Alors il travaille au Pont, & pique la Fascine de haut en bas devant lui, en la plongeant dans l'eau. Quand elle vient à hauteur de la superficie, il en pose des lits en

N 3

tra-

travers, sur lesquels on fait voiturer un peu de terre, qu'on répand le long pour la faire enfoncer. Ensuite on recharge sur le même lit jusqu'à ce que le Passage soit ferme & élevé de quelques pieds au-dessus de la superficie de l'eau sur la largeur de 12. à 14. pieds, qui est celle qu'il faut donner au Pont. Pendant cette manœuvre on fortifie toujours l'Epaulement, en y jettant à la fourche des Fascines un peu en avant, qu'on arrange comme on peut. On l'éleve considerablement, parce que les Fascines s'affaissent toujours assez. Quand on s'apperçoit que la Fascine touche le fond du Fossé, & que l'Epaulement est affermi, on lui fait un parement de Fascines reliées & attachées avec des Piquets. On peut voir la manière d'exécuter toutes ces choses dans les Plans & Profils de la Planche XIV.

Il faut observer, que si le debouchement est plongé des Bastions, il faudra commencer ce Passage par former une montagne de Fascines devant soi, qu'on éleve de 8. 9. à 10. pieds de haut. On se coule derriere pour travailler à l'Epaulement, & ensuite à la Galerie. On entretient toujours cette montagne en la poussant en avant jusqu'à ce que l'on soit tout-à-fait au-dessous des plongées. Après cela on retire peu-à-peu les Fascines de la montagne, & on les employe à l'Epaulement & au Pont, continuant toujours ce Passage jusqu'au pied des bréches, qui doivent être fort avancées quand on y parviendra.

Si le Bastion plonge sur le debouchement, ce ne sera pas assez de cette montagne de Fascines devant soi, il y faudra ajouter une bonne & forte Galerie, qu'on avancera peu-à-peu à l'abri de la montagne, comme il a déja été dit : ce qui sera continué aussi loin que la plongée se pourra étendre, & même au-delà. La Planche XIV. par les Plans & Profils montre la disposition de cette manœuvre.

Si l'eau du Fossé étoit grosse & courante, ou si elle peut

le

le devenir par le moyen des Ecluſes , il faut convenir de bonne foi que la plus difficile manœuvre des Attaques eſt celle du Paſſage de ce Foſſé , principalement quand on ne peut détourner le courant, ni l'affoiblir par le dehors ; & qu'à moins d'y apporter du ſoin & de l'adreſſe, il eſt bien difficile d'y réuſſir , ſi on ne trouve le moyen d'éteindre totalement le feu de la Place, enſorte que l'Ennemi ne puiſſe plus tirer des Flancs, des Faces, ni des Courtines, non plus que des Tenailles.   Encore ne peut-on éviter que les Bombes, les Pierres & les Grénades ne vous inquietent beaucoup.

Si l'on pouvoit éluder tout cela, l'on feroit ce qu'on voudroit , & l'on travailleroit dans ce Foſſé comme ailleurs ; mais on a beau faire, on n'en peut éviter qu'une partie, & il faut demeurer d'accord que cet Ouvrage eſt extrêmement dangereux, parce qu'on n'y peut travailler qu'à découvert, & pour peu qu'on ſoit vû, on n'y réuſſira que fort lentement, & qu'à force d'y perdre du monde.

Le moyen le plus ſûr eſt, de tâcher de rompre les Ecluſes à force de Bombes & de Canon, comme on fit à Ath, en 1697., ou de s'en rendre maître lorſqu'elles ſont à portée d'y pouvoir réuſſir.   Alors le Paſſage de ce Foſſé ſe feroit comme nous l'avons expliqué ci-deſſus.   Si l'on n'en peut venir à bout, ce Paſſage ſera fort difficile.

Examinons cependant ce qu'il y a à faire en pareille occaſion, & ſuppoſons pour cela un Foſſé de Place dans lequel paſſe un courant conſiderable ; ce courant nourri par une riviere qui coulera au travers , ou par un reſervoir qui le diſtribuera dans le Foſſé de tems en tems au moyen des Ecluſes qui s'ouvriront & ſe fermeront par repriſe, comme il s'en trouve dans beaucoup de Places, & qui donneront des courans tels que l'Aſſiégé voudra.   Il eſt ſûr que le courant ſera continué fort ou foible ou repeté de tems en tems par les Ecluſées ; & que pour lors il n'y aura d'autre moyen d'en

faire

faire le Paſſage que par une groſſe Digue au travers du
Foſſé, aſſez forte pour arrêter les eaux à la même hauteur,
que les Ecluſes peuvent les retenir; enſorte que leur niveau ne puiſſe ſurmonter celui de la Digue à deux pieds
près.

Pour y parvenir, il faut faire amas d'une grande quantité
de Faſcines bien fourées de pierres, de gazon & de terre,
afin qu'elles aillent plus promptement à fond.   Il faut établir
cette Digue ſur une grande largeur, & la fortement terraſ-
ſer.   On doit même battre les terres & piloter la Digue
pour l'attacher ſur le fond du Foſſé; en un mot il faut la
rendre fort ſolide, en l'avançant peu-à-peu juſqu'à 3. ou 4.
toiſes près du pied du revêtement.   Pour lors, comme ce
courant étant reſſerré tourmentera beaucoup, il faudra ſe
ſervir de tout ce qu'on pourra pour faire chemin; comme
de gros Gabions farcis de pierres & coulez à fond, qui laiſ-
ſeront quelque paſſage à l'eau; de Tonneaux remplis de même; de Chevalets, que l'on chargera de Pierres, terre, &
Faſcines tant qu'on pourra; de Batteaux même coulez à fond
ſi l'on en peut avoir: le tout avant que de tirer un ſeul coup
de Canon vis-à-vis pour faire bréche.   Après qu'on ſera parvenu par toute ſorte de moyens à reſſerrer ce courant, juſqu'à ne lui plus laiſſer que 2. 3. ou 4. toiſes de paſſage au pied
du revêtement; après qu'on aura bien aſſûré la tête de la
Digue, & qu'on l'aura élevée de manière que le regonfle-
ment des eaux ne la puiſſe ſurmonter: il faudra battre vivement le pied du revêtement vis-à-vis, juſqu'à ce qu'il tombe
dans ce Foſſé, ce qui achevera vraiſemblablement d'en fermer le paſſage.

S'il ne l'eſt pas tout-à-fait, il faudra attacher un Mineur
ſur la jonction du mur reſté debout & la partie éboulée, &
enfoncer la Mine bien avant vis-à-vis la tête du Pont; afin
que ſon effet acheve de combler ce qui laiſſe encore un paſſage

fage au courant. S'il en refte quelque partie qui ne foit pas fermée, faites paffer des Travailleurs au pied de la bréche, qui s'y logeront & y feront les établiffemens néceffaires à pouvoir contribuer à achever de combler ce Foffé, en y travaillant de leur côté.

Pour donner quelque mefure fur laquelle on puiffe compter, & qui puiffe fervir de régle à ces Paffages nous dirons:

1. Que la prémiere chofe fur laquelle on doit être exactement inftruit avant que de travailler à ce Paffage, eft de fçavoir de combien l'eau peut s'élever fur les Eclufes.

2. Quelle eft leur ouverture.

3. Quelle eft la largeur du Foffé.

4. Quel volume d'eau paffe quand les Eclufes font ouvertes.

5. De quelle profondeur il eft quand les eaux y joüent de pleine force.

6. A quelle hauteur l'eau peut monter dans le lieu où l'on veut faire fon Paffage.

Suppofons maintenant que l'eau fe puiffe élever de 6. pieds de haut, que fa profondeur ordinaire au bas des mêmes Eclufes foit de 4. pieds, & qu'il y ait 2. pieds de pente depuis l'Eclufe jufqu'au Paffage du Foffé; le tout fera 12. pieds, auxquels il en faut ajouter 2. pour l'élevation de la Digue au-deffus de la fuperficie de l'eau: ce qui fera 14. pieds pour l'élevation totale de la Digue. Il lui faut donner au moins le double de l'épaiffeur, faifant 28. pieds, fi on veut la bien affûrer; & comme il a été déja dit, il la faut bien terraffer, charger de pierres & piloter, fans y comprendre l'Epaulement, qui n'étant compofé que de Fafcines, n'aura de refiftance contre la pouffée de l'eau, que celle qui lui fera donnée par la Digue. Ainfi il faudra employer au moins 50. milliers de Fafcines pour un feul Paffage, fans compter celles que le courant entraînera, les Sacs à terre, les Pilotis

O

&

& autres matériaux, & le tems qu'il y faudra employer, qui sera bien long : encore n'oseroit-on se promettre certainement d'y réussir. Ce qui prouve la bonté des Fossez pleins d'eau courante au-dessus de tous les autres, & encore mieux la difficulté de les passer. Voilà cependant la manière la plus assûrée de le pouvoir faire, & à laquelle il en faudra venir, si l'on veut faire passer des Troupes & du Canon sur les Bastions.

Il y a encore un autre moyen qui est excellent, mais il n'est praticable que dans les Fossez étroits, revêtus & fort hauts de bord. Ce seroit d'attacher deux Mineurs, l'un au Bastion, & l'autre sur le bord du Fossé, l'un vis-à-vis de l'autre.

Si l'on chambre assez avant de part & d'autre, & que les Mines soient grandes & bien chargées, il pourra arriver que leur effet comblera le Fossé tout d'un coup; principalement si l'eau arrêtée ne peut pas s'élever de plus de 5. ou 6. pieds au-dessus du courant. Ce moyen est prompt & s'exécute à peu de fraix: mais il n'est pas si certain que le prémier.

Si-tôt que par l'un ou l'autre de ces expédiens on aura arrêté le courant, il faudra travailler en diligence & avec une extrème application à achever de donner toute la solidité possible à la Digue.

Il n'y a pas d'autres moyens de le passer sur lesquels on puisse compter avec quelque sûreté: car d'y employer des Chevalets, Ponts volans & Radeaux, outre qu'il en faudroit toujours revenir à faire un Pont solide, on n'y pourroit travailler qu'à découvert, & on ne trouveroit ni sûreté, ni possibilité, ni utilité à leur construction.

Je crois donc qu'il faut préférer la méthode que l'on vient d'expliquer, qui suffira pour les Places médiocrement défenduës, & où les courans seront foibles. Mais si la Garnison étoit forte & la défense conduite par des gens habiles, &

qu'il

qu'il y eût des Tenailles, il faudroit y apporter plus de précautions; parce que les Tenailles ne font point expofées aux Ricochets ni aux revers, & aux Paffages du Foffé on ne peut les battre que de biais.

Dans cette fituation les Tenailles pourroient apporter de grands obftacles au Paffage du Foffé, fi on employoit toute forte de moyens pour l'empêcher.

Ainfi, foit que le Foffé foit fec ou plein d'eau, ou qu'il puiffe être rempli, il faudra occuper toute la Demi-Lune jufqu'à la Gorge, comme il a déjà été dit, & en même tems faire un Paffage ouvert du Chemin couvert à la bréche vis-à-vis; travailler à l'établiffement d'une Batterie de 4 ou 5. Pieces fur l'Angle flanqué de la Demi-Lune, où l'on fera paffer le Canon à force de bras, de Cabeftans & de Chévres. Cette Batterie fera préparée contre le milieu des Courtines, & principalement contre la Tenaille & la Porte de Sortie, par où on y communique. Pour cet effet il faudra bien affermir l'un des Paffages du Foffé; & afin qu'il puiffe fervir au Canon, le parer de Gîtes & de Madriers pour le rendre plus commode, & ouvrir le Chemin couvert pour achever de lui faire un paffage, & en même tems une rampe fur la bréche pour en faciliter la montée. Il vaut mieux mettre cette Batterie fur la pointe que dans le fond de la Gorge, parce qu'elle fera plus aifée à placer & à fervir; elle plongera davantage, decouvrira mieux la Poterne & la communication, & ne fera pas fi expofée au feu de la Place qu'elle le feroit fi on l'avançoit jufques dans la Gorge. Il faut dreffer en même tems deux autres Batteries fur les deux Places d'Armes du Chemin couvert d'autant de Pieces K, Planche XI., & une de Mortiers à pierres dans le Logement le plus avancé de la Gorge de cette Demi-Lune; duquel il faudra bien affûrer la communication, & la rendre plus commode au

O 2

broüet-

broüettage des pierres qu'il y faudra voiturer. Toutes ces Batteries, c'eſt-à-dire celles des deux Places d'Armes K, & celles de la Demi-Lune avec les Pierriers, ſont princi-palement deſtinées à impoſer à cette Tenaille, & à em-pêcher qu'elle ne nuiſe beaucoup au Paſſage des grands Foſſez.

A l'égard des deux Flancs de la Place, quoique les écha-pées des Ricochets les prennent par derriere, & les Batte-ries directes par devant, & les Bombes & les Pierres par tous les côtez; il n'eſt pas inutile cependant de leur pré-parer à chacun un Ricochet de 3. Pieces K. : car s'il y a beaucoup de Canon dans la Place, les Aſſiégez pourront tant rechanger, qu'ils trouveront moyen d'en ſubſtituer tou-jours quelques Pieces à celles qui ſeront demontées.

Les Officiers d'Artillerie des Places qui ſçavent leur mé-tier, ne manquent pas de mettre leur Canon ſur la Courtine attaquée; moins pour tirer directement devant elle, que pour battre en echarpe ſur les Logemens du Chemin cou-vert devant les Baſtions A. & B. Ces Pieces tirées par des Embraſures biaiſées, coupées dans l'épaiſſeur des Parapets de la Courtine, incommodent fort les Logemens & le de-bouchement de la Deſcente du Foſſé, & même le comman-dement du Paſſage, dont elles voyent une bonne partie. Elles ſont très mal-aiſées à demonter, parce que les Batteries oppoſées aux Flancs ne les peuvent voir; & comme leur re-cul eſt fort enfoncé, il eſt très difficile de les trouver, à moins que de mettre du Canon ſur les Parapets des Places d'Armes, d'où on les puiſſe battre directement. C'eſt à quoi il ne faut pas manquer dès qu'on en ſera maître, & qu'on s'appercevra qu'il y aura des Pieces de Canon ſur la Courti-ne, qu'on doit auſſi faire rechercher par les Bombes & les Pierres. Il faudra encore tâcher de leur établir un Ricochet

ou

ou deux : ce qui eſt aſſez difficile, à moins qu'il n'y ait quelque marque ſur la Courtine qui puiſſe en faire connoître l'a-
lignement par-deſſus les Baſtions, comme un portail, une
guérite, quelques grands bâtimens adoſſez contre le derriere
du Rempart, ou des arbres plantez à la ligne. Toutes ces
obſervations ſont importantes.

Un bon Plan peut beaucoup aider à ces decouvertes ; parce que ſi le prolongement de la Courtine coupe en quelques
endroits les Faces, cela joint aux autres remarques, pourra
indiquer ſon enfilade, & en même tems les endroits propres
à placer les Ricochets. Les Batteries L. des Demi-Lunes
collaterales pourront faire cet effet, ou bien on en fera ſur
les extrêmitez de la Seconde Place d'Armes, comme en S.
Par rapport à ces Batteries il faudra ſe ſouvenir d'élever le
coup, & de charger un peu plus les Ricochets.

Au ſurplus, il faut ſi bien prendre ſes meſures ſur tous ces
expédiens, que les beſoins qu'on en pourroit avoir ſoient
toujours prévenus, & que toutes choſes ſe faſſent dans leur
tems : car le grand ſecret pour bien conduire des Attaques,
eſt de ſçavoir faire exécuter chaque choſe à tems & à
propos.

Il faut toujours ſuppoſer que la Place qu'on attaque doit
faire une défenſe vigoureuſe, & ne jamais compter ſur la
foibleſſe de ſa reſiſtance : car on y eſt preſque toujours
trompé.

En ſuppoſant préſentement les Paſſages du Foſſé des Baſtions en état, & les bréches ouvertes & bien éboulées, il
faudra agir comme à la Demi-Lune, & faire monter fort
peu de monde dans les commencemens, juſqu'à ce qu'ayant
fait tomber le Parapet en bas, & bien adouci la montée, on
ſoit en état d'y faire monter de petits Detachemens, avec
ordre pourtant de ne rien opiniâtrer. On doit préparer les

O 3

Rico-

Ricochets, Batteries directes, Bombes & Pierres, pour être servis comme à la Demi-Lune.

Si les Bastions avoient des Retranchemens revêtus dans leurs Gorges, il pourra arriver que les Assiégez s'opiniâtrent à soutenir les bréches. En ce cas il faudra se préparer à les y forcer, & après les avoir bien reconnus & avoir préparé les montées, les faire attaquer à la deuxieme ou troisieme fois de vive force par de gros Detachemens, qui ayant repoussé l'Ennemi, auront ordre de se loger sur le haut dans l'excavation des bréches, & non dans le dedans des Pieces, & après les Logemens achevez, d'ouvrir des Sapes à droite & à gauche, & de gagner du terrain vers la Gorge. Si c'étoit un vieux Corps de Place revêtu, qui fût fermé à ces mêmes Gorges, comme à Barcelonne, & à beaucoup d'autres Places, l'on pourroit être obligé de faire monter du Canon sur les Bastions: à quoi il ne faudra pas hésiter; & cependant l'on coulera à droite & à gauche vers les Flancs le long du pied des Banquettes.

On pourra faire abandonner les Tenailles en chemin faisant, si les Assiégez en étoient encore maîtres, en occupant de petits Logemens dans l'épaisseur des Parapets des Flancs, quand on aura coulé jusques-là. Pendant ce tems-là on s'approchera du Retranchement de la Gorge par le haut & le bas dans le même tems.

Les Défenses de ce Retranchement seront quelque tems après battuës sans relache du Canon qu'on aura monté sur les Bastions. Il faudra aussi chercher à les battre de Bombes & de Pierres tant qu'on pourra, & enfin, y attacher le Mineur.

CHA-

CHAPITRE XVII.

DES MINES.

SI l'on n'a pas fait un fréquent uſage des Mines dans le courant des Attaques, ce n'eſt pas qu'on les croye inutiles, mais l'on ne peut douter que celui du Canon ne leur ſoit préférable, parce que ſon effet n'eſt pas à beaucoup pres ſi incertain.

Avec le Canon on fait bréche où l'on veut, quand on veut, & telle qu'on la veut: ce que la Mine ne peut pas faire avec la même certitude.

Quand les bréches ſont au point que vous les deſirez, vous battez le haut avec les mêmes Pieces ſans être obligé de les changer: ſervice qu'on ne ſçauroit attendre des Mines que par hazard.

Cependant il eſt vrai de dire, que de l'uſage du Canon & des Mines joint enſemble & employé à propos, on tire les moyens les plus certains & preſque les ſeuls que nous ayons pour forcer & défendre les Places; & que ſans eux tous les autres ſont longs, difficiles, & de peu d'effet. Comme il ne ſe peut qu'on n'ait très ſouvent beſoin du ſecours des Mines, pour attaquer ou défendre les Places, & même pour les raſer; je mettrai ici ce que j'en ai appris, aprés avoir expliqué les effets & la façon des Poudres.

CHAPITRE XVIII.

DE LA FABRIQUE DE LA POUDRE ET DE SES EFFETS.

LA dose de la meilleure & de la plus fine Poudre est de trois quarts de Salpetre, sur un demi-quart de bon Souffre & autant de Charbon de Chenevottes, ou de bois de Coudre, ou de Saule. Le meilleur de tous est le plus léger & le plus sec.

Ces matières étant bien mêlées, sont mises sous la meule roulante jusqu'à ce qu'elles soient bien broyées, & il faut les arroser & remuër presque incessamment. On les tire de-là pour les mettre dans les pots ou mortiers de fer des Moulins à poudre, où elles sont humectées de tems en tems d'eau de fontaine, & battuës au pilon 16. ou 18. heures durant sans intermission, quelquefois davantage, en les remuant de tems en tems. Après les avoir tirées de-là un peu humides, elles sont roulées & passées au Grenoir, où la Poudre prend sa forme & son grain. On la fait ensuite sécher au soleil pendant l'été, ou dans des poëles pendant l'hiver.

Cela fait, on l'encaque dans des tonneaux faits exprès, qui en contiennent ordinairement 200. livres juste. Elle est doublement renfermée par une deuxieme futaille, appellée Chape, & ensuite mise dans les Magazins.

Voilà comme se fait cette Poudre si terrible, si peu connuë des Anciens, & qu'on n'auroit jamais cru pouvoir être inventée si quelqu'un s'étoit avisé il y a 300. ans de la proposer comme une réalité prête à éclore, à laquelle il ne manquoit qu'un peu de spéculation & de curiosité pour la mettre au jour. S'il lui avoit attribué tous ses effets surpre-

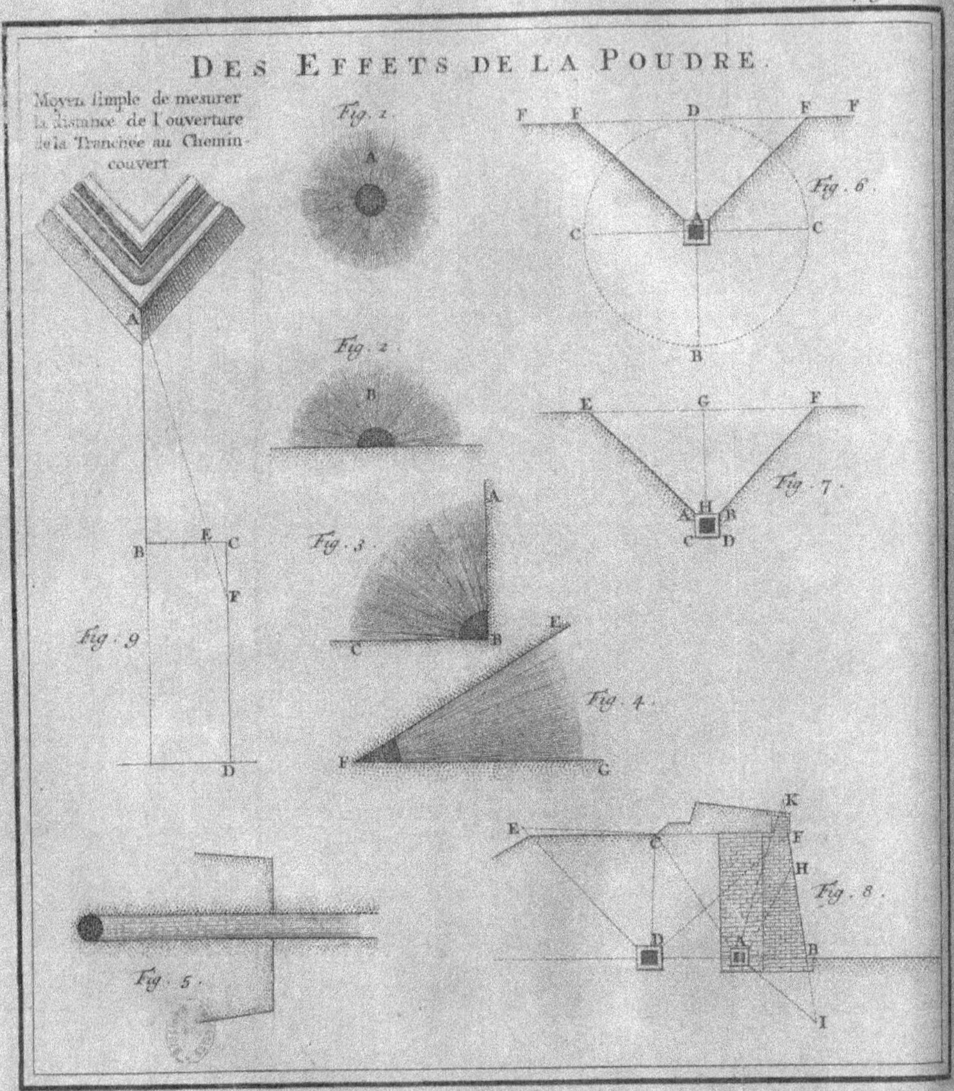
DES EFFETS DE LA POUDRE.
Moyen simple de mesurer la distance de l'ouverture de la Tranchée au Chemin-couvert
Fig. 1.
Fig. 2.
Fig. 3.
Fig. 4.
Fig. 5.
Fig. 6.
Fig. 7.
Fig. 8.
Fig. 9.

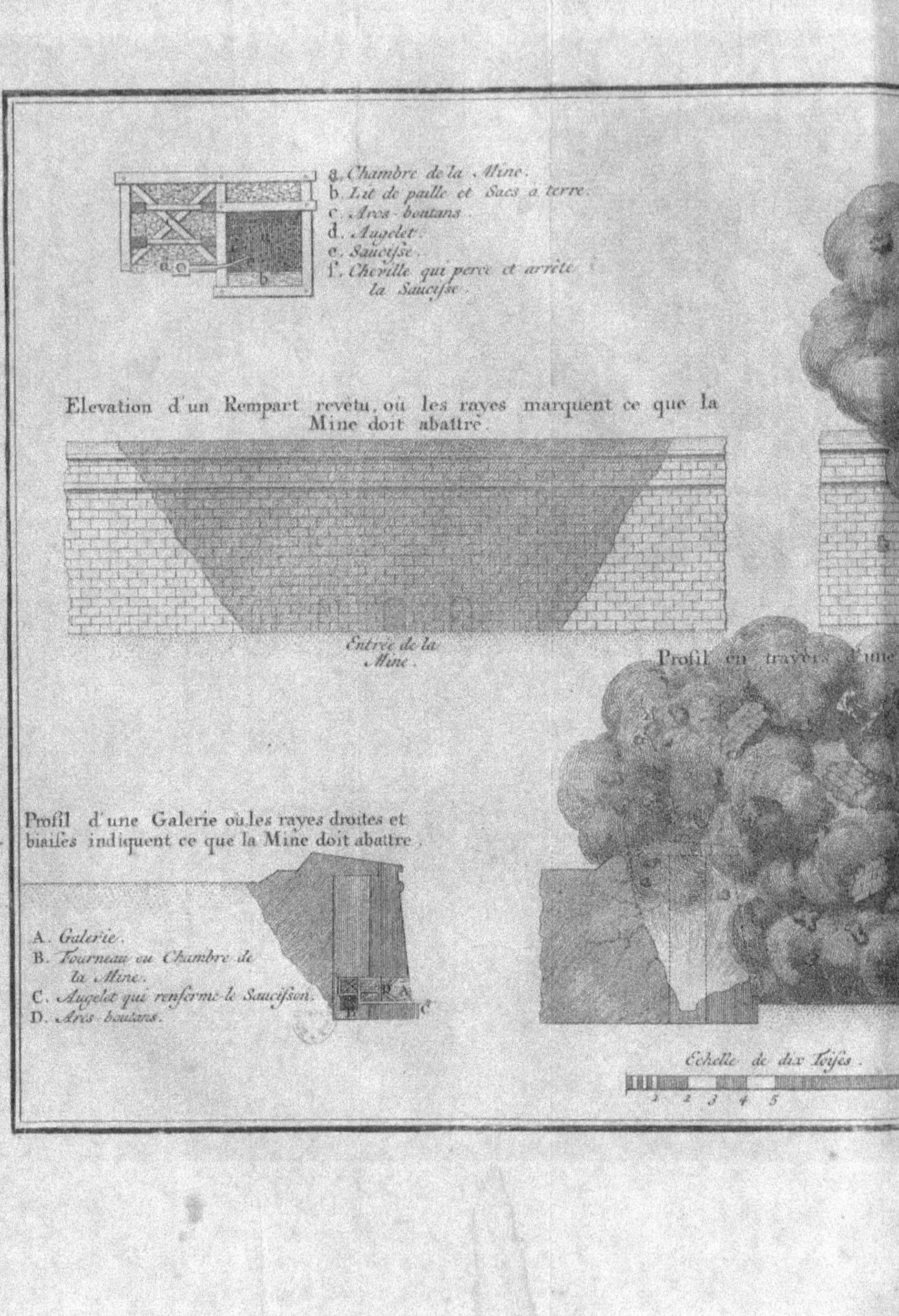

a. Chambre de la Mine.
b. Lit de paille et Sacs à terre.
c. Arcs-boutans.
d. Augelet.
e. Saucisse.
f. Cheville qui perce et arrête la Saucisse.
Elevation d'un Rempart revêtu, où les rayes marquent ce que la Mine doit abattre.
Entrée de la Mine.
Profil en travers d'une Mine.
Profil d'une Galerie où les rayes droites et biaises indiquent ce que la Mine doit abattre.
A. Galerie.
B. Fourneau ou Chambre de la Mine.
C. Augelet qui renferme le Saucisson.
D. Arcs-boutans.
Echelle de dix Toises.
1 2 3 4 5 10

Vue de front d'une Mine qui joüe.
e qui joüe
Profil qui fait voir l'effet d'une
Mine qui a joüe.

prenans dont nous ſommes témoins aujourd'hui, on l'auroit
ſifflé & traité de Viſionnaire, & de ſou auſſi extravagant que
ceux qui ſe ſont vantez d'avoir trouvé, à peu de choſe près,
la Pierre philoſophale, dont l'invention (ſuppoſé qu'elle ſoit
poſſible) n'auroit peut-être rien de plus admirable que celle
de la Poudre.

EXPLICATION DES EFFETS DE LA POUDRE.

REmarquez d'abord que l'activité de la Poudre enflamée
eſt ſi vive, & ſon action ſi prompte, qu'on ne ſçauroit
diſtinguer d'intervalle entre deux. Tout ſe fait dans le même inſtant, avec une violence qui ne va pas moins qu'à
rompre & à mettre en pieces tout ce qui lui fait obſtacle.

Imaginons-nous après cela un globe de Poudre A. Planche
XV. Fig. 1. de telle grandeur qu'on voudra, ſuſpendu en
l'air, ſans qu'aucune de ſes parties touche à terre. Il eſt certain que ſi l'on y met le feu, l'étenduë de ſon inflammation
formera un autre globe autour du prémier, dont tous les
rayons ſeront égaux; parce que tous s'éloigneront également du centre dans le même inſtant, & qu'ils s'étendront
autant vers le bas que vers le haut. Et quoique le feu de ſa
nature monte toujours, l'activité de la Poudre enflamée ne
donnera pas le loiſir à celui-ci de s'aſſujettir à cette loi. Mais
ſi ce même globe étoit à-demi plongé, comme B. Fig. 2., dans
une matière dure & capable de reſiſter à l'action de la Poudre, il eſt évident que toute l'activité de ſon embraſement
ſe porteroit ſur la partie libre, & les rayons de la partie contrainte ſe joignant à ceux de la partie libre, produiroient ſur
ce demi-globe tout l'effet repandu autour du globe entier;

P

d'où

d'où s'enfuivroit que la partie contrainte joindroit toute fa force à celle de la partie libre, qui doubleroit l'embrafement.

Si cette même quantité de Poudre étoit encore plus refferrée, & fi, au lieu de lui laifler le demi-globe entier, on ne lui laifloit que le quart contenu par l'angle A. B. C., en fuppofant le furplus de ce qui pourroit l'environner de matière dure & capable de la refiftance néceffaire : Alors tous les rayons de l'embrafement fe joignant dans la partie libre, doubleroient encore de force, & s'alongeroient au double de ceux du demi-globe, & au quadruple de ceux du globe entier; d'où s'enfuivroit que toute la violence qui accompagne fon activité, continueroit toujours à s'unir & renforcer, à mefure que l'ouverture de fon inflamation feroit diminuée, comme il eft repréfenté par la Figure. 3.

Si l'on continuoit à refferrer de plus en plus les ouvertures de cette même quantité de Poudre, elle augmenteroit toujours de force & d'activité, à proportion de la diminution de l'ouverture qu'on laifferoit à fa fuite; & cela fans rien perdre de fa force: car fi, au lieu de reduire la fuite de fon embrafement au quart du globe, comme ci-deffus, on la reduit à la huitieme partie, comme E. F. G., certainement les rayons de l'embrafement s'allongeront huit fois autant que ceux du globe entier, & réüniront en eux toute la force & l'activité du globe, comme il eft repréfenté à la 4. Figure.

Que fi, au lieu de cette ouverture angulaire, on réduit l'efpace de la fuite à un canal rond ou quarré, de capacité proportionnée à celle de la Poudre deftinée à l'embrafement, & que les environs de ce canal foient de matière dure & capable de toute la refiftance néceffaire, l'embrafement de la Poudre, qui fe dirigera par ce canal, agira avec une violence extrême dans toute fa longueur, paffera avec un éclat & une impétuofité furprenante, & renverfera tout ce qu'il trouvera en fon chemin bien loin au-delà de la

bouche

bouche du canal, comme il eſt repréſenté par la 5. Figure.

Rendons préſentement l'effet des Mines intelligible, au-tant que le ſujet le pourra permettre.

Soit donc la Mine A., engagée de 3. ou 4. toiſes ſous la ſuperficie de la terre, le plus ou le moins n'y fait rien. Si nous la ſuppoſons enflamée, les rayons de l'inflamation ſe-ront ſûrement contenus par le bas B., & ſoutenus de tout le globe de la terre oppoſé au vuide D., qui eſt à ſa ſuperficie; ils le ſeront auſſi par les côtez C. C., ſegments de ce même globe d'une épaiſſeur immenſe; ils le ſeront encore par les deux triangles F. A. C., parce qu'ils participent encore beaucoup des ſolides précédens; ajoutons que F. D. F. re-préſentent la ſuperficie de la terre, dont la diſtance au centre de l'embraſement eſt la moindre de toutes, & conſequem-ment le plus foible des environs: il eſt donc évident que l'ef-fort de la Mine ſe fera vers le point D. qui eſt le plus près de l'embraſement, puiſque c'eſt la partie la plus foible, & que les parties F. A. D., & D. A. F. participant beaucoup de cette foibleſſe, ſeront à-peu-près enlevées de même, ou du moins fort écartées de leur place D.; d'où il s'enſuit que l'effet d'une Mine raiſonnablement chargée ne force ja-mais que la moitié des parties de C. D., ſçavoir F. D. & D. F. La raiſon eſt que toutes les parties de C. en F., tenant du plus fort, reſiſteront à tout, & que le parties F. D. F. qui tiennent du plus foible, cederont & ſeront enlevées par l'effet de la Mine. Toutes les expériences qui ont été fai-tes juſqu'ici en plain terrain, s'accordent très bien avec ce qu'on vient de dire; ce qui prouve encore que la Poudre ſuit la loi naturelle des Méchaniques, & agit toujours du côté le plus foible, comme tous les corps qui ont le mouvement libre.

Suivant ce raiſonnement, le demi-globe C. D. C., eſt di-viſé en quatre parties égales, dont les deux foibles F. D. F.,

P 2

ſur

fur qui l'action fe fait, faifant le quart de la capacité, l'angle de la Mine ou du Cone renverfé F. A. F. eft droit, ou à-peu-près, & c'eft fur cela que nous nous réglerons ci-après pour le calcul de l'excavation des Mines.

Quoique l'effet d'une Mine foit ici repréfenté en terrain égal ou de niveau, & que par conféquent il femble devoir être tel qu'il eft repréfenté à la 6. Figure, il ne l'eft ainfi que pour en faciliter la demonftration; car on ne fait gueres de Mines de la forte, fi ce n'eft quelque Fougace fous des Glacis de Contrefcarpe, pour faire fauter un Logement de Tranchée trop avancé.

Celles que l'on fait font d'ordinaire fous des Remparts de Places, des Tours, des Dehors, & des bords de Foffez, pour ébouler, abattre, renverfer, ou pouffer en avant, & jamais pour élever à plomb. Mais quoique les fuperficies en foient fort inégales, & que l'action biaife, les mêmes principes fubfiftent toujours; & il fuffit de diriger le foible de la refiftance du côté où vous voulez faire l'éboulement, de charger à propos, & la bien boucher, pour être fûr qu'elle pouffera fon effet de ce côté-là, quelqu'inégalité qu'il fe trouve dans le haut des terres.

REFLEXIONS SUR LES EFFETS DE LA POUDRE.

QUoique l'action de la Poudre enflamée foit d'une force incompréhenfible, on n'a pas laiffé de trouver moyen de foumettre fes efforts à des régles certaines: par exemple, le Canon de toute efpece, & toutes les Armes à feu dont on fe fert, fe chargent toutes avec des quantitez de Poudre mefurées.

On

On a long-tems agi par eftimation fur la quantité qu'il en falloit pour charger les Mines, fans avoir rien de déterminé fur le plus ou le moins de leurs charges : mais à force d'étude & à force d'expériences faites principalement depuis 50. ou 60. ans, on eft parvenu à trouver les proportions convenables ; d'où il fuit que leur ufage peut avoir préfentement des régles auffi certaines que celles des Armes à feu. C'eft de ces expériences plufieurs fois réitérées qu'on a tiré les connoiffances fuivantes.

1. Pour enlever une toife cube de terre commune, il y faut employer 12. 15. à 18. livres de Poudre ; pour les groffes murailles folides & de long-tems raffifes il en faut 20. ou 25. livres, un peu plus ou un peu moins, felon que la Poudre eft bonne.

2. Pour contenir 80. livres de Poudre, il faut un peu plus d'un pied cube de vuide.

3. La Poudre agit toujours contre le plus foible de la Mine : ainfi il eft aifé de diriger fon effet du côté qu'on voudra, puifqu'il n'y a qu'à mettre le plus foible de ce côté-là.

4. Si l'on fait une Mine en terrain dont la fuperficie foit de niveau, fon effet formera un Cone tronqué & renverfé la pointe en bas, dont la bafe fera double de la hauteur du Cone entier.

5. En fait de Mines, celui qui tient le deffous a toujours l'avantage, parce qu'il eft en état de faire fauter celui qui eft deffus.

De la prémiere de ces Maximes il fuit, qu'on peut fupputer la quantité de Poudre néceffaire à toute forte de Mines : car fuppofé que vous ayez à faire bréche dans un Rempart qui vous paroiffe de 32. pieds d'élevation, fi vous en rabattez 6. pour la hauteur du Parapet, reftera 26. pour l'élevation du Rempart que vous voulez ouvrir. Joignons à cela la confidération du revêtement, qui eft d'une matière plus folide

que

que la terre du Rempart, & que vous ne pouvez pas connoître, ainsi, réflexion faite, vous ne devez donner à cette Galerie que le tiers, ou la moitié au plus, de cette hauteur,
sçavoir 12. à 13. pieds de long directs, non compris les retours, de peur que si on la poussoit plus loin, la Mine ne
fît son effet du côté de la Place, & ne vous privât des avantages que vous en voulez tirer.

CHAPITRE XIX.

MANIERE DE SUPPUTER L'EXCAVATION DES MINES.

L'EBOULEMENT d'une Mine est le trou ou l'excavation
que laissent les terres qui en ont été chassées. Ce trou
fait l'effet d'un Cone tronqué, dont le diametre de la base est
double de sa profondeur, ainsi que celui de la Chambre de
la Mine.

Supposons que A. B. C. D. Fig. 7. soit le Profil de la Chambre, & que G. H. soit la hauteur des terres au-dessus ; ajoutez à la hauteur H. G. la moitié de la largeur A. B. de la
même Chambre, vous aurez la profondeur entiere du Cone
H. G., dont le diametre E. F. est le double.

Pour avoir présentement la solidité de ce Cone, multipliez cette profondeur G. H. par elle même, vous aurez son
quarré ; multipliez ce quarré par la même profondeur, vous
aurez le solide de l'excavation.

On propose cette méthode parce qu'elle est simple & la
plus abregée de toutes. L'Exemple qui suit expliquera ce
fait.

Supposons la largeur de la Chambre A. B. C. D. de deux
pieds

pieds & demi, la hauteur de la terre au-deſſus G. H. de 22.,
ajoutez- y la largeur de la moitié de la Chambre, ſçavoir un
pied & un quart, la ſomme ſera 23. & un quart: ſuppoſons
4. toiſes pour éviter les fractions, multipliez 4. par 4., vous
aurez 16. pour ſon quarré, que vous multiplierez encore
par 4. pour avoir le cube 64., qui marque aſſez préciſément
la quantité de cette excavation. Quoique ce calcul ne ſoit
pas parfaitement exact, il ſuffit néanmoins pour la pratique,
où un peu plus ou un peu moins n'apporte aucune différence ſenſible, & ſa ſimplicité le doit faire préferer à un plus
exact qui ſeroit plus embaraſſant.

Pour ſçavoir la quantité de Poudre dont vous devez charger la Mine, il n'y a qu'à multiplier par 15. la quantité de
toiſes cubes que vous avez trouvées. Ainſi 64. multiplié
par 15. vous donnera 960. livres pour la charge de cette
Mine : à laquelle ajoutant un cinquieme à cauſé de la maçonnerie & de l'humidité que les Poudres peuvent contracter
dans la Mine même, ou dans le Parc, ou même dans les Magazins, vous aurez 1152. livres pour la charge la plus raiſonnable de cette Mine.

Remarquez que ſi le terrain de la Mine étoit peu lié &
ſablonneux, on pourroit épargner le cinquieme de la Poudre.

Ceux qui ont recherché à fond les proprietez les plus pré-
ciſes des Mines, ont trouvé qu'un pied cube de Poudre peſe
environ 80. livres : ainſi en diviſant les 1152. livres de Poudre de la Mine précédente par 80., l'on aura 14. pieds & un
peu plus pour le cube de la Poudre. Mais la Chambre des
Poudres doit occuper un eſpace d'un tiers ou environ plus
grand que le cube de la Poudre qu'elle doit contenir, à cauſe
des planchers, Sacs à terre & pailles, dont on ſe ſert pour
mettre ſéchement la Poudre : c'eſt pourquoi l'excavation
totale doit occuper 18. à 20. pieds cubes de vuide.

Le

Le calcul raisonné ci-dessus se reduit à supposer une Mine en plain terrain, dont l'effet également retenu de tous côtez par le bas, ne se peut faire que par le haut.

Mais comme l'excavation d'une Mine de cette sorte ne vaudroit rien dans un siége, où son usage est de faire bréche dans un Rempart, en le renversant dans le Fossé: ce qui ne se peut qu'en y plaçant la Chambre des Poudres de manière, que le foible se trouve du côté qu'on veut que se fasse l'effet. Par exemple, soit un Rempart de 30. pieds de haut, comme celui qui est représenté Fig. 8., il faut établir le Fourneau ou la Chambre A. de sorte que l'effort s'y fasse du côté B. & non du côté C., en tenant la partie A. B. plus foible que la partie A. C., & que toutes les autres qui environnent la Chambre A. Pour connoître à-peu-près les degrez de foiblesse qu'il faut donner à A. B. par rapport à A. C., on a réglé la profondeur de la Galerie dans les terres sur le pied de la moitié de la hauteur du Rempart, de sorte que s'il y a 30. pieds de haut, le Mineur doit s'enfoncer de 12. à 15. pieds directement. Car

1. Si la Chambre étoit poussée aussi avant dans les terres que le Rempart a de hauteur, c'est-à-dire en D., il est certain que l'effet se feroit du côté C. comme le plus foible, & pour lors l'excavation formant le Cone renversé E. D. F., toute la muraille de F. en B. resteroit debout ; outre que la plus grande partie des terres enlevées retomberoit dans leur trou.

2. Faisant la Chambre à 12. ou 15. pieds de profondeur, égale à la moitié de la hauteur du Rempart, tout l'effort se fera du côté B. comme le plus foible, & pour lors l'effet cherchera à former le Cone H. A. I., mais étant empêché par le bas de B. à I., l'effort ne perdant rien, se trouvera d'autant vers le haut qu'il aura été retenu par le bas, & par conséquent il se portera de H. à K.; de sorte que l'effort de

la

la Mine placée en A., avancée de la moitié de la hauteur de la terre ou de la maçonnerie, fera l'excavation K. A. B. qui est toute la Muraille, qui tombant entierement, entraînera avec elle non feulement les terres qu'elle avoit à foutenir, mais encore celles que l'effort de la Mine aura ébranlées.

C'est fur ce raifonnement qu'on fait la Table fuivante, compofée de 4. colomnes.

La prémiere marque en pieds les différentes hauteurs des Remparts au-deffus des Mines, depuis 10. jufqu'à 80. pieds.

La feconde marque en pieds les différens enfoncemens des Chambres, qui font égaux à la moitié de la hauteur des Remparts.

La troifieme marque les dimenfions en pieds & pouces courans des Chambres, les fuppofant de figure cubique, & dont les capacitez font d'un tiers ou approchant plus grandes que les cubes des Poudres qu'elles doivent contenir; à caufe des Planches, pailles, Sacs à terre, &c., dont on fait le Lit de Poudre.

La quatrieme marque la quantité de Poudre néceffaire à la charge des Mines indiquées dans les autres colomnes à côté.

Q

DE L'ATTAQUE ET DE LA

TABLE

Pour les différentes grandeurs des Mines dont on se peut servir dans les Siéges reglez, suivant la moindre épaisseur des terres qu'elles ont à chasser, depuis 5. pieds jusqu'à 40., ou depuis 10. pieds de hauteur de Rempart jusqu'à 80. pieds.

Hauteur du Rempart au-dessus des Chambres.	Profondeur des Galeries jusqu'aux Chambres.	Mesures des Chambres en pieds & pouces courans.		Quantité de Poudre nécessaire à charger les Mines.
Pieds.	Pieds.	Pieds.	Pouces.	Livres.
10.	5.	0.	7.	10.
12.	6.	0.	8.	18.
14.	7.	0.	10.	28.
16.	8.	0.	11.	42.
18.	9.	1.	1.	60.
20.	10.	1.	2.	82.
22.	11.	1.	3.	109.
24.	12.	1.	4.	142.
26.	13.	1.	5.	180.
28.	14.	1.	7.	226.
30.	15.	1.	9.	277.
32.	16.	1.	10.	336.
34.	17.	1.	11.	403.
36.	18.	2.	1.	479.
38.	19.	2.	2.	564.
40.	20.	2.	4.	657.
42.	21.	2.	5.	761.
44.	22.	2.	6.	875.

Pieds.

Pieds.	Pieds.	Pieds.	Pouces.	Livres.
46.	23.	2.	8.	1000.
48.	24.	2.	9.	1136.
50.	25.	2.	10.	1294.
52.	26.	3.	0.	1444.
54.	27.	3.	1.	1617.
56.	28.	3.	3.	1803.
58.	29.	3.	4.	2004.
60.	30.	3.	6.	2218.
62.	31.	3.	7.	2447.
64.	32.	3.	8.	2692.
66.	33.	3.	10.	2952.
68.	34.	3.	11.	3229.
70.	35.	4.	0.	3522.
72.	36.	4.	2.	3833.
74.	37.	4.	3.	4161.
76.	38.	4.	4.	4510.
78.	39.	4.	6.	4873.
80.	40.	4.	7.	5258.

Au défaut de cette Table qu'on ne peut ne pas avoir toujours avec foi, il y a un moyen fimple de mefurer les Chambres de la Mine, & la quantité de Poudre qui leur convient.

1. Prenant le neuvieme de la moindre épaiffeur de terre ou de maçonnerie jufqu'à la Mine, l'on aura la mefure des Chambres en tout fens.

2. Pour la quantité de Poudre, prenant le cube de la moindre épaiffeur de terre ou de maçonnerie, & retranchant la derniere figure, le refte fera la quantité néceffaire fur le pied de 18. livres pour chaque toife cube. Mais fi on n'en veut donner que 15. livres, il faudra retrancher le fixieme

Q 2

du

du nombre resté; de même, pour 12. livres par toise cube, il faudra retrancher le tiers.

EXEMPLE: Suppofons une moindre épaiſſeur de 20. pieds, le neuvieme ſera 2. pieds 3. pouces pour la meſure de la Chambre en tout ſens. Pour les Poudres, ſuppoſons la même épaiſſeur de 20. pieds: le cube de 20. eſt 8000.; retranchant la derniere figure, reſte 800., qui eſt la quantité de Poudre qu'il faut à 18. livres par toiſe cube. Que ſi l'on n'en vouloit donner que 15. livres, comme 15. differe de 18. d'un ſixieme, il faut retrancher un ſixieme de 800., reſte 667., nombre aſſez conforme à celui de la Table; parce qu'on l'a faite ſur le pied de 15. livres par toiſe cube: ainſi à 12. par toiſe cube, il faudroit retrancher un tiers, parce que 12. eſt d'un tiers moindre que 18. Otant donc le tiers de 800., reſte 534. pour la quantité de Poudre néceſſaire à une Mine enfoncée de 20. pieds. Remarquez que 18. livres eſt beaucoup, & que 12. eſt bien peu.

USAGE DE LA TABLE PRECEDENTE.

CONNOISSANT LA HAUTEUR DU REMPART, CONNOITRE LA CAPACITE' DE LA MINE QUI Y CONVIENT.

EXEMPLE.

SI le Rempart a trente pieds de haut, cherchez dans la prémiere colomne des Hauteurs du Rempart le chifre 30., vous trouverez vis-à-vis dans la deuxieme colomne 15., qui eſt l'enfoncement du niveau des terres. Dans la troiſieme le chifre 1. pied 9. pouces, marque la dimenſion

de

de la Chambre en tout fens , c'eſt-à-dire 1. pied 9. pouces
de haut, fur 1. pied 9. pouces de large, & autant de profondeur. Dans la quatrieme colomne vous trouverez 277. livres, qui eſt la quantité de Poudre néceſſaire à charger la
Chambre ; à laquelle vous pouvez ajouter un tiers ou le
quart, à cauſe de la ſolidité du revêtement & de l'humidité
des Poudres. Ainſi, ſi à 277. livres vous ajoutez ſon tiers 93.
vous aurez 370. livres pour la Chambre: la grande préciſion
eſt ici peu néceſſaire. Vous ferez la même choſe pour toutes les autres hauteurs.

Remarquez 1. que lorſqu'on fixe la longueur des Galeries directes à moitié de la hauteur, cela ne ſe doit pas toujours prendre au pied de la lettre, & doit s'entendre ſans
compter les retours.

2. Que quand il s'agit d'ouvrir de grandes élevations, il
vaut mieux ſeparer les Mines en pluſieurs Chambres ; parce
que cela fait plus d'ouverture.

De ſorte que s'il s'agiſſoit d'ouvrir un Rempart de 80.
pieds de haut, la prémiere colomne donneroit 80. pieds, la
deuxieme 40. pieds de Galerie, la troiſieme 4. pieds 7. pouces
quarrez de Chambre, & la quatrieme 5258. livres de Poudre
pour la charge. En ce cas on pourroit pouſſer la Galerie de
ſix pieds de moins, & ajouter environ le tiers de 5258., ce
qui viendra à 7010. livres de Poudre pour la vraye charge,
qui diviſée en trois, produiroit de quoi charger une Mine tref-
flée à trois Chambres, dont la charge, ſi elle étoit égale,
ſeroit de 2336. livres de Poudre pour chacune ; mais parce
que celle du milieu doit être enfoncée de 7. à 8. pieds plus
que les autres, j'y mettrois 3010. livres de Poudre, & 2000.
dans chacune des autres: ce qui ne manqueroit pas de produire un grand effet.

A l'égard de la grandeur des Chambres qui peuvent contenir ces différentes quantitez de Poudre, il n'y a qu'à
Q 3

pren--

prendre garde au nombre de la quatrieme colomne qui approche le plus de cette quantité : ainsi 2952. étant le chifre qui a le plus de rapport à 3010., je regarde vis-à-vis dans la troisieme; il s'y trouve 3. pieds 10. pouces pour la hauteur, longueur & largeur de la Chambre. A l'égard de celles de 2000. livres, la capacité des Chambres se trouvera vis-à-vis le nombre de 2004., qui est celui de la quatrieme colomne qui en approche le plus. Je regarde donc à la troisieme colomne vis-à-vis, & je trouve 3. pieds 4. pouces, qu'il faut entendre en tout sens, comme la précédente, pour la grandeur des Chambres qui leur conviennent; & ainsi de toutes les autres. Quoique les regles de la Table soient bonnes par elles-mêmes, il se trouve néanmoins de grandes différences, soit dans la qualité des terres, dont les unes sont glaises, les autres grasses, quelques-unes sablonneuses, quelques autres mêlées de roc ou rocailles, & même de rocs solides; soit dans les revêtemens, dont les uns resistent incomparablement mieux que les autres. D'ailleurs il y a tant d'inégalité dans la force des Poudres, que le plus sûr est de fortifier toujours la charge. Le plus ne peut gueres faire de mal, au lieu que le moins en feroit beaucoup.

3. Il est d'une importance extrême d'égaler les seux, pour les pouvoir donner justes dans plusieurs Chambres à la fois. On doit non seulement bien prendre garde de tenir la Saucisse séchement, & de ne pas la trop presser dans les Augets, il faut encore la bien compasser, ensorte qu'il n'y en ait pas un demi pouce de long à l'un des bras de la Mine plus qu'à l'autre. Dans celles, où il y a plusieurs fourneaux, comme les Galeries doivent être de différente longueur, il faut faire la Saucisse de droite à gauche dans la Galerie en forme de zigue-zague, comme cela est représenté aux Planches XVIII. & XIX.; & sur-tout bien passer le Foyer, qui est le lieu choisi pour donner force à la Mine.

CHA-

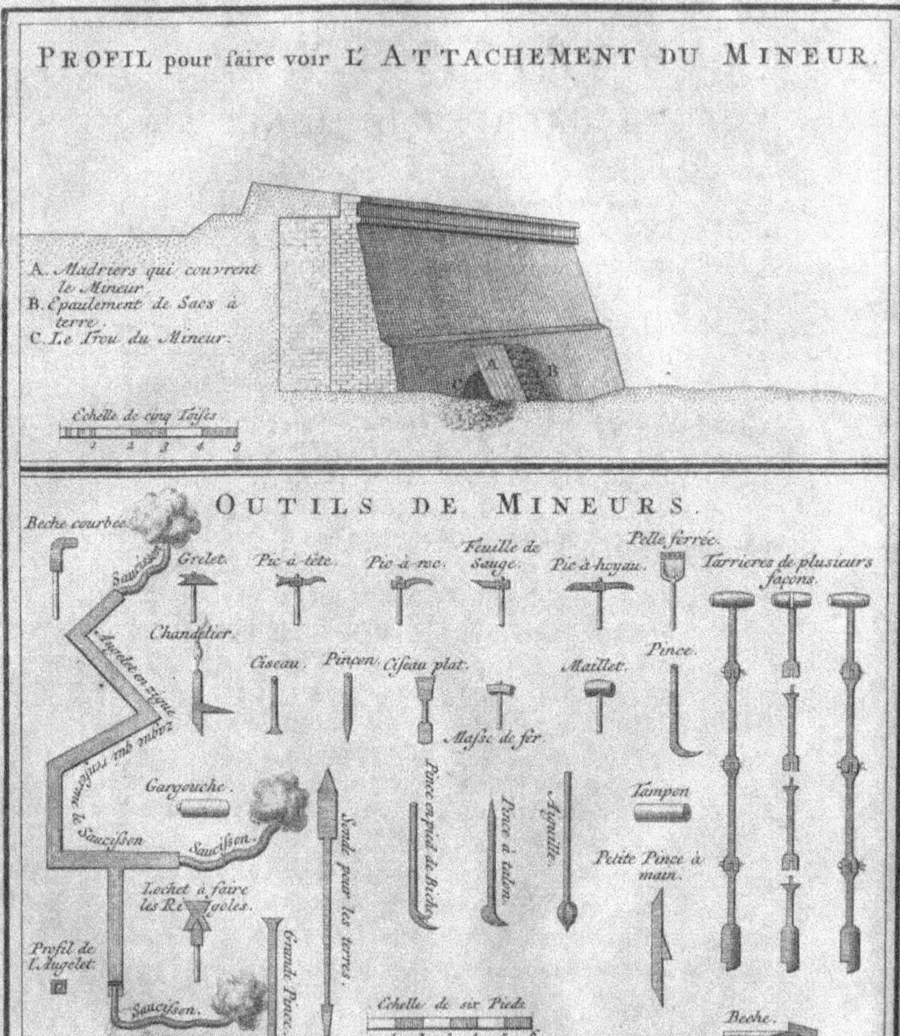
PROFIL pour faire voir L'ATTACHEMENT DU MINEUR.
A. Madriers qui couvrent le Mineur.
B. Epaulement de Sacs à terre.
C. Le Trou du Mineur.
Echelle de cinq Toises
1 2 3 4 5
OUTILS DE MINEURS.
Beche courbée.
Saucisson
Grelet.
Pic-à-tête.
Pic-à-roc.
Feuille de Sauge.
Pic-à-hoyau.
Pelle ferrée.
Tarrieres de plusieurs façons.
Chandelier.
Accroche en Ligne
Saucisson qui remplira à Saucisson
Ciseau.
Pincon.
Ciseau plat.
Maillet.
Pince.
Masse de fer.
Gargouche.
Saucisson.
Sonde pour les terres.
Pince en pied de Biche.
Pince à talon.
Aiguille.
Tampon
Lechet à faire les Rigoles.
Petite Pince à main.
Profil de l'Augelet.
Saucisson.
Grande Pince.
Echelle de six Pieds.
1 2 3 4 5 6
Beche.

CHAPITRE XX.

DE L'ATTACHEMENT DU MINEUR.

APRES avoir suffisamment expliqué l'effet & la nature des Mines, il faut maintenant en expliquer l'usage. L'Attachement du Mineur se fait au milieu des Faces, ou bien au tiers, à le prendre du côté des Angles flanquez des Bastions, Demi-Lunes, & autres Ouvrages équivalens. Il vaudroit mieux, que ce fût en approchant des épaules; parce que l'effet de la Mine couperoit partie des Retranchemens, s'il y en a: mais l'on s'attache pour l'ordinaire à la partie qui est le plus en état & la plus commode. L'Attachement du Mineur doit toujours être précédé de l'occupation du Chemin couvert, & de l'établissement des Batteries nécessaires sur le même Chemin couvert, de la rupture des Flancs qui peuvent avoir vûë sur le Logement du Mineur, & de la Descente & du Passage du Fossé: à quoi il faut ajouter un Logement pour 20. ou 30. hommes devant le Fossé pour la Garde du Mineur.

Dans le tems que l'on acheve ces préparatifs, on doit travailler: ce qui se fait en deux manières, l'une ancienne & l'autre moderne. L'Ancienne est, d'envoyer 2. ou 3. Travailleurs qui s'enfoncent dans les décombres tombées au pied du revêtement, où ils font place à la posée des Madriers. Remarquez que si c'est un Fossé plein d'eau, il faut se mettre en état de commencer l'œil de la Mine à un pied au-dessus de la superficie de l'eau, supposé que l'Assiégé ne la puisse pas élever davantage. Si c'est un Fossé sec, il le faut commencer le plus près du fond qu'on pourra, afin de tenir toujours le dessous.

Après

Après que la place est préparée, on y fait porter 6.7. ou 8. Madriers de 7. à 8. pieds de long chacun, sur un de large & 4. pouces d'épais, couverts de fer blanc, à cause des Feux d'artifice. On les appuye bien fort les uns à côté des autres contre le Mur. On leur donne assez de pied pour que deux Mineurs se puissent loger dessous un peu commodement & y travailler à leur aise. On les couvre après cela de peaux de bœufs fraîchement tuez, quand on en a, & l'on bouche l'ouverture sous les Madriers du côté du flanc avec des Sacs à terre, en donnant toute l'épaisseur qu'on peut à cet épaulement.

Après quoi on fait entrer le Mineur sous les Madriers, qui commence aussi-tôt à percer dans l'épaulement & à s'enfoncer dans le corps du Mur du mieux qu'il peut.

Il faut avouër, que cette méthode est longue & très dangereuse, & qu'elle a fait périr une infinité de Mineurs, car ils sont long-tems exposez

1. Au Canon des Flancs, dont l'Ennemi nous derobe toujours quelques coups de tems en tems, quoiqu'il soit demonté & en grand desordre; parce qu'il y remet de nouvelles Pieces avec lesquelles, il tire quand il peut, & ne manque gueres le Logement du Mineur.

2. Aux mousquets des Tenailles & des Flancs haut & bas, s'il y en a qui soient un peu en état.

3. Aux Pierres, Bombes, Grénades, & Feux d'artifice que l'Ennemi tâche de pousser sur lui du haut en bas des Parapets.

4. Aux surprises des Sorties derobées qu'on ne manque pas de faire fort fréquemment ; & par-dessus cela à toutes les ruses & contradictions des Contre-mines.

De sorte que la condition d'un Mineur en cet état est extrêmement dangereuse, & recherchée de peu de gens. Ce
n'est

n'eſt pas ſans raiſon que l'on a dit que ce métier eſt le plus perilleux de la guerre.

Quand cet Attachement eſt favoriſé du Canon en Batterie ſur le Chemin couvert, c'eſt toute autre choſe, & le peril n'en eſt pas à beaucoup près ſi grand. On lui enfonce un trou de 4. ou 5. pieds de profondeur au pied du mur, où il ſe loge & ſe met à couvert en fort peu de tems du Canon & des Mouſquets des Flancs, des Bombes, Grénades & Feux d'artifice, qui ne peuvent plus lui rien faire peu de tems après ſon Attachement, & il n'a plus que les Sorties & les Contre-mines à craindre.

Ajoutons à cela, que ſi après avoir décombré & vuidé ſon travail de ce qu'il aura trouvé d'ébranlé par le Canon, il en reſort pour un peu de tems, & qu'on aye recommencé à battre l'endroit, par 50. ou 60. coups de Canon bien ramaſſez, cela contribuera beaucoup à l'agrandir & à l'enfoncer. Ce même Canon lui rend encore un fort bon office quand il y a des Galeries en Contre-mine dans l'épaiſſeur des murs; parce qu'il les peut enfoncer à droite & à gauche à quelque diſtance du Mineur, & par ce moyen en interdire l'uſage à l'Ennemi; il ſert même à diſpoſer la prochaine chûte du revêtement, & à la faciliter.

Les Mineurs ſe relevent de 2. heures en 2. heures, & travaillent avec toute la diligence poſſible juſqu'à ce qu'ils ſoient prêts à chambrer. Pendant qu'ils avancent leur ouvrage, on fait approcher les Poudres, les Sacs à terre & les Fumiers néceſſaires pour boucher la Mine. Toutes ces choſes s'apportent dans les Places d'Armes les plus prochaines. Les Charpentiers de l'Artillerie préparent en même tems les étayes, les bois & les planches pour la Galerie & pour boucher la Mine.

La Galerie doit avoir trois pieds & demi de haut ſur deux pieds & demi de large bien francs, & quand on travaille aux

R

Ra-

Rameaux, on reduit autant que l'on peut leurs Galeries à deux pieds & demi de haut fur deux de large.

Le Mineur doit extrêmement fe méfier des Contre-mines, & écouter fouvent s'il n'entend pas travailler pour venir à lui; au quel cas il doit fonder du côté qu'il entendra le bruit. Souvent on en fait d'un côté, pendant qu'on travaille de l'autre pour tromper l'Ennemi : ce qui ne fe peut gueres quand on eft dans les terres ; parce que pour lors on peut travailler avec de gros Cifeaux plats, qu'on pouffe de la paume de la main, fans fraper autrement qu'avec le poing fur le manche, pour faire éclater la terre fans bruit.

Si l'Ennemi vous preffe, il faut le prévenir, s'il fe peut, par une Fougace qui l'étouffe dans la Contre-mine. Pour cet effet on pourroit fe fervir de fondes faites en Tarieres, longues de deux ou trois pieds, qui s'ajoutent les unes aux autres.

Ces Tarieres qui font de différente groffeur, s'introduifent dans le trou l'une après l'autre pour l'agrandir, jufqu'à lui donner cinq à fix pouces de diametre. On l'enfonce le plus avant qu'on peut du côté de l'Ennemi, comme de 5. 6. à 7. pieds; après quoi on y pouffe une groffe Gargouche de même groffeur, contenant 10. à 12. livres de Poudre, qu'il faut bien boucher & tamponer de vôtre côté, l'étayer très fortement, & y donner le feu par un tuyau percé, comme ceux des Bombes.

Si la Galerie de l'Ennemi n'eft qu'à 4. pieds de la tête de cette Fougace, il eft fûr qu'elle en fera enfoncée.

D'autres fe fervent de deux à trois Bombes jointes enfemble pour faire cet effet: d'autres d'un petit Fourneau de 80. à 100. livres de Poudre, fait à la hâte pour enfoncer la Galerie de l'Ennemi, qui quelquefois vous prévient auffi de fon côté. Comme il ne manque pas de fonder pour fçavoir à quelle diftance vous êtes de lui, il faut être alerte quand le

bout

bout de la ſonde paroît, & quand il la retirera, remplir promptement le trou par le bout d'un piſtolet, qui étant introduit
juſte & à propos par un homme aſſûré, ne manque gueres
de tuer le Mineur ennemi.

Il faut faire ſuivre ce coup de 3. ou 4. autres, & y pouſſer une ſonde pour nettoyer le trou, & empêcher qu'il ne
le bouche de ſon côté.

Remarquez qu'il eſt bon dans cette rencontre de s'être
précautionné d'un plateau de bois, grand comme un plat, de
4. pouces d'épais, avec une cheville dans le milieu pour le
tenir, & l'oppoſer à ce trou comme un bouclier, ſi l'affaire
tourne en diſpute.

Il faut enſuite avoir une canne à feu puant, toute prête
pour l'introduire dans le même trou. Après lui avoir donné
feu, bouchez bien de vôtre côté; afin que toute la fumée
paſſe dans la Galerie ennemie, d'où par ce moyen on chaſſera
le Mineur pour quelque tems : pendant quoi il ne faut pas
manquer de chambrer, & de faire joüer un petit Fourneau
qui le chaſſe tout-à-fait de ſa Galerie, qui même la fait crêver. Selon que les ouvertures ſont grandes de part & d'autre, on y inſinue quelquefois une Chambre qui y fait mer-
veille; d'autrefois des Porte-feux, ſeulement pour épouvan-
ter les Mineurs; d'autrefois des Grénades. Le meilleur eſt
la Bombe quand on le peut, car elle rompt la Galerie. Un
Petard y peut être auſſi employé quand il reſte peu à percer.
Pour concluſion, on ſe fait tout du pis que l'on peut.

Voilà à-peu-près les chicanes qui ſe font ſous terre de Mineur à Mineur, où les plus adroits & les mieux précaution-
nez ont ordinairement l'avantage. Mais quand on craint de
tomber dans ces cas, le mieux eſt de mettre la choſe en deux,
& de faire joüer une Mine médiocre dans le commencement
pour crêver les Galeries des Ennemis, & les en chaſſer pour
deux ou trois jours. Pendant cet intervalle on attache le Mi-

R 2

neur

neur d'un autre côté, qui pour lors s'enfonce hardiment dans la maſſe du Rempart.

On dit chaſſer l'Ennemi de la Galerie pour deux ou trois jours; parce que la terre s'ébranle & ſe meurtrit, pour parler en termes de Mineur, à cinq ou ſix toiſes de l'endroit où la Mine a joüé, & tout ſe remplit d'une fumée ſi puante, que perſonne n'en peut ſoutenir l'odeur: ce qui ne fait pas le même effet du côté de l'Aſſiégeant, parce qu'il y a plus d'air, & qu'il n'eſt pas queſtion d'employer une ſi longue Galerie.

Quand l'effet eſt ſoutenu par celui des groſſes Batteries, établies ſur le bord du Foſſé contre les Flancs & les bréches; quand les Bombes ſont bien ſervies, & que l'on y joint les Pierres; les conditions de l'Ennemi deviennent dures, & ſi mauvaiſes dans les Pieces où tombent tous ces orages, qu'il ne s'y peut remuer en groſſes troupes ſans être expoſé à mille dangers, qui tuent à tout moment beaucoup de monde & affoibliſſent d'autant la Garniſon.

CHAPITRE XXI.

DE LA DIFFERENCE DES MINES.

JE crois qu'il ne ſera pas inutile d'expliquer ici ce que c'eſt que Mine directe, Mine double ou faite en T., Mine triple ou treflée. On n'en fait gueres de quadruple dans les Siéges; cependant on en pourroit faire, & même de quintuple & ſextuple, mais cela ſeroit long & de peu d'utilité.

La Mine directe eſt celle qui n'a qu'une Chambre & une
Gale-

a. *Galeries des Mines.*
b. *Fourneaux ou Chambres des Mines.*
c. *Saucisson renfermé dans l'Auget, et compassé également depuis le Foyer jusqu'au milieu de chaque Chambre de la Mine.*
d. *Arcs boutans.*

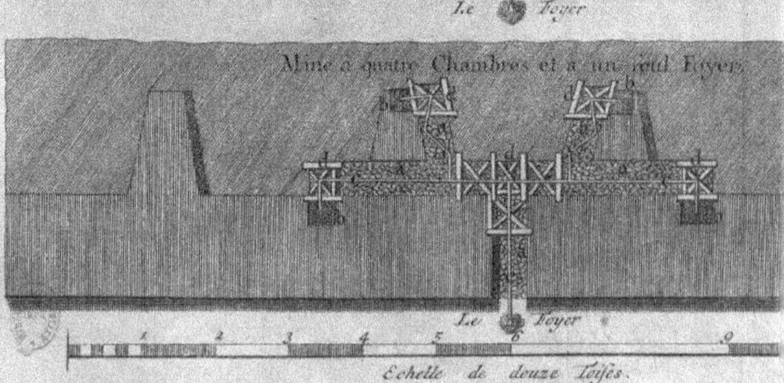

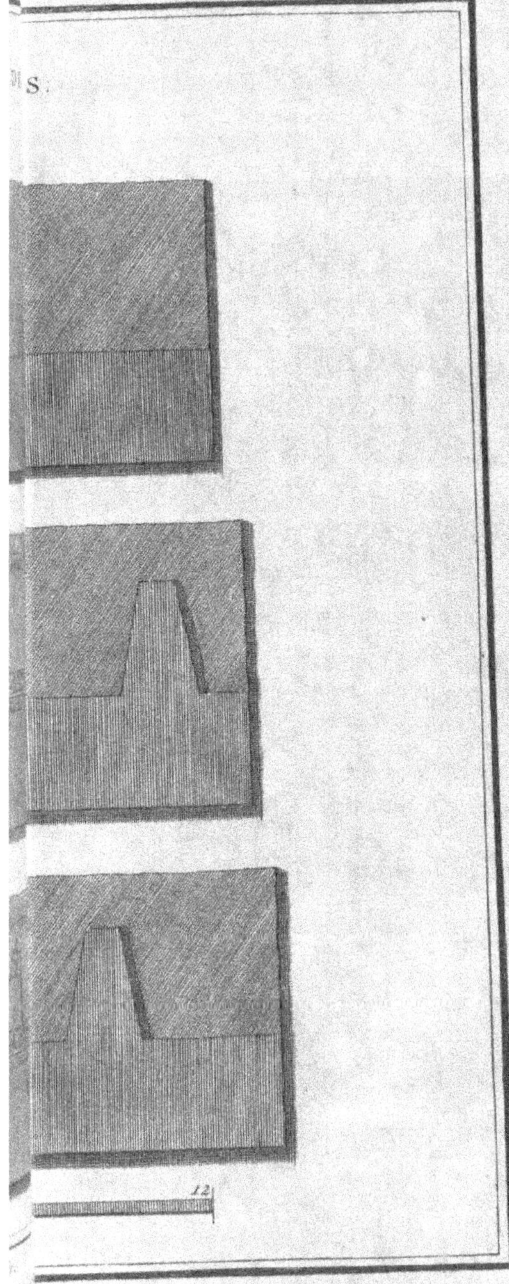

Mines à cinq Chambres et à un seul Foyer. 
Le Foyer 
Le Foyer
Echelle de douze Toises.
1   2   3   4   5   6   9

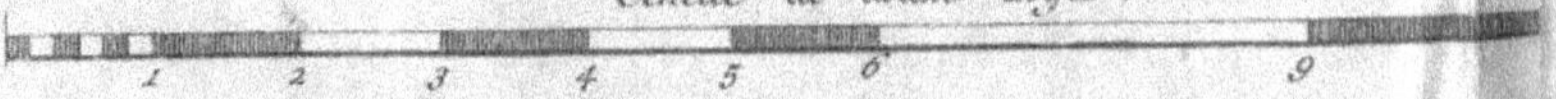

12

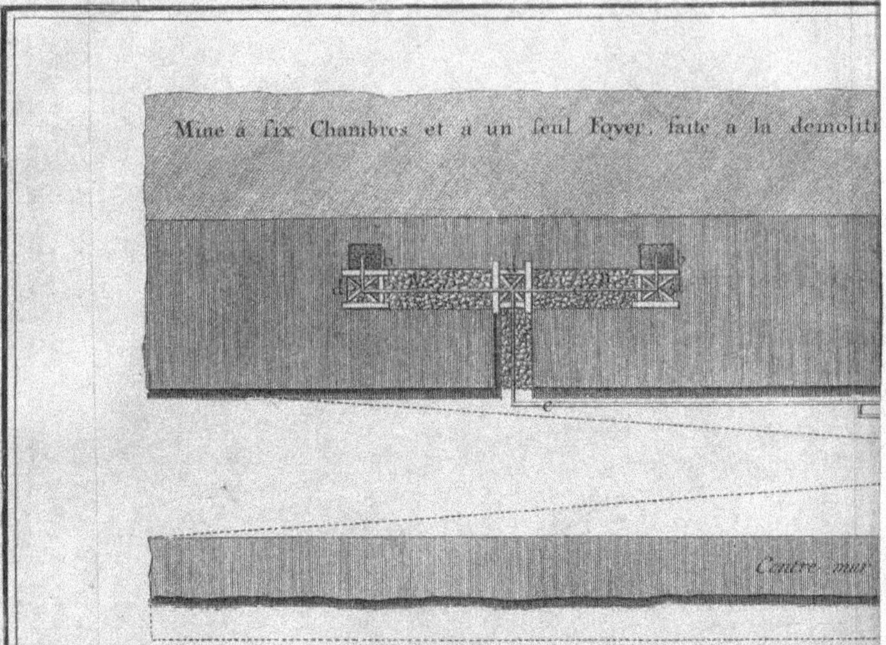

Mine à six Chambres et à un seul Foyer, faite à la demoliti
Centre mur
Mine à huit Chamb

on 1663. sous la Courtine entre les Bastions de Danemarc et le Duc... l'effet de la Mine abattit totalement
revêtemens et la voute en même tems.
Le Foyer.
...te de douze piéds de large.
...tif de ... piéds d'épaisseur ... de trois piéds.
...l Foyer pour abattre une étendue de Rempart à la fois
Le Foyer.
Echelle de douze Toises.

DIFFERENTES SORTES DE MINES

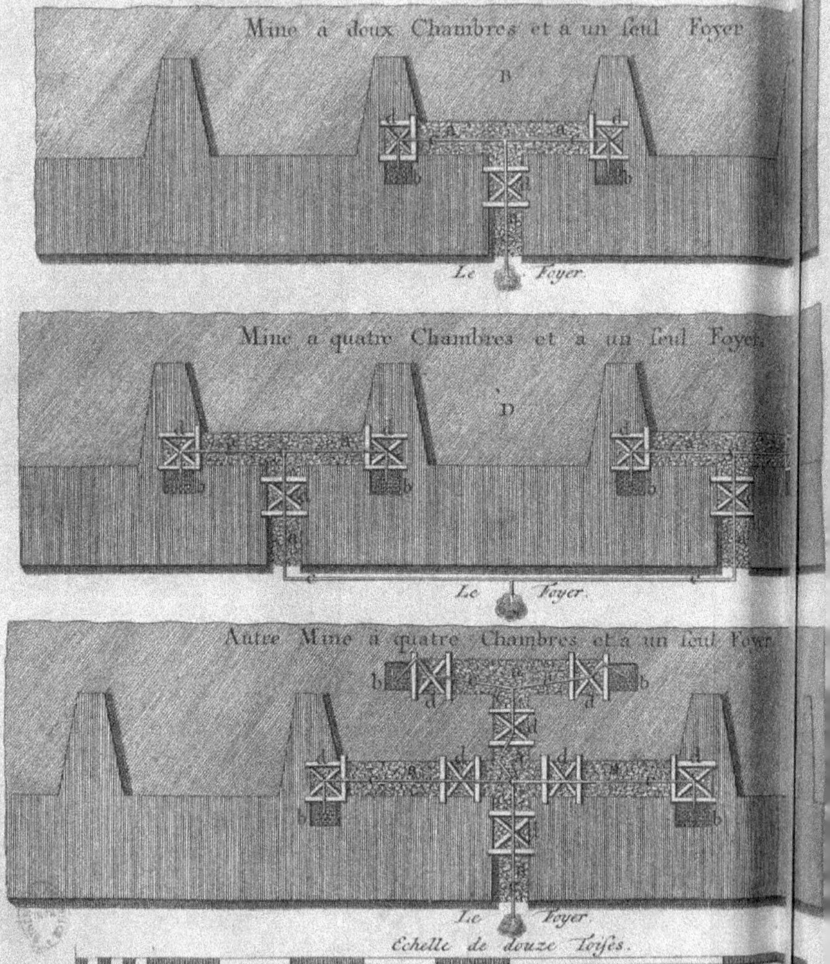
Mine à doux Chambres et à un seul Foyer
B
Le Foyer
Mine à quatre Chambres et à un seul Foyer.
D
Le Foyer.
Autre Mine à quatre Chambres et à un seul Foyer
Le Foyer.
Echelle de douze Toises.
1 2 3 4 5 6 9

Galerie; par conséquent celle-ci établit sa Chambre pour l'ordinaire à la racine des Contre-forts, quand il y en a, & employe plus de Poudre à proportion que les autres. Voyez Figure. A.

Mine double ou en T. est celle qui, après avoir percé l'épaisseur du revêtement, se sépare en deux Rameaux, qui s'étendent par derriere le revêtement, & vont chercher la racine des deux Contre-forts voisins, dans la solidité desquels on chambre. Voyez Figure B.

Mine triple ou treflée est celle, où, non content de deux Fourneaux separez, on en pousse un troisieme dans les terres, qui va chercher le derriere des Contre-forts. Celle-ci en embrasse ordinairement trois, & procure un grand éboulement de terre, & une profonde excavation, quand elle réussit bien. Ces Fourneaux doivent être faits en égale distance les uns des autres, quand on le peut; mais les Porte-feux doivent être nécessairement égaux avec une grande justesse, autrement il y auroit danger que le Porte-feu de quelqu'un des Fourneaux ne s'étouffât, comme il arrive souvent. C'est pourquoi on ne sçauroit trop apporter de circonspection. On charge ordinairement de 50. livres de Poudre le Fourneau du milieu plus que les deux autres. Voyez Figure C.

On y peut ajouter plus de Fourneaux; mais je crois qu'en voilà assez pour une bréche raisonnable. En tout cas les Figures proposent plusieurs plans, qui serviront à seconder l'idée de ceux qui en voudront davantage. Au reste la conduite des Galeries ne doit pas être directe; il faut du moins la biaiser 2. ou 3. fois quarrément ou en angle droit, pour avoir plus de facilité à bien boucher, & faire même des seilleures de 4. à 5. pouces de large & autant d'enfoncement, dans les endroits qui pourroient servir à rendre leur fermeture plus solide.

R 3

Les

Les Chambres doivent être proportionnées à la quantité de Poudre que vous y voulez employer: ce qui est à-peu-près réglé par la Table ci-devant pour toute sorte de Mines, grandes ou petites. Quant à la figure des Chambres, la ronde & la quarrée sont celles qui leur conviennent le mieux.

Il faudra en unir le fond le mieux qu'on pourra, & donner quelque rehaussement à son cul de four, & la bien nettoyer.

Pour la manière de charger les Mines, il faut en prémier lieu, prendre garde que le fond de la Chambre ne soit pas trop près de l'eau.

En second lieu, l'enfoncer d'un pied ou d'un pied & demi plus que la Galerie, si le fond le permet.

Troisièmement, les bien préparer, & nettoyer: ce qui doit servir à leur fermeture.

En quatrieme lieu, avoir des Augets & des Saucisses prêtes & bien faites. Les Saucisses sont de longs boudins de toile, de grosseur à passer un œuf de poule, qu'on remplit de Poudre; de manière qu'elle soit bien contenuë & pas trop pressée: tout cela étant prêt, on charge.

On a autrefois employé trois moyens pour charger les Mines: le prémier avec des barriques entieres arrangées dans les Chambres, dont, en ôtant les chapes, on debouchoit les bondons. On rompoit aussi quelques douves, & on repandoit un peu de Poudre entre deux.

Cette méthode étoit autrefois incommode dans les lieux étroits, & ne donnoit pas assez de facilité au prompt embrasement des Poudres; ce qui est essentiel pour que la Mine ait un grand effet.

On l'a quittée, pour charger avec des Sacs à terre remplis de Poudre, qu'on arrange par tas dans la Chambre. Le Mineur a soin de donner un coup de couteau à chacun pour les ouvrir, & de répandre de la Poudre entre deux. Plusieurs pratiquent encore cette méthode-ci.

Mais

Mais la meilleure de toutes eſt de faire de planches, (& de Madriers ſi l'on peut) le fond de la Chambre ; de répandre bien également ſur ce plancher un pouce d'épais de paille, recouverte par un tapis de Sacs à terre vuides, pour empêcher que la Poudre ne prenne trop tôt l'humidité ; après quoi on la verſe en tas, comme un monceau de bled, qu'on empêche de toucher au bord de la Chambre par la même raiſon, en continuant de la garnir tout au tour de paille & de Sacs à terre.

Celui qui conduit la charge eſt ordinairement un Officier de Mineurs, un Sergeant, ou du moins un Caporal, qui doit avoir ſoin d'introduire le bout de la Sauciſſe dans le milieu des Poudres, afin qu'elle puiſſe porter ſon feu également ; en obſervant encore de la contenir dans cet état par le moyen d'une broche ou cheville de bois de 3. ou 4. pouces de long, & de 5. ou 6. lignes de diametre, dont il la perce de part en part en dedans de la Chambre, & le plus près qu'il peut des Madriers, pour l'arrêter & empêcher qu'on ne la puiſſe arracher en la tirant par l'autre bout, ou que la violence du feu de la Poudre dans toute la longueur de la Sauciſſe ne faſſe cet effet.

Après cela, on renferme ſa ſuite dans l'Auget, qui eſt conduit juſqu'à l'entrée de la Mine, ayant ſoin, autant qu'on le peut, de lui faire tenir le milieu.

La Mine une fois chargée de la quantité de Poudre qu'on y veut mettre, on travaillera à la boucher, & c'eſt ce qu'il y a de plus important à faire dans cette conduite, & où il faut que le maître Mineur paye de plus d'adreſſe & d'habileté.

La Mine ſe ferme par des bouts de Madriers fort épais joints l'un à l'autre, & bien contrebutez. On maçonne tout le vuide avec de gros moilons & de fumier qui ſert de mortier, ſerrant les joints avec quantité de bois faits exprès &

battus

battus à la masse. On traverse souvent la Galerie de Madriers bien soutenus : ce qui s'observe dans toute sa longueur à la porte de la Chambre. On se barre encore avec plus de soin au prémier retour avec des Madriers bien contrebandez d'étayes. On continuë de maçonner avec la même application, jusqu'à 3. ou 4. retours, qu'on ferme toujours de même, en prenant sur cela toutes les précautions possibles; ayant toujours attention que les Augets ne se derangent point, & que la Saucisse soit bien conduite, & tenuë séchement.

Quand on juge que la Mine est suffisamment bouchée, on en demeure-là. Pour lors on établit le Foyer ou la Lumiere de la Mine, qu'on couvre soigneusement en attendant l'ordre d'y mettre le feu.

Pendant que la Mine se bouche, on fait les préparatifs de l'assaut, si l'on en veut donner un, ou du Logement en bréche. Pour cela il faut avoir une grande provision de matériaux & d'Outils dans les Places d'Armes prochaines, & les Batteries de Canon, de Bombes & de Pierres doivent être pourvûës pour tirer au moins 50. ou 60. coups par piece.

Il faut un gros Detachement de Grénadiers tout prêt, ainsi que ceux qui les doivent soutenir. Tous les Travailleurs nécessaires seront garnis d'Outils & de matériaux, le tout bien placé & bien arrangé. Chacun sera instruit de ce qu'il doit faire. Il y aura un Detachement de 100. Travailleurs à la tête pour deblayer & réparer promptement les desordres que la Mine pourra faire aux têtes les plus avancées de la Tranchée.

Toutes choses étant prêtes, il faudra commencer par faire retirer les Troupes peu-à-peu & sans bruit hors de la portée des éclats de la Mine; ce qui ne se peut faire que par estimation ; car quelquefois elle ne fait que renverser.

Les Troupes étant retirées, il faudra aussi faire retirer les
Sen-

Sentinelles, & ne laiſſer que 4. ou 5. Fuſéliers leſtes & hardis, pour eſcorter la retraite du Mineur. Cela fait & bien diſpoſé, envoyez-lui ordre de mettre le feu, & de ſe retirer.

Si-tôt que la Mine a fait ſon effet, les Officiers d'Artillerie de toute eſpece regagnent leurs Batteries, & raccommodent inceſſamment ce qu'il peut y avoir de gâté. Toutes les perſonnes commandées retournent à leurs poſtes. La prémiere choſe qu'on y fait, eſt de parcourir toute la tête des Tranchées & le Paſſage du Foſſé avec les Travailleurs commandez, & de rétablir ce que l'effet de la Mine peut y avoir gâté. Pendant cela on fait reconnoître la bréche ; & les Batteries ſe tiennent en état de battre, ſuivant les ordres qu'elles en ont eu, pour applanir la bréche, & empêcher les Ennemis de s'y préſenter, en les inquiétant dans leurs Retranchemens. Les Troupes commandées pour faire feu bordent les Logemens, & après avoir rangé les Sacs à terre, elles paſſent les armes entre-deux, & ſe mettent en état de faire feu ſur tout ce qui paroîtra ſur le Rempart.

Toutes ces meſures étant bien priſes & ſagement exécutées, il ſera bien difficile que l'Ennemi puiſſe ſe préſenter en groſſe troupe au ſoutien de ces bréches, & même qu'il y puiſſe tenir, non plus que dans ſes Retranchemens.

Pour cela il ne faut pas ſe preſſer, ni rien entreprendre étourdîment, mais ſe conduire ſelon la diſpoſition où l'on verra les choſes, & toujours par les voyes les plus ſûres ; car 2. ou 3. heures de plus ou de moins, n'avancent ni ne reculent gueres les affaires d'un Siége, & coûtent quelquefois bien du monde quand on agit mal-à-propos, & qu'on ſe preſſe trop.

Les choſes étant donc rétablies & toutes en état, il y aura deux partis à prendre ; celui de ſe loger de plein ſaut ſur le haut de la bréche, pouſſant de vive force tout ce qui ſe préſen-

S

sentera; ou de s'y prendre comme il a été proposé pour les bréches faites par le Canon.

Si l'entreprise paroît trop difficile & hazardeuse, il vaudra mieux r'attacher encore une fois le Mineur, & recommencer à canoner, pour donner toute l'étendue & la facilité convenables aux bréches. Ce parti est préférable à tous les autres, & l'Ennemi ne le soutient presque jamais; cependant on gagne toujours terrain.

Si ce que je viens d'établir, tant par rapport à l'usage des Mines que par rapport à celui du Canon & des Bombes, est fidelement observé & bien conduit, il y a lieu de se promettre que l'Ennemi sera bientôt forcé de battre la chamade, quelque opiniâtre qu'il puisse être.

On ne va plus à beaucoup près si loin, & nous n'avons point vû de Place dans ces dernieres guerres, qui ait attendu l'extrêmité où nous avons supposé que la Place, dont on vient de décrire l'Attaque, a été reduite.

La défense de celles qui sont attaquées de la sorte, devient trop dangereuse pour pouvoir durer si long-tems; & quand les Attaques y sont menées méthodiquement, les Assiégez doivent y perdre au moins autant de monde que les Assiégeans; comme il est arrivé à Ath. La raison en est claire.

La Tranchée ne se fait point à decouvert dès qu'elle commence à devenir dangereuse. Il ne se fait point de grosses Attaques qui exposent un grand monde à la fois; & la Garde ne se monte que de 5. ou 6. jours l'un : au lieu que les Assiégez, quelque bonne conduite qu'ils puissent tenir, ne peuvent point se dispenser d'avoir le tiers de leur monde en garde, l'autre au Bivoüac, & la plus grande partie de l'autre aux Retranchemens, reparations, & au service du Canon: ce qui les expose presque continuellement. De sorte que de trois jours il y en a pour le moins deux, où l'on peut

dire

dire que les deux tiers de la Garnison souffrent beaucoup, parce que les bonnes dispositions des Batteries de toute espece les vont chercher par-tout, & qu'il n'y a pas un seul endroit dans toute la Place opposé aux Attaques, qui ne soit très dangereux : ce qui ne se peut sans souffrir de grandes pertes.

Il ne faut donc pas s'étonner si les Places se rendent plutôt qu'elles ne faisoient autrefois. La quantité de Dehors qu'elles ont de plus, dont la défense fatigue & coûte bien du monde, & les avantages qu'on a sur elles par les Attaques, bien plus considerables que ceux d'autrefois, affoiblissent tellement les Garnisons, qu'il n'y en a gueres, j'ose même dire, qu'il n'y en a pas une, qui soit assez hardie pour se commettre à une derniere affaire, dont le mauvais succès presque certain l'exposeroit à être taillée en pieces.

Voilà nos Attaques conduites à leur fin par les voyes les plus courtes, les plus raisonnables, & les moins ensanglantées qui se puissent mettre en usage.

Les principes sur lesquels on a établi cette disposition d'Attaque, sont puisez dans ceux de la Fortification même, qui en suppose le Systême régulier comme le plus parfait, & auquel tout ce qu'on a fait doit se rapporter, autant que les différentes situations le peuvent permettre.

On a supposé de même un front de Place réguliere, régulierement attaqué dans un terrain plein & uni, qui n'est pas plus avantagé dans un endroit que dans l'autre ; ce n'est cependant pas à dire que cela se trouve par-tout : Il s'en faut beaucoup.

Nous examinerons dans le Chapitre suivant, ce que les différentes constructions & les différentes situations des Places, peuvent aussi apporter de changement dans la manière de les attaquer.

 CHA-

CHAPITRE XXII.

DE L'ATTAQUE DES PLACES REGULIERES.

IL se trouve peu ou point de grandes Places régulierement fortifiées. La plûpart tiennent bien quelque chose du régulier, mais beaucoup plus encore de l'irrégulier; parce que les Villes ayant été bâties & fermées de murailles ou fortifiées à l'antique, avant que la Fortification moderne fût en usage, on a profité autant qu'on a pû de ce que la vieille avoit de meilleur, en pliant, en accommodant, & même en alterant, les régles de la nouvelle Fortification, en faveur de ce qu'on a trouvé de bon dans la vieille. C'est ce qui fait qu'il y a peu de Fortifications de grandes Places qui soient régulieres. Tout est plein d'irrégularitez, & de Pieces accommodées à la situation haute ou basse, platte ou coupée de rivieres, ou ajustées à ce qu'il y a de vieux sait, & très souvent selon le caprice de ceux qui les ont bâties. On prend seulement garde qu'il n'y ait rien de contraire aux Maximes de la Fortification; & c'est le mieux qu'on puisse faire. On s'est contenté d'observer, que toutes les Pieces se flanquent bien; que la Ligne de défense ne soit pas trop longue; que les parties se soutiennent l'une l'autre, & puissent se communiquer; que tous les Parapets soient à l'épreuve du Canon; & que ces mêmes Pieces soient environnées de Fossez, & de Chemins couverts palissadez. Lorsque tout cela est à-peu-près observé, le reste tombe dans des régles fort communes, auxquelles souvent on ne s'est pas fort attaché.

Comme la diversité des situations contraint souvent les régles,

gles, on est obligé de se relacher , & même de ceder &
d'admettre des figures fort bizarres, qui ne laissent pas d'a-
voir du bon. Il arrive aussi que le fort & le foible des Places
se présente diversement, & que les accès à ces mêmes Places
y causent une infinité de diversitez ; par la manière dont la
Fortification se présente aux Attaques ; par l'inégalité des accès hauts & bas ; par les entrecoupemens de leurs avenuës,
des ruisseaux , rivieres , marais &c. ; par la bizarrerie des
Couverts qui les environnent ; par la multiplicité des Dehors,
bâtis en différens tems, & par des génies très différens ; par
les reserremens des espaces qui peuvent nous y conduire ;
& par bien d'autres circonstances du terrain, qui accompagnent presque toujours les vieilles Fortifications.

Il faudroit autant de régles qu'il y a de Places, si l'on vouloit proposer leurs Attaques toutes instruites & corrigées. On
se contentera de proposer , dans ce qui nous reste à dire,
un certain nombre d'exemples sur des Places de différente
figure, capables de nous donner les ouvertures nécessaires à
l'instruction des Attaques des Places irrégulierement fortifiées , & dont l'assiete est aussi fort irréguliere.

                    PRE-

PREMIER EXEMPLE.

ATTAQUES D'UN FRONT DE PLACE COUVERT D'UN OUVRAGE A CORNE.

DE tous les Dehors ajoutez à la Fortification , aucun ne l'emporte fur les Ouvrages à Corne bien placez, non fur le milieu des Courtines, comme on les place ordinairement , mais fur les Capitales des Baftions dont ils embraffent les Faces entieres. En cet état leurs longs côtez font défendus du Canon des Courtines à feu rafant, & par deux Demi-Lunes collaterales, marquées 5. & 6. qui leur donnent des Flancs fichans, de 40. à 50. toifes chacun, qu'on ne leur peut ôter; parce que la tête de cet Ouvrage voit de revers fur l'Attaque de ces Pieces, & les foutient jufqu'à ce qu'on s'en foit rendu le maître.

Or fuppofons la Place bien revêtuë; l'Ouvrage à Corne & fa Demi-Lune avec les deux côtez auffi revêtus; fes Foffez profonds & revêtus; & le tout environné d'un Chemin couvert bien conditionné: ce qui eft une des grandes perfections que l'on puiffe donner à la Fortification. Il ne faut pas moins de tems, de précautions & de travail pour fe rendre maître de l'Ouvrage à Corne, que pour le front du Corps de la Place bien baftionné ; & lorfqu'il eft pris, la Place demeurant en fon entier, il faut faire de nouvelles Attaques contre la Place par le dedans de la Gorge, qui eft un lieu toujours fort dangereux. Pour juger du mérite d'un
Ou-

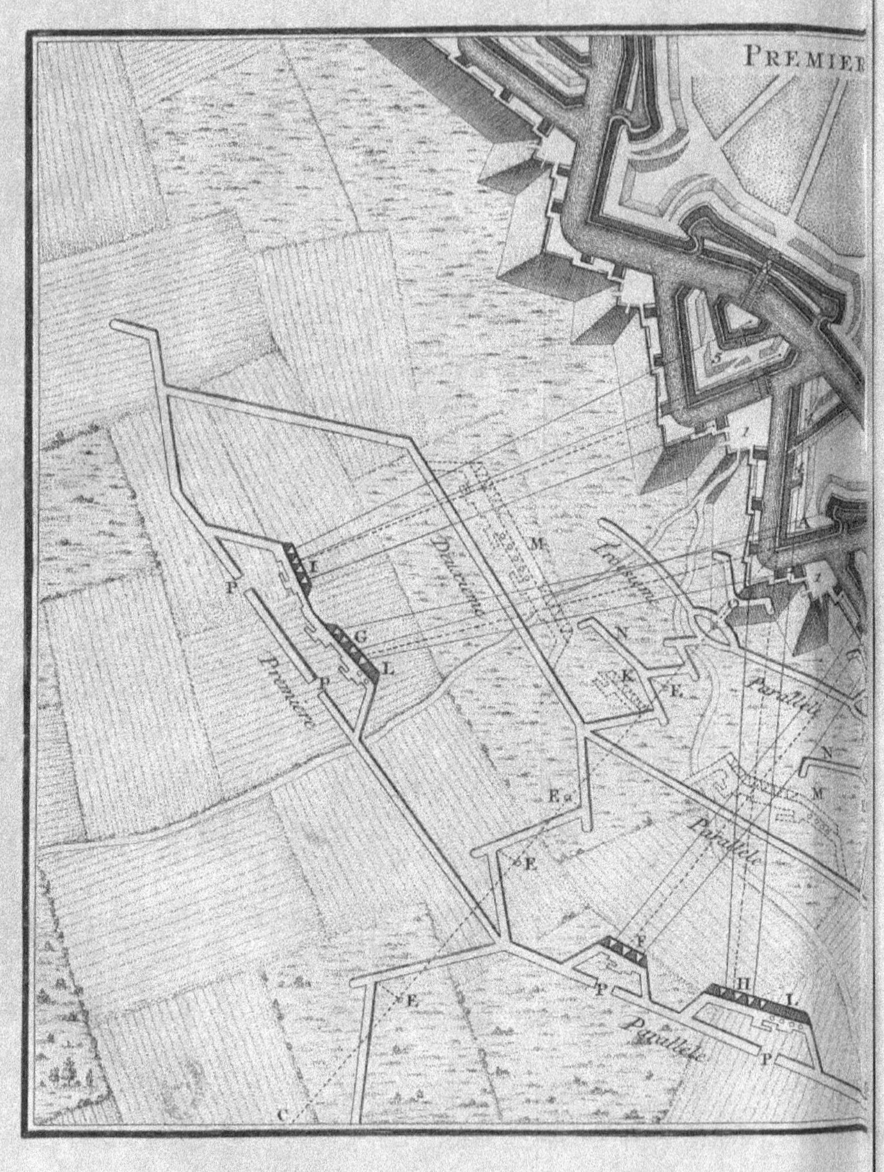
PREMIER
Deuxieme
Troisieme
Premiere
Parallele
Parallele
Parallele
M
N
K
E
G
L
I
P
C
H

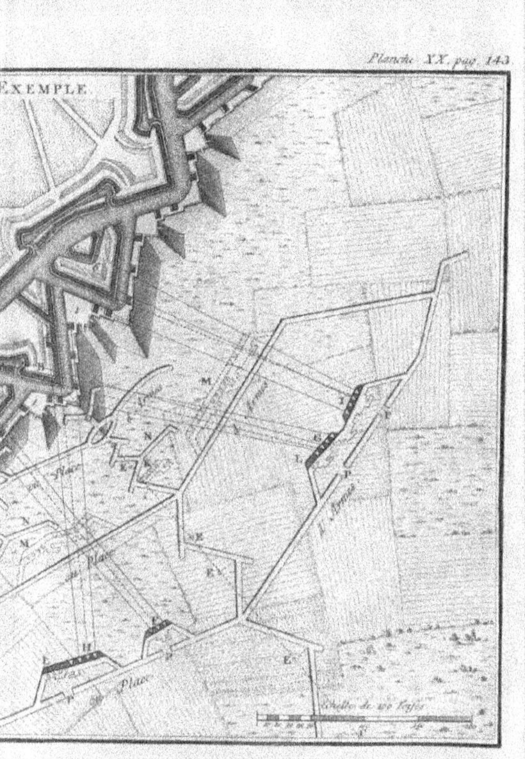

ATTAQUES REGULIERES

D'un Ouvrage à Corne placé sur la Capitale d'un Bastion.

1 Chemin couvert de l'Ouvrage à Corne attaqué.

2 Demi-Lune.

3 L'Ouvrage à Corne.

4 Traverses & Retranchemens dans ledit Ouvrage.

5 6 } Demi-Lunes collaterales.

7 Bastion du Corps de la Place.

A B } Deux-Bastions de l'Ouvrage à Corne.

C Prolongement des Capitales de ces deux Demi-Bastions.

D Prolongement de la Capitale de la Demi-Lune 2.

E Piquets sur le prolongement des Capitales pour servir à la conduite des Attaques.

F Batteries à Ricochets des deux Faces & du Chemin-couvert de la Demi-Lune 2.

G Batteries à Ricochets des deux Faces & du Chemin-couvert des Demi-Bastions A. & B.

H Batteries à Ricochets des deux longs côtés de l'Ouvrage à Corne.

I Batteries à Ricochets des Faces & du Chemin-couvert des deux Demi-Lunes collaterales 5. & 6. qui voyent sur les Attaques.

K Places où l'on pourroit mettre les Batteries à Ricochets des Demi-Faces & du Bastion 7.

L Batteries à Bombes.

M Places sur la Deuxieme Ligne où l'on pourroit mettre les Batteries à Ricochets & à Bombes s'il étoit nécessaire de les changer.

N Demi-Places d'Armes.

O Cavaliers de Tranchée qui enfilent le Chemin-couvert.

P Passages de Fascines pour mener le Canon & les Mortiers à leurs Batteries.

Planche XXI. pag. 113.
Echelle de cent cinquante Toises.

SUITE DES ATTAQUES

D'un Ouvrage à Corne placé sur un Bastion.

Cavaliers de Tranchée.

Batteries de Pierriers.

Batteries en brèche de la Demi - Lune de la Corne.

Batteries contre les Défenses de cette Demi - Lune.

Passages du Fossé de la Demi - Lune.

Logemens sur la même.

Batteries contre les Flancs des Demi - Bastions de l'Ouvrage à Corne.

Batteries en brèche de ces deux Demi - Bastions.

Batteries contre la Courtine.

Passages du Fossé des deux Demi - Bastions de la Corne.

Logemens sur les Demi - Bastions & dans l'Ouvrage à Corne.

Passages du Fossé des Retranchemens de l'Ouvrage à Corne.

Logemens dans les Retranchemens.

Batteries contre les Défenses des Demi - Lunes collaterales.

Batteries en brèche de ces Demi - Lunes.

Passages du Fossé de ces Demi - Lunes.

Logemens dans les Demi - Lunes.

Batteries en brèche contre les Reduits u.

Passages du Fossé de ces Reduits.

Logemens dans ces Reduits.

Ponts de Fascines & Chemins pour mener le Canon dans l'Ouvrage à Corne.

Batteries contre les Défenses du Bastion 7.

Batteries en brèche du même Bastion.

Passages de son Fossé.

Logemens sur ce Bastion.

Logemens sur le bord du Fossé du Retranchement.

Passages du même Fossé.

Ouvrage à Corne placé de cette façon, par rapport à ceux qu'on érige sur les Courtines, faites attention que pour pouvoir s'en rendre maître, il faut prendre son Chemin couvert marqué 1., sa Demi-Lune 2., l'Ouvrage à Corne 3., les Traverses 4., les deux Demi-Lunes collaterales 5. & 6.: ce qui ne vous mene qu'à un Baftion 7., que vous êtes après cela obligé d'attaquer par les deux Faces avec beaucoup d'incommodité. Cependant tout cela ne produit que l'équivalent d'une Attaque, & voilà cinq Pieces à prendre, jointes aux Retranchemens intérieurs de cet Ouvrage, qui méritent encore quelque confideration.

Mais quand ces Ouvrages à Corne font situez fur le milieu des Courtines, comme dans les Planches XXII. & XXIII., on n'a à prendre que le Chemin couvert 1., la Demi-Lune de fa tête 2., la Corne 3., avec les Traverses 4., quelquefois une Demi-Lune 5., qui pour l'ordinaire eft petite & de peu de défenfe, par les fupérioritez que l'élevation du Rempart prend fur elle. Tout cela ne fait que quatre Pieces à prendre, & cependant la prife de cet Ouvrage vous mene aux deux Baftions 6. & 7. avec bien plus de commodité, que la prémiere Corne ne fait à l'unique Baftion 7. de la Planche XX.

Il s'enfuit donc, que les Ouvrages à Corne placez fur les Capitales prolongées des Baftions, font en tout préférables à ceux qui font fur les Courtines : ce qui fe pratique auffi préfentement autant que le terrain le peut permettre.

Lorfqu'une Place fera accompagnée de femblables Pieces, on fera bien d'éviter autant qu'on le pourra de les attaquer : mais lorfque l'on fera obligé de le faire, il faut s'y prendre comme au Corps de la Place, & y employer les Tranchées, Places-d'Armes, Cavaliers, Batteries à Ricochets, de même que par-tout ailleurs.

La

La Planche XX. montre la meilleure figure qu'on puisse donner à cet Ouvrage, & en même tems la disposition de ses Attaques, sur le prolongement de ses Capitales A. C. & B. C., & celle des Batteries à Ricochets : cette Planche montre enfin les Attaques complettes, telles qu'elles se peuvent conduire en terrain uni.

Comme elles sont entierement semblables aux Attaques dont nous avons parlé, de même que les Descentes de Fossé, nous ne dirons rien de particulier jusqu'à la prise de la Corne. Mais lorsqu'on s'en sera rendu maître, il faudra loger 3. ou 4. pieces de Canon sur chacun des deux Demi-Bastions, & 6. ou 8. sur le milieu de la Courtine, pour être employées

1. Contre les Retranchemens & Traverses du dedans.

2. Contre le Bastion, dont il faudra battre les Défenses; & si on pouvoit plonger le Canon assez bas, pour le battre en bréche. Si cela ne se peut pas, il faut occuper son Chemin couvert à l'ordinaire, & y établir des Batteries, comme il est proposé aux endroits L. O., pour faire bréche aux Faces dans le tems qu'on travaillera au Passage de leur Fossé.

Pendant que la Tranchée s'avancera par le dedans de l'Ouvrage à Corne, on marchera aux Demi-Lunes collaterales 5. & 6., dont la prise suivra celle de cet Ouvrage à quelques jours près. La Planche XXI. montre la disposition de ces Attaques depuis le Chemin couvert jusqu'à la Place : de même que la situation des Batteries intérieures, les ruptures & rasemens des Remparts à faire pour faciliter le chemin du Canon aux Batteries du Chemin couvert.

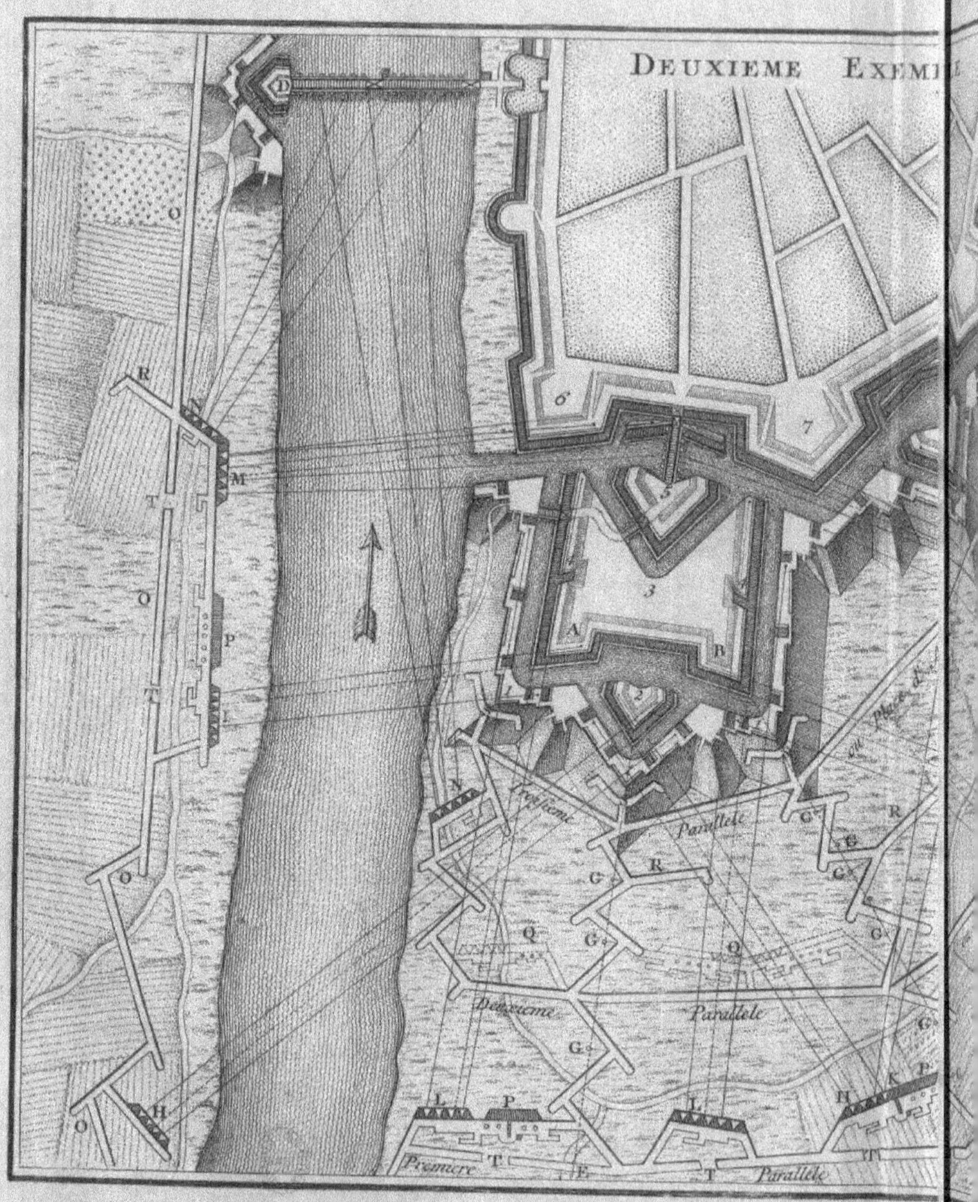

DEUXIEME EXEMPLE
D
O
R
M
T
O
P
T
O
O
H
O
6
7
5
3
A
B
2
1
N
au Place de
Magasin
Parallele
G
G
R
G
R
Q
G
Q
G
Deuxieme
Parallele
G
L
P
L
H
K
P
Premiere
T
E
T
Parallele
T

ATTAQUES

D'un Ouvrage à Corne placé fur une Courtine.

1 *Chemin couvert de l'Ouvrage à Corne attaqué.*

2 *Sa Demi-Lune.*

3 *L'Ouvrage à Corne.*

4 *Traverfes dans l'Ouvrage à Corne.*

5 *Demi-Lune du Corps de la Place.*

6) 7) *Baſtions du front de l'Attaque.*

A) B) *Demi-Baſtions de l'Ouvrage à Corne.*

C *Demi-Lune collaterale.*

D *Demi-Lune qui couvre la tête du Pont.*

E *Prolongement de la Capitale de la Demi-Lune. 2.*

F *Prolongement de la Capitale du Demi-Baſtion. B.*

G *Piquets garnis de paille ou de mèche allumée pour fervir à la conduite des Attaques.*

H *Batteries à Ricochets des deux Faces & du Chemin couvert de la Demi-Lune. 2.*

I *Batteries à Ricochets des deux Faces & du Chemin couvert des deux Demi-Baſtions A. & B.*

K *Batteries à Ricochets de la Demi-Lune collaterale C. & de fon Chemin couvert.*

L *Batteries à Ricochets des deux côtez & des deux Traverfes de l'Ouvrage à Corne.*

M *Batteries à Ricochets des Baſtions 6. & 7. & contre la communication de la Demi-Lune. 5.*

N *Batteries de côté & d'autre de la riviere, pour rompre le Pont & battre de revers la Demi-Lune D. qui le couvre.*

O *Tranchée qui va chercher la tête du Pont.*

P *Batteries à Bombes.*

Q *Placés fur la Deuxieme Ligne, où l'on pourroit mettre les Batteries à Ricochets & à Bomber, s'il étoit néceſſaire de les changer.*

R *Demi-Places d'Armes.*

S *Cavaliers de Tranchée qui enfilent le Chemin couvert.*

T *Paſſages de Faſcines pour mener le Canon & les Mortiers à leurs Batteries.*

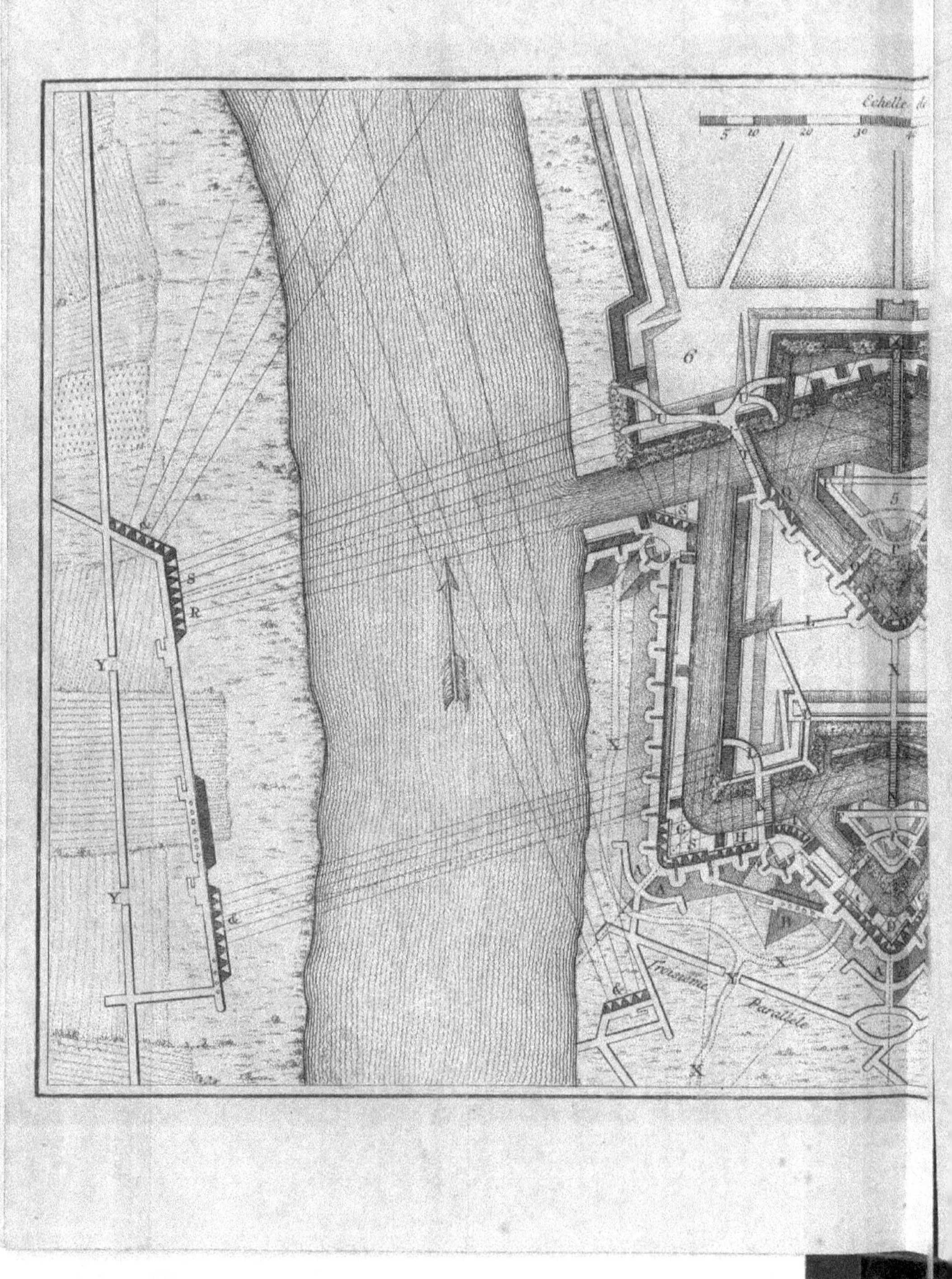

Echelle de
5 10 20 30 4
6
5
S
R
Y
Y
X
X
N
Troisieme
Parallèle
X

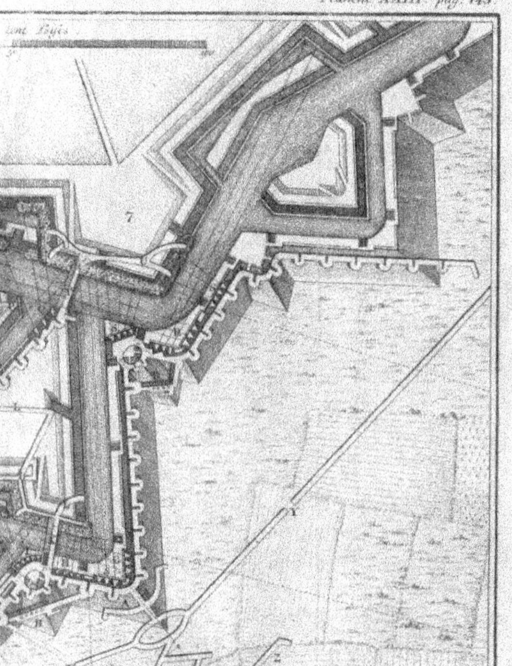

SUITE DES ATTAQUES

D'un Ouvrage à Corne, placé sur une Courtine.

A *Cavaliers de Tranchée.*
B *Batteries de Pierriers.*
C *Batteries en brèche de la Demi - Lune de la Corne.*
D *Batteries contre les Défenses de la Demi - Lune.*
E *Passages du Fossé de cette Demi - Lune.*
F *Logemens sur la même.*
G *Batteries contre les Flancs des Demi - Bastions de la Corne.*
H *Batteries en brèche de ces Demi - Bastions.*
I *Batteries contre la Courtine de la Corne.*
K *Passages du Fossé des deux Demi - Bastions.*
L *Logemens sur les Demi - Bastions & dans l'Ouvrage à Corne.*
M *Batteries en brèche de la Demi - Lune 5.*
N *Batteries contre les Défenses de la Demi - Lune.*
O *Passages du Fossé de la Demi - Lune.*
P *Logemens dans la même.*
Q *Batteries contre la Courtine du Corps de la Place.*
R *Batteries contre les Défenses des Bastions 6. & 7.*
S *Batteries en brèche de ces Bastions.*
T *Passages du Fossé des mêmes.*
U *Logemens sur lesdits Bastions.*
X *Chemins pour mener le Canon & les Mortiers à leurs Batteries.*
Y *Passages de Fascines pour mener le Canon & les Mortiers aux Batteries.*
Z *Demi - Places d'Armes.*
& *Batteries de côté, & autres qui traversent la Rivière.*

ATTAQUES

D'une Place entourée de Fausses-Brayes.

A B } *Bastions du front de l'Attaque.*

C *Demi-Lune du même front.*

D *Fausses-Brayes.*

E F } *Demi-Lunes collaterales.*

G *Prolongement des Capitales des Bastions attaquez A. B.*

H *Prolongement de la Capitale de la Demi-Lune C.*

I *Piquets sur l'alignement des Capitales garnis de paille ou de méche allumés pour servir à la conduite des Attaques.*

K *Batteries à Ricochets des deux Faces & du Chemin couvert de la Demi-Lune C.*

L *Batteries à Ricochets des Bastions A. B. & de leurs Fausses-Brayes.*

M *Batteries à Ricochets des Faces & du Chemin couvert des Demi-Lunes collaterales E. F. qui voyent sur les Attaques.*

N *Batteries à Bomber.*

O *Places sur la Seconde Parallele ou l'on pourroit mettre les Batteries à Ricochets & à Bomber, s'il étoit nécessaire de les changer.*

P *Demi-Places d'Armes.*

Q *Cavaliers de Tranchée qui enfilent le Chemin couvert.*

R *Passages de l'Esplanade pour mener le Canon & les Mortiers à leurs Batteries.*

S *Première Parallele ou Place d'Armes.*

T *Deuxieme Parallele ou Place d'Armes.*

V *Troisieme Parallele ou Place d'Armes.*

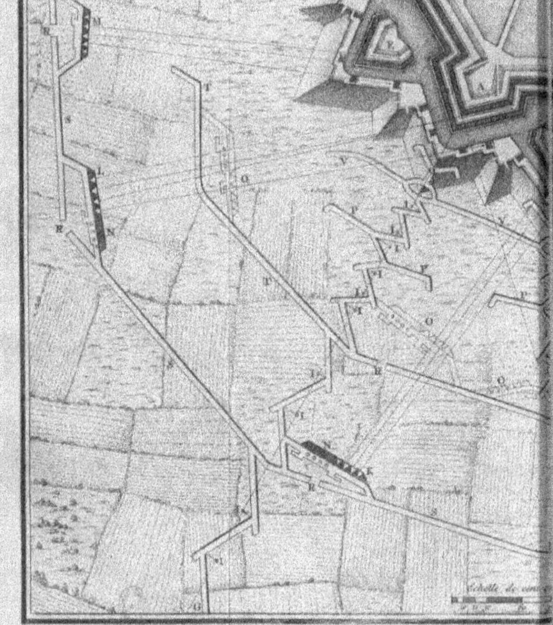

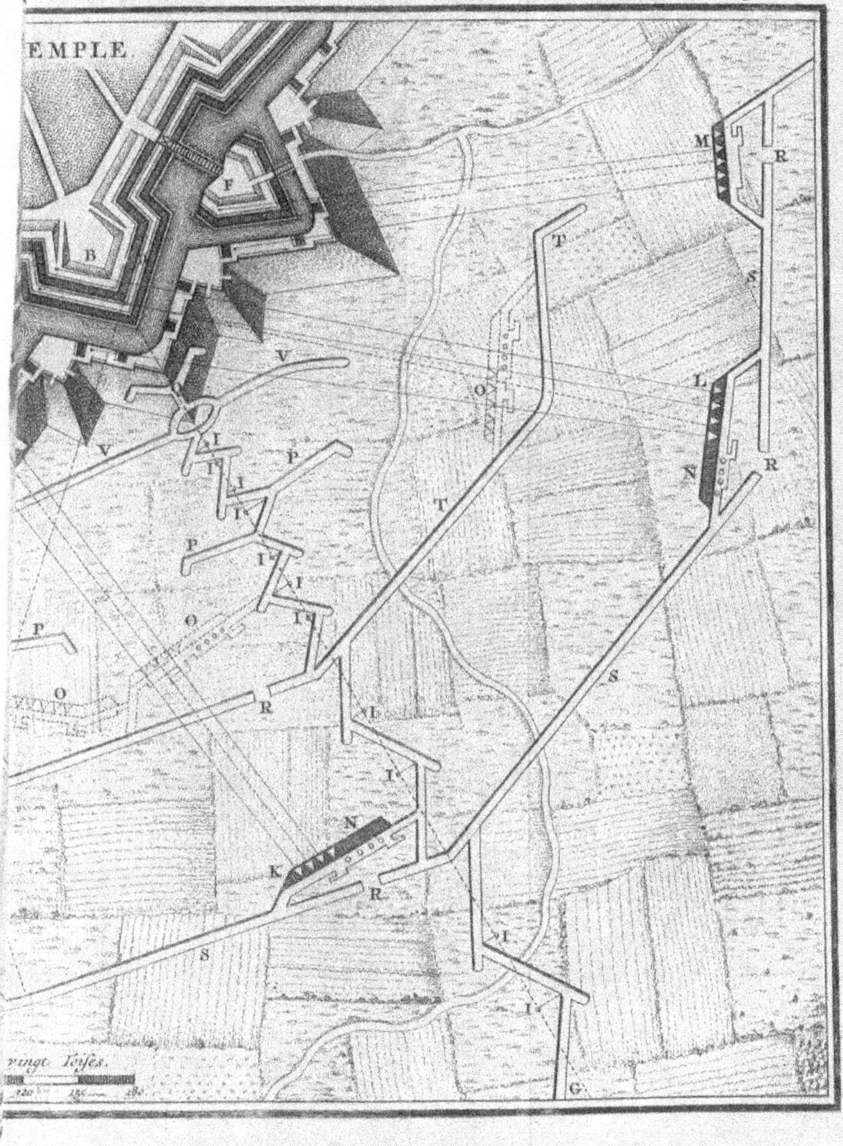
EMPLE
M
R
T
S
L
R
N
F
B
V
V
I
P
I
I
I
P
I
I
O
I
I
P
O
R
I
I
N
K
R
S
I
I
G
O
T
S
vingt Toises.

SUITE DES ATTAQUES

D'une Place entourée de Fauffes-Brayes.

A
B } *Baftions du front de l'Attaque.*

C *Demi-Lune du même front.*

D *Fauffes-Brayes.*

a *Demi-Places d'Armes.*

b *Cavaliers de Tranchée.*

c *Batteries de Pierriers.*

d *Batteries en brèche contre la Demi-Lune C.*

e *Batteries contre les Défenfes de cette Piece.*

f *Paffages du Foffé de cette Demi-Lune.*

g *Logemens dans la même.*

h *Batteries contre les Défenfes des Baftions A. & B. & celles de leurs Fauffes-Brayes.*

i *Batteries en brèche de ces Baftions.*

k *Batteries contre la Courtine.*

l *Paffages du Foffé des Baftions A. & B.*

m *Logemens fur ces Baftions & leurs Fauffes-Brayes.*

n *Paffages de Fafcines pour mener le Canon & les Mortiers à leurs Batteries.*

Les Retranchemens o. dans les Baftions A. & B. doivent s'attaquer comme celui du Baftion de la Planche XXI.

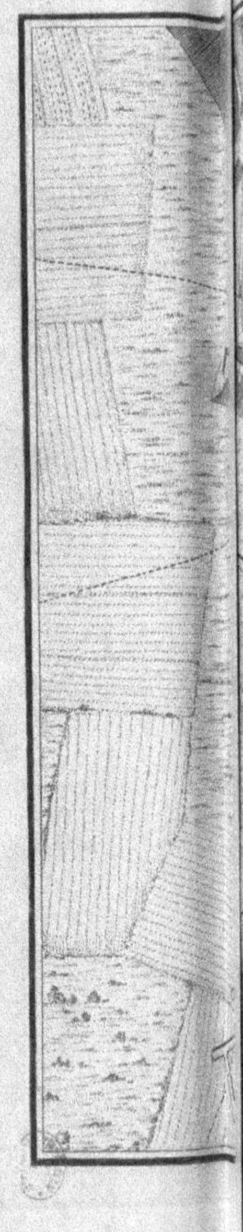

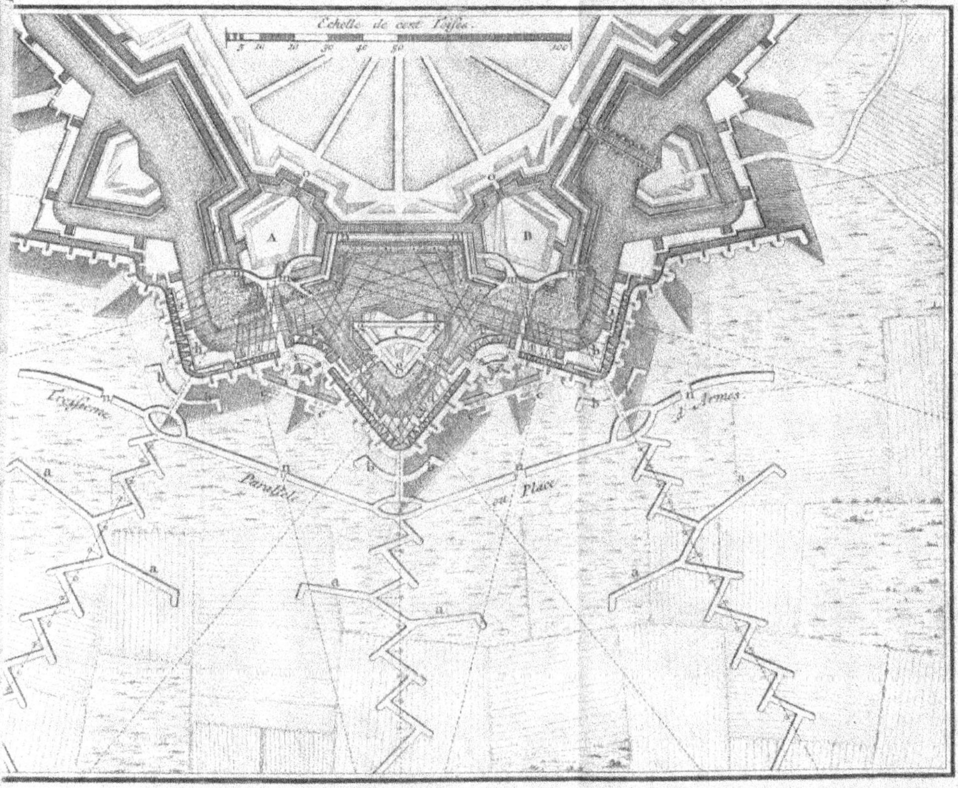

Planche XXV. pag. 146.
Echelle de cent Toises.
5 10 20 30 40 50 100
A
D
Contrescarpe
de Jemes
Parallèle
la Place

SECOND EXEMPLE.

ATTAQUES D'UNE PLACE SITUE'E SUR UNE GRANDE RIVIERE.

SOIT une tête de Place, dont l'Attaque a été résoluë, bâtie fur le bord d'une riviere de 80. ou 100. toifes de large, avec un Pont deffus, fait de batteaux ou fur pilotis; foutenu à la tête par une efpece de Dehors ou petit Fort D.; & le front attaqué de cette Place renforcé par un Ouvrage à Corne fait comme la figure 3., & la Tranchée avancée jufqu'à la Troifieme Place d'Armes. Nous reprendrons les Attaques pour les conduire à leur fin, fuivant l'ordre ci-devant préfcrit pour la Difpofition générale des Attaques, dont il ne faut jamais s'éloigner jufqu'à la prife de la Corne. Lorfque cela fera fait, il faudra établir des Batteries fur les Demi-Baftions de la même Corne, comme dans le prémier Exemple, & percer dans l'Ouvrage par les Angles rentrans de la Courtine & des Flancs &c., de-là marcher en avant vers les Traverfes 4., comme il eft marqué au Plan.

A mefure qu'on fe rend maître de cette Corne 3., on doit couler le long des Chemins couverts, & continuer la Tranchée vers les Baftions, en fe dirigeant par les Capitales. On s'approchera des Angles du Chemin couvert, dont on fe pourra emparer peu de tems après la prife de la Corne; le furplus fe doit conduire à l'ordinaire. I. & M. marquent les Places des Batteries à Ricochets à prendre de l'autre côté de la riviere. O. eft une Tranchée allant à la tête du Pont. N. & M. font des Batteries pour tirer aux Ponts, & couper la Communication. Le furplus des Attaques regarde la Conduite ordinaire, & par conféquent n'a pas befoin d'une plus grande explication.

T

TROI-

TROISIEME EXEMPLE.

ATTAQUES D'UNE PLACE ENTOUREE DE FAUSSES-BRATES.

S'IL étoit queſtion de l'Attaque d'une Place, où il y eût des Fauſſes-brayes : ce qui eſt une Défenſe double, baſſe, & raſante, très contraire au Paſſage du Foſſé de la Place, on pourra la rendre inutile par l'effet du Ricochet, qui eſt leur grand deſtructeur ; & par les Batteries du Chemin couvert, qui les enfilent de revers & de plongée ; de ſorte qu'on les fait aiſément abandonner. Comme l'Ennemi y peut revenir de tems en tems, & vous obliger à abandonner le Paſſage du Foſſé avec grande perte, pour peu qu'on y demeure; le mieux eſt d'en couvrir la tête par cette montagne de Faſcines dont il eſt parlé au Paſſage des Foſſez, Planche XIV. Il faut ajouter l'uſage toujours prêt des Bombes & des Pierres.

QUA-

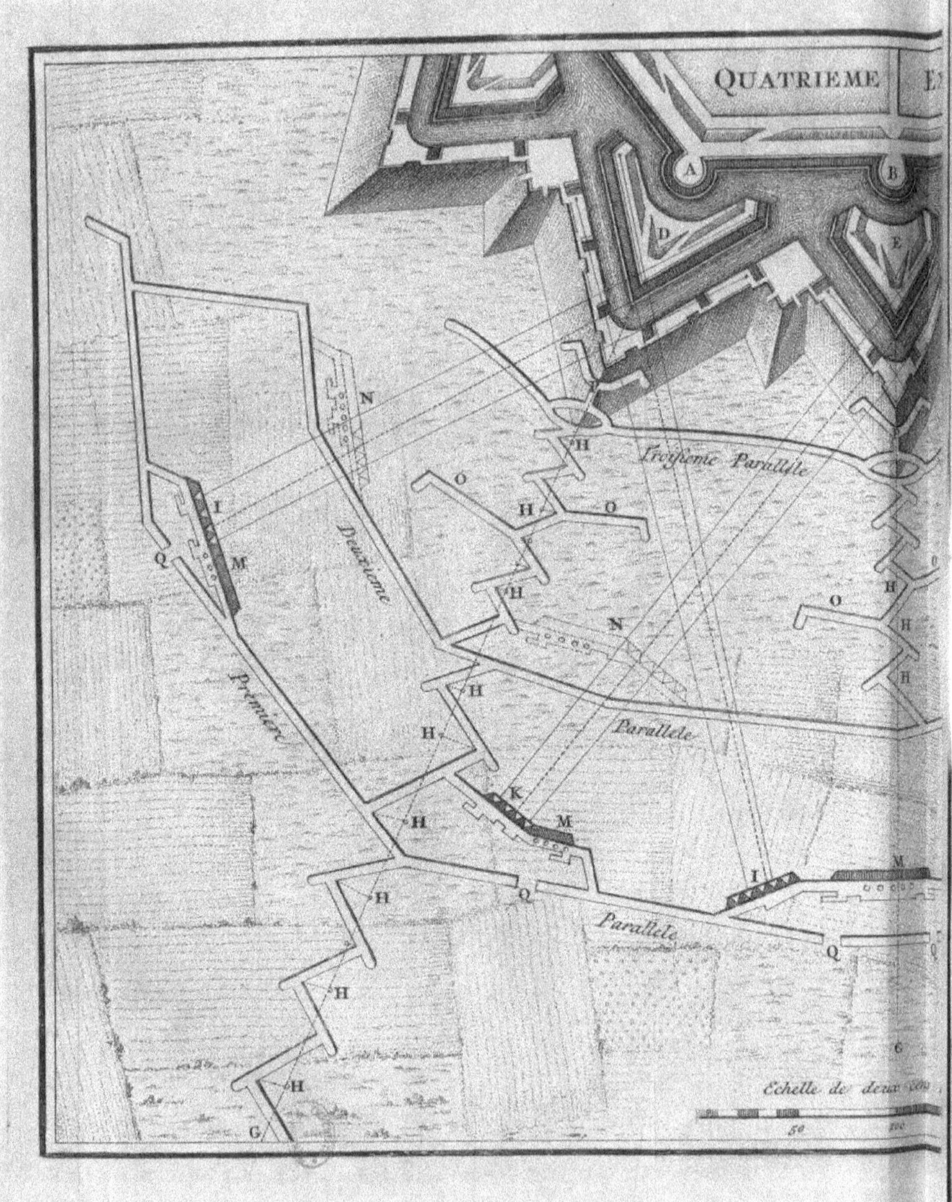

QUATRIEME
A
B
D
E
N
H
Troisieme Parallele
O
H
O
I
Q
M
Deuxieme
N
H
H
Premier
Parallele
H
H
K
M
H
Q
I
M
H
Parallele
Q
Q
H
6
H
Echelle de deux cens
G
50
100

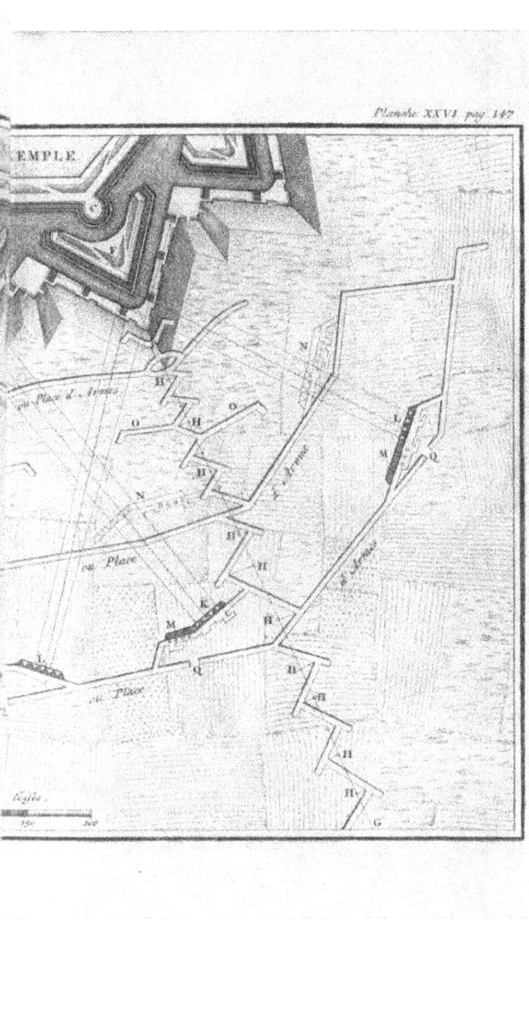

ATTAQUES

D'une vieille Place, qui n'est flanquée que par des Tours, & couverte de Dehors à la moderne.

A
B } Tours de la vieille Enceinte qui forme le Front de l'Attaque.
C

D
E } Dehors qui couvrent les Tours.
F

G Prolongement des Capitales des Pièces D. E. F.

H Piquets sur l'alignement des Capitales, garnis de paille ou de mèche allumée, pour servir à la conduite des Attaques.

I Batteries à Ricochets des deux Faces & du Chemin-couvert de la Pièce D.

K Batteries à Ricochets des deux Faces & du Chemin-couvert de la Pièce E.

L Batteries à Ricochets des deux Faces & du Chemin-couvert de la Pièce F.

M Batteries à Bombes.

N Places sur la Seconde Parallèle où l'on pourroit mettre les Batteries à Ricochets & à Bombes, s'il étoit nécessaire de les changer.

O Demi-Places d'Armes.

P Cavaliers de tranchée qui enfilent le Chemin-couvert.

Q Passages de Fascines pour mener le Canon & les Mortiers à leurs Batteries.

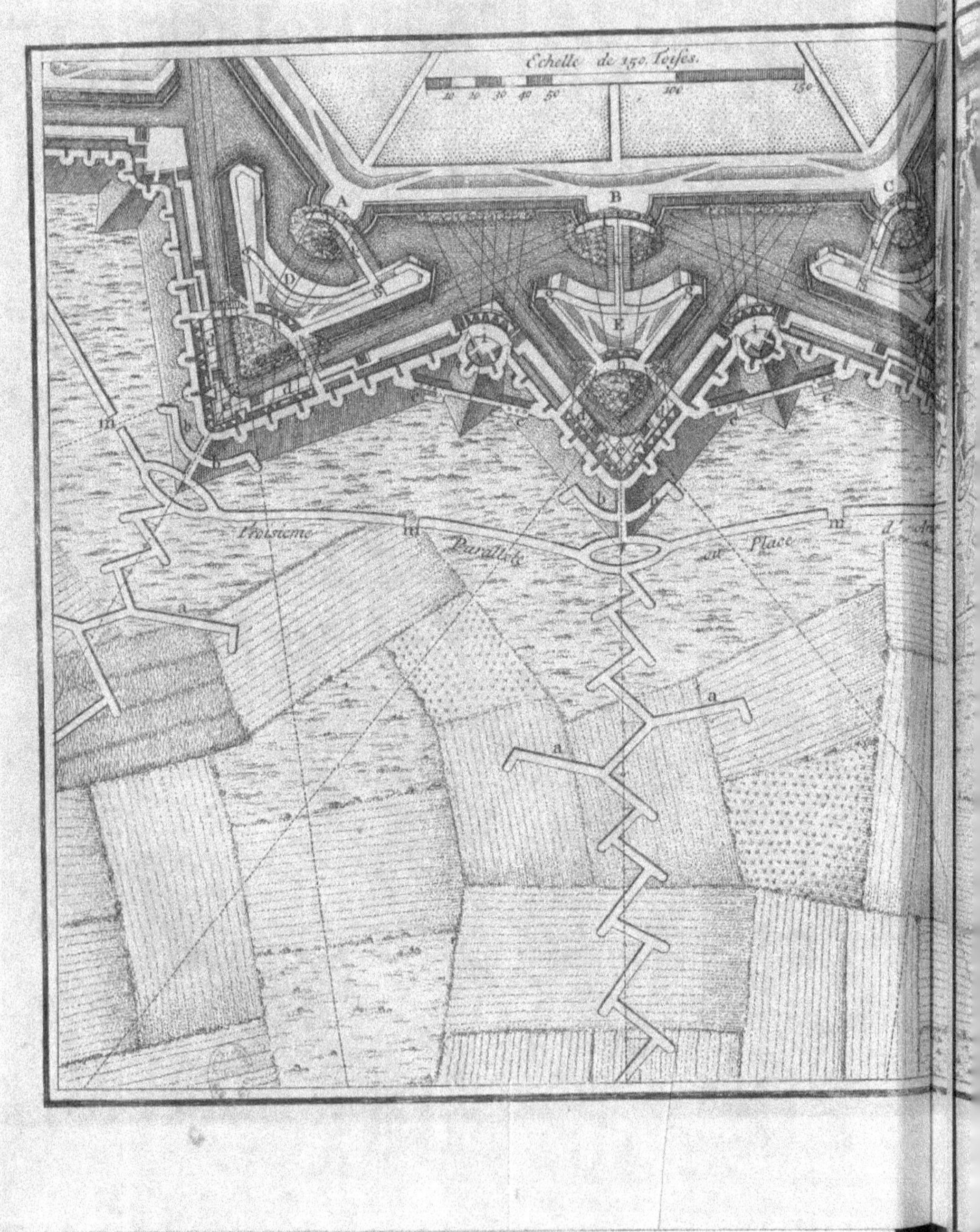

Echelle de 150. Toises.
10 20 30 40 50 100 150
A
B
C
D
E
Troisieme Parallele au Place

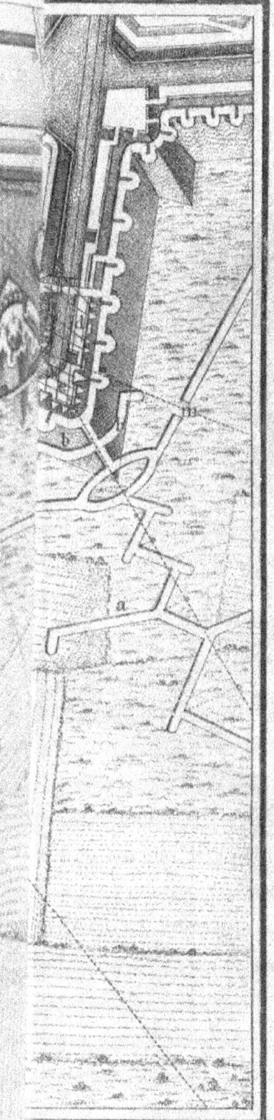

SUITE DES ATTAQUES

D'une Place entourée d'une vieille Enceinte, couverte en dehors à la moderne.

A
B } *Tours de la vieille Enceinte.*
C

D
E } *Dehors qui couvrent les Tours.*
F

a *Demi-Places d'Armes.*

b *Cavaliers de Tranchée.*

c *Batteries de Pierriers.*

d *Batteries en brèche des Pieces D. E. F. qui couvrent les Tours.*

e *Batteries contre les Défenses de ces trois Pieces.*

f *Passages des Fossez de ces Pieces.*

g *Logemens sur les mêmes Pieces.*

h *Batteries en brèche des Tours A. B. C.*

i *Batteries contre les Courtines.*

k *Passages du Fossé des Tours A. B. C.*

l *Logemens sur les mêmes.*

m *Passages de Fascines dans la Troisieme Ligne pour mener le Canon & les Mortiers à leurs Batteries.*

QUATRIEME EXEMPLE.

ATTAQUES D'UNE PLACE ENTOU-RE'E D'UNE VIEILLE ENCEINTE, COUVERTE DE DEHORS A LA MODERNE.

QUAND on attaque de vieilles Places, dont les Corps ne font flanquez que par des Tours à revêtement, terraffées, & fondées fur Bermes; il s'en rencontre affez communement qui, ayant de bons Foffez, font d'ailleurs environnées de Dehors qui fuppléent au défaut des Baftions, telles que font Tournay, Doüay, Barcelonne, & autres. On les attaque par Tranchées & Batteries, comme les autres. A leur égard les Ricochets, les Places d'Armes, & les Sapes, peuvent être d'ufage ainfi qu'aux autres Places.

Soit donc un front de Place attaqué A. B. C., comme le plus foible, ayant fes Remparts à l'ordinaire environnez d'un bon Foffé tout au tour, & d'une ceinture de Dehors, difpofez, comme il eft figuré par D. E. F.: il en faudra diriger les Attaques à l'ordinaire, en y employant les trois Places d'Armes, les Lignes de direction, les Batteries, Sapes & Tranchées, ainfi qu'à toutes les autres.

Il y a plufieurs vieilles Places qui font fortifiées de cette forte, & qui ne laiffent pas que d'être affez bonnes. Cependant fi le Foffé eft fec, & les Dehors de terre, non revê-

T 2

tus,

tus, de groſſes Batteries bien placées les mettent bien-tôt en deſordre par la rupture de leurs Fraiſes & de leurs Paliſſades, ainſi que par le dechirement de leur Gazonnage, & de leurs Hayes vives, s'il y en a.

Rarement après le Chemin couvert perdu , & les Deſcentes & Paſſages des Foſſez avancez, les Garniſons attendent une inſulte générale; principalement ſi le Corps de la Place eſt fort endommagé & ouvert.   C'eſt pourquoi il faut auſſi plonger le Corps de la Place par les Batteries à Ricochets I. K. L., & battre en bréche de celles des Places d'Armes, en même tems qu'on travaille au Paſſage des Foſſez E. La défenſe de ces Dehors des Foſſez ſecs eſt fort dangereuſe , quand les Batteries des Aſſiégeans ſont bien leur devoir : car croiſant de toute part, il n'y a gueres de Fraiſes ni de Paliſſades qui n'en ſoient rompuës.

Si les Foſſez ſont pleins d'eau, c'eſt autre choſe.   On ne peut entreprendre le Paſſage du Foſſé de toutes ces Pieces, tant que leur communication avec la Place peut ſubſiſter; mais quand les communications ſont rompuës, il eſt fort dangereux pour l'Aſſiégé de ſoutenir ces Pieces de vive force; parce que ſi elles ſont auſſi vivement battuës du Canon & des Bombes, il eſt fort difficile que les Retranchemens, non plus que les communications puiſſent ſubſiſter.   En ce cas le plus ſûr pour ceux qui les défendent, quand ils ſe voyent en cet état, eſt de n'y hazarder que peu de monde à la fois, & de ne pas attendre l'extrêmité.

Il n'en eſt pas de même du Corps de la Place, s'il a un bon Foſſé.   Comme on ne pourra l'aborder, que par les comblemens & Paſſages qu'on y fera; s'il n'y a pas pluſieurs bréches & même aſſez grandes, la Garniſon, ſelon qu'elle ſera forte, pourra hazarder d'y ſoutenir un aſſaut ou deux; parce qu'on ne pourra aller à eux qu'en défilant.   Il n'en ſeroit

roit pas de même, s'il y avoit des Batteries à Ricochets
qui enfilaſſent le Rempart par les deux bouts.   Pour lors il
ne ſeroit pas au pouvoir de la Garniſon de s'y préſenter en
groſſes troupes, à moins que le Rempart ne fût fréquemment traverſé: ce qui ne ſeroit pas capable d'empêcher qu'il
ne fût emporté, ſi les bréches étoient grandes, & les Aſſiégeans en état de s'aſſembler au pied des bréches avant que
de monter.

CINQUIEME EXEMPLE.

ATTAQUES D'UNE PLACE SITUE'E DANS UN MARAIS.

SUPPOSONS une autre Place, tellement environnée de Marais, qu'on ne la puisse aborder que par des Chaussées.

Si ces Marais ont quelque écoulement, il ne faudra pas manquer de le rechercher, & de les dessécher tant qu'on pourra: c'est-à-dire, en tout ou en partie, & d'en détourner en même tems les eaux qui les forment, & les entretiennent, soit ruisseaux ou rivieres: ce qui se doit faire dès le commencement du Siége, & se fait assez facilement en pays plat. Mais si tout cela ne suffit pas, & qu'on n'en puisse venir à bout, il faudra s'y prendre d'autre façon, & tâcher d'aborder la Place par les Chaussées. En ce cas on en examinera la largeur, l'élevation au-dessus du Marais, & le terrain sec de leur droite & de leur gauche qui les borde; & sur-tout si ces Chaussées sont enfilées de la Place en tout ou en partie. Si les Chaussées n'ont d'élevation que celle qui est nécessaire au desséchement des chemins, c'est-à-dire, presque au niveau du Marais, cela ne vaudra rien, parce qu'on ne se pourra enfoncer sans trouver de l'eau.

Si la Chaussée est étroite, comme de deux toises, ou au-dessous, & enfilée, elle ne vaudra rien non plus, parce qu'on ne s'y pourra conduire par détours.

Si elle n'est point accompagnée à droite ou à gauche de quelques terrains secs, qui puissent servir à placer du Canon, il n'y aura pas moyen de rien faire.

Mais

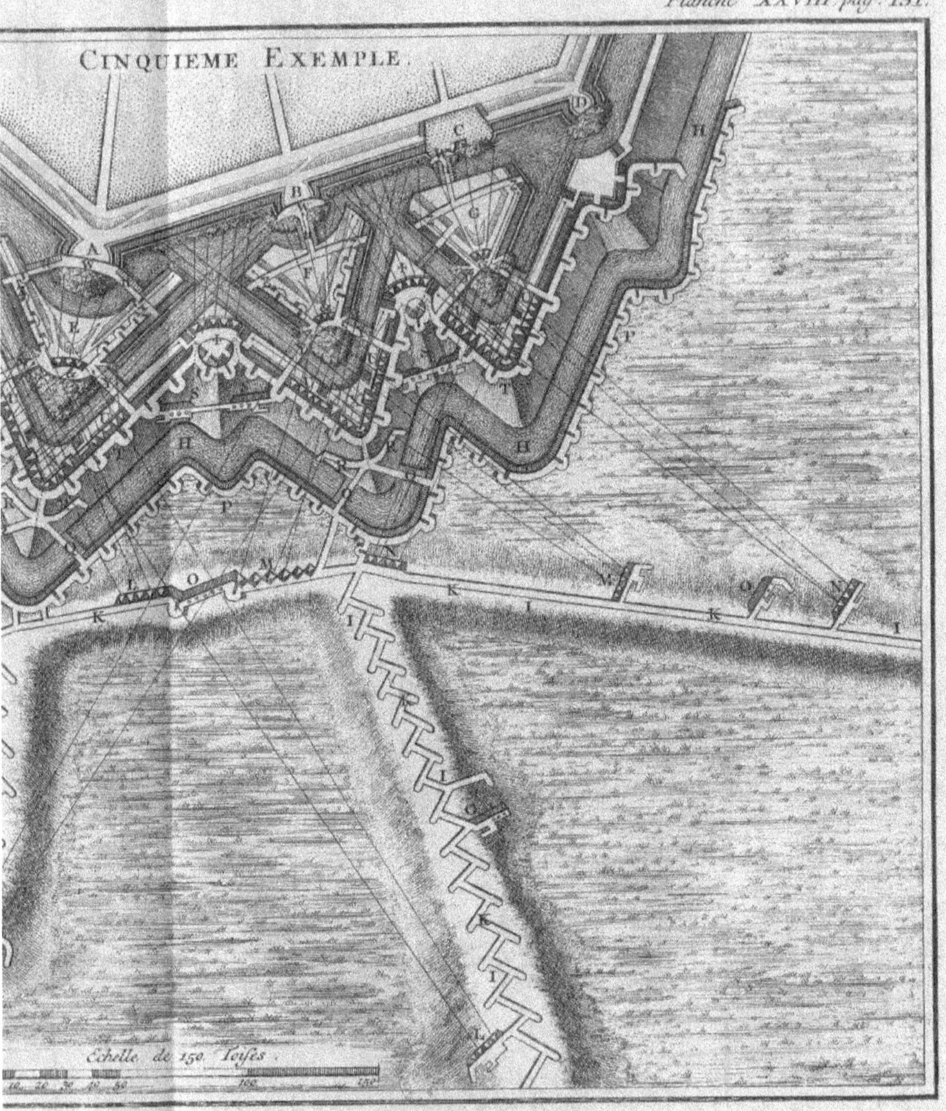
CINQUIEME EXEMPLE.
Echelle de 150 Toises.

A T T A Q U E S

Place située dans un Marais qui ne peut être approchée
que par des Digues ou des Chaussées.

qui flanquent & forment le Front de l'Attaque.

qui couvrent les Tours.

Fossé.

es ou chemins élevez qu'on suppose être les seuls abords de la Place.

es conduites sur la largeur des Chaussées.

es à Ricochets des Faces & du Chemin couvert de la Piece E.

ies à Ricochets des Faces & du Chemin couvert de la Piece F.

es à Ricochets des Faces & du Chemin couvert de la Piece G.

es à Bombes.

es qui occupent tout le bord de l'Avant-Fossé.

es de l'Avant-Fossé.

ers de Tranchée qui enfilent le Chemin couvert.

ies de Pierriers.

ées qui occupent la crête du Glacis.

ies en bréche des Pieces E. F. G.

ies contre les Défenses de ces trois Pieces.

ges des Fossez de ces Pieces.

nens sur les mêmes.

ies en bréche des Tours A. B. C.

ies contre les Courtines.

ges du Fossé des Tours.

nens sur lesdites Tours.

st à remarquer que le terrain ne permettant point de Sortie, l'on ne
ait point de Places d'Armes.

M[illegible]
à [illegible]
s'il y [illegible]
ou c[illegible]
si ple[illegible]
avez[illegible]

Il
tene[illegible]
che [illegible]
embe[illegible]
le ren[illegible]
on le[illegible]
comm[illegible]

La [illegible]
cela : [illegible]
Sieg[illegible]
laten[illegible]
touj[illegible]
auez[illegible]
à cel[illegible]

Mais si la Chaussée étoit de 5. 6. à 7. toises de large sur 3. 4. à 5. pieds de haut, avec de bons talus des deux côtez; s'il y avoit quelque terrain aux environs, élevé d'un, de deux ou de trois pieds au-dessus de la superficie du Marais ; & si plusieurs autres Chaussées pareilles concourent à la même avenuë, on pourra s'en servir faute de mieux.

Il faudra d'ailleurs examiner où l'on pourra placer les Batteries à Ricochets & à Bombes; si ce sera à droite & à gauche des Chaussées, & le plus loin qu'il se pourra, pour n'en embarasser la Tranchée que le moins qu'il sera possible. Si le terrain est si ingrat qu'on ne puisse trouver où les mettre, on les placera sur les Chaussées, en les faisant à Redans, comme les figures L. & M. le représentent.

Le Siége de Mons a été une espece de composé de tout cela: car on detourna la Troüille de la Place, & tant que le Siége dura, on travailla à l'écoulement des Marais qui avoisinent la sortie de cette riviere de la Ville, & on marcha toujours par des avenuës fort étroites. La Planche montre assez clairement le surplus de la conduite qu'on peut tenir à ces Attaques, qu'il est bon d'éviter autant qu'on le pourra.

SIXIE-

SIXIEME EXEMPLE.

ATTAQUES D'UNE PLACE SITUEE SUR UNE HAUTEUR.

SUPPOSONS préfentement une Place d'une autre efpe-ce, fituée fur une Hauteur, qui préfente pour fon foible un front fi élevé, & dont l'avenuë eft fi étroite, qu'on ne peut trouver où placer les Ricochets ; telles que font à-peu-près Charleroi, le Château de Namur, le Fort St. André de Salins, le Fort St. Pierre de Fribourg, & les Cita-delles de Perpignan & de Bayonne. Il eft certain qu'on ne pourroit pas y obferver toutes les régles préfcrites, ni pof-ter des Batteries à Ricochets par-tout où il en feroit befoin. En ce cas, il faut faire en partie ce qu'on ne peut faire en tout, & en placer où l'on peut ; car il n'y a point de Place, quelque avantageufe fituation qu'elle ait, qui ne préfente toujours une partie foible, qui peut être entreprife.

Si la fituation eft bien reconnuë, & le Ricochet placé, il eft rare qu'on ne trouve moyen d'enfiler quelques-unes des Pieces attaquées ; & c'eft à cela qu'il faut principalement s'at-tacher, fans ceffer d'agir contre les autres par les voyes or-dinaires. Quant à celles qui ne peuvent être battuës à Ri-cochets pour être trop élevées, il faut voir à quoi peut aller cette élevation à-peu-près : car fi une Piece n'eft élevée au-deffus de la fituation du Ricochet que de 5. 10. 15. à 20. toi-fes ; & que les Batteries foient diftantes de 250. 300. 350. toifes, on pourra l'enfiler par plongées. Il n'y a qu'à bien

régler

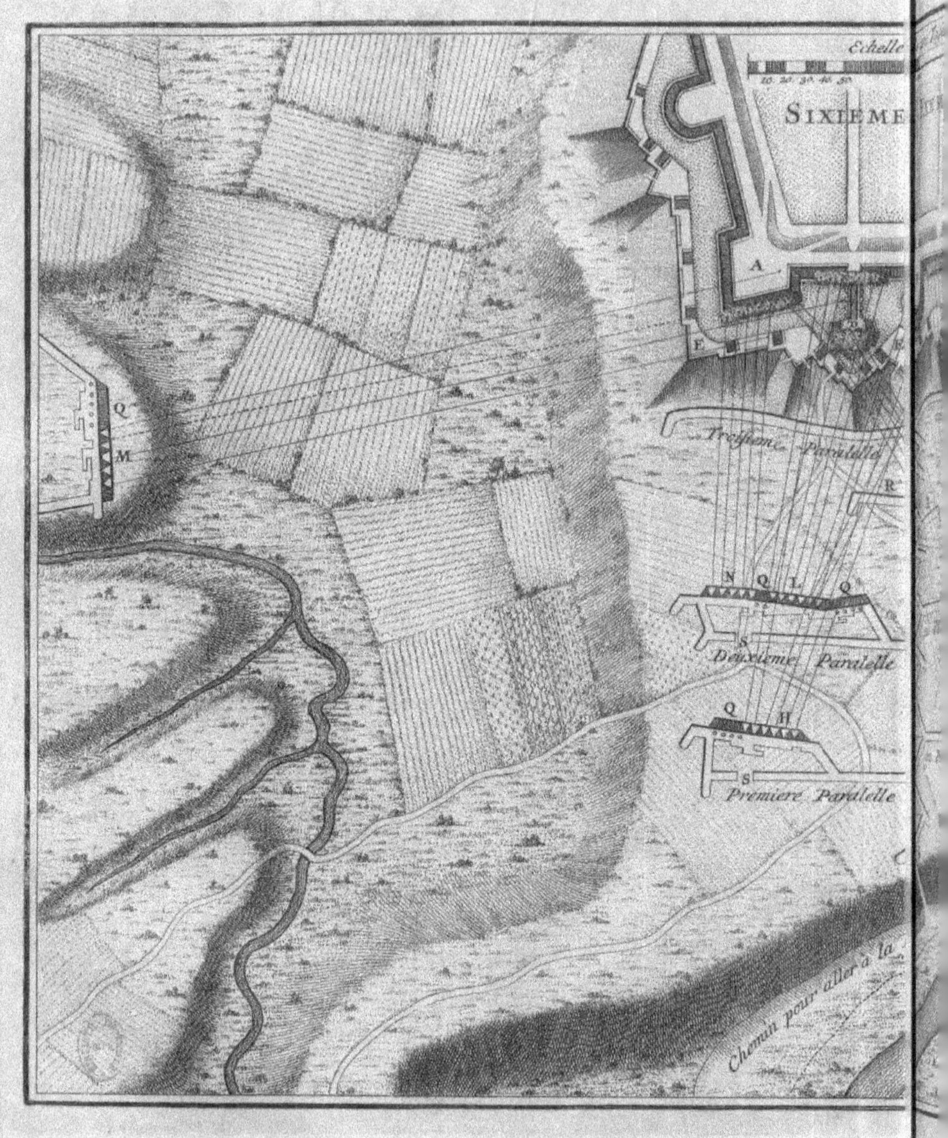
Echelle
10. 20. 30. 40. 50.
SIXIEME
A
F
Troisième Parallelle
R
N Q L Q
S
Deuxième Parallelle
Q H
S
Première Parallelle
Chemin pour aller à la
Q
M

ATTAQUES

D'une Place située sur une Hauteur, qui n'est accessible que par une avenuë étroite & difficile.

A
B } *Front de l'Attaque.*
C

D *Petite Demi-Lune.*

E *Chemin couvert.*

F *Prolongement de la Capitale de la Tour. B.*

G *Piquets sur l'alignement de cette Capitale, pour servir à la conduite des Attaques.*

H *Batterie en brêche de la Tour B. & de la Courtine entre A. & B.*

I *Batterie en brêche de la Demi-Lune D. & du Bastion A.*

K *Batterie en brêche du Bastion C. & de la Courtine entre B. & C.*

L *Autre Batterie en brêche de la Demi-Lune D, & de la Tour B.*

M *Batterie à Ricochets du Bastion A. , & de son Chemin couvert.*

N *Batterie en brêche du même Bastion.*

O *Batterie en brêche de la Tour B.*

P *Autre Batterie en brêche du Bastion C. & de la Courtine entre B. & C.*

Q *Batteries à Bombes.*

R *Demi-Places d'Armes.*

S *Passages de Fascines pour mener le Canon & les Mortiers à leurs Batteries.*

Le reste de ces Attaques doit être comme dans les Exemples précédens.

régler la charge & mollir les Ricochets, jufqu'à ce qu'on voye entrer le boulet dans la Piece, en effleurant le Parapet.

Soit, par exemple, la Face d'un Baftion attaqué A. Planche XXX. élevée de 15. toifes au-deffus du niveau de la Batterie B., & la Batterie fituée à 350. toifes de la Place. On voit par le coup de Canon tiré de la Batterie, & réglé avec certaines élevations, qu'il ne laiffera pas de la plonger, & d'y faire fon effet. Il n'y a pour cela qu'à donner la charge jufte, & il eft certain qu'on portera le boulet où l'on voudra.

Quand on ne pourra pas placer le Ricochet directement fur l'enfilade, il faudra l'ajufter un peu plus au-deffus ou au-deffous. Il ne laiffera pas d'être encore bon, & de faire effet; mais moins grand que quand il eft direct.

Au furplus, lorfque la fituation eft tellement avantageufe qu'on ne peut pas trouver où placer les Batteries à Ricochets, il faut avoir recours aux Batteries directes, & les faire croifer tant qu'on peut. Mont-royal, ci-devant une des meilleures Places d'Europe, étoit abfolument inacceffible au Ricochet de tous les côtez.

Toutes les Places qui font fituées fur des élevations plus grandes que 12. ou 15. toifes, font prefque hors d'atteinte au Ricochet : Car lorfqu'il faut pointer le Canon fi haut, l'Affut ne le peut foutenir; ou bien il faut mettre une charge fi foible, que le boulet n'a pas la force de s'élever contre ces fortes de Places. On trouve ordinairement de l'avantage à couler le long des Remparts. On y eft moins vû, & le Terrain en eft meilleur. Mais il faut en même tems marcher par le haut, autrement les Sorties feront fort dangereufes pour les Tranchées qui fe trouveront dans le bas.

V   II

Il y auroit beaucoup d'autres chofes à dire fur l'Attaque des Places de toute efpece; mais on n'auroit jamais fait: car comme il n'y en a pas deux qui fe reffemblent de figure ni de fituation, il n'y en a point qui ne nous oblige à mettre quelque diverfité dans nos Attaques; & lorfque l'obfervation des régles devient impoffible en tout ou en partie, il faut que le bon fens y fupplée. Ce que l'on doit toujours avoir en vûë, eft de ne s'en éloigner que le moins que l'on peut. Il y en a même de générales, qui peuvent s'obferver par-tout: comme, de ne pas s'enfiler fans couvrir l'enfilade par des Traverfes; de ne point faire de Lignes inutiles; de marcher à la Sape, dès que la Tranchée devient dangereufe; d'appuyer toujours la Tranchée par de bonnes Lignes Paralleles ou Places d'Armes, & de placer la derniere tout contre le Chemin couvert. Si l'on y ajoute le bon ufage des Batteries de toute efpece, on ne fera que très peu de fautes, quelque Place que l'on puiffe affiéger.

B
Profil d'un Ricochet élevé de quinze 
15
SEPTIEM
Attaque 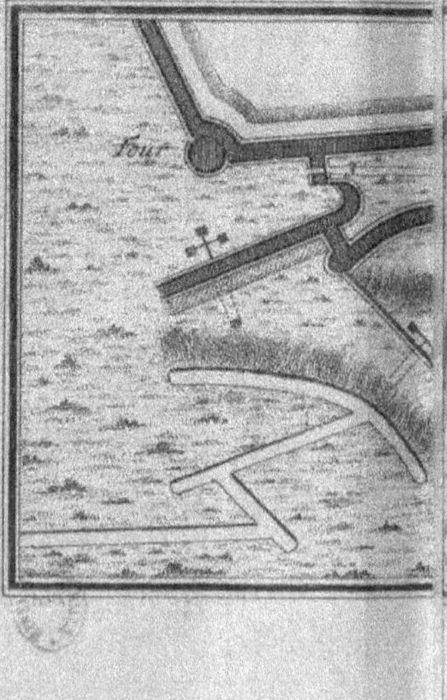
Fort
Echelle de
5 10 20 30 40 50

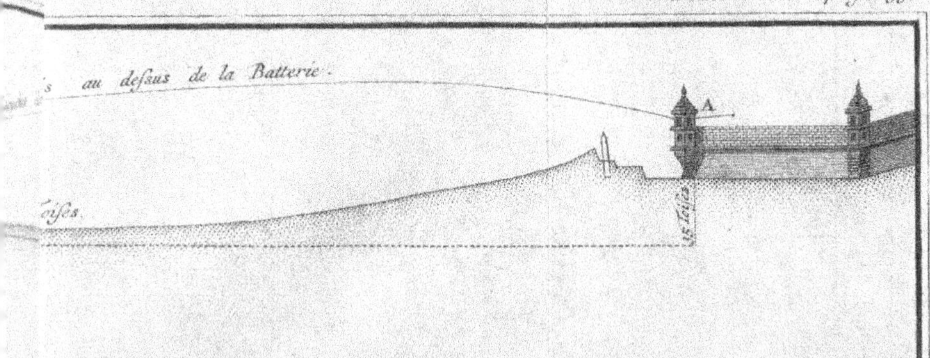

EXEMPLE.

de Clermont.

SEPTIEME EXEMPLE.

ATTAQUES D'UNE PLACE SITUEE SUR DES SOMMETS DE MONTAGNES, ET SUR DES ESCARPEMENS.

DANS l'Exemple précédent nous avons fuppofé que la Place étoit fituée fur une Hauteur médiocre : mais il s'en trouve d'élevées fur des fommets de Montagnes & fur des Rochers prefqu'inacceffibles, avec des efcarpemens naturels ou faits à la main, qui les avantagent confiderable-ment, & qui demandent qu'on en éclairciffe les Attaques un peu plus amplement.

Il y en a qui n'ont d'accès poffible que par les avenuës de leurs Entrées, qui font pour l'ordinaire étroites, pierreufes & pleines de roc, dont la fuperficie eft pelée, & les bords très peu fpacieux pour des Attaques, & peu propres pour y placer des Batteries à Ricochets, ou pour y faire des Pla-ces d'Armes, & même pour y placer le petit Cavalier du Che-min couvert. Telle eft en partie Luxembourg, & telles étoient Mont-royal, La Motte, Clermont, Hombourg, & Biche, petites Places qui étoient très bien fortifiées en leur tems, & dont la plûpart font démolies.

De telles Places font ordinairement petites, & incommodes pour les abords du commerce néceffaire à leur entretien ; fujettes à manquer d'eau ; très aifées à bloquer, & de peu de confequence pour la guerre de campagne, à moins qu'elles n'ayent des Villes qui leur foient attachées, & auxquelles elles fervent de Citadelles. Ces petites Places ne font bon-nes que pour établir les Contributions, & pour inquiéter les

V 2

Pays

Pays voiſins & les Armées par leurs Partis : telles ſont en Franche-Comté le Château de Joux, le Fort St. André, le Château Belin & pluſieurs autres ; telles furent encore Longwy, Clermont, Sirk & Mouzon.

Dans les ſiécles paſſez il y en avoit une infinité d'autres : car on ne fortifioit gueres que ſur des Hauteurs preſqu'inacceſſibles, qui ont été démolies & la plûpart abandonnées, à cauſe de la difficulté de leur accès. Ces Places qui ne pouvoient contenir que des Garniſons foibles, n'étoient propres ni pour faire des Entrepôts, ni des Magazins pour les Armées, à cauſe de leur petiteſſe, & de la difficulté de leurs abords toujours roides & embaraſſans pour des chariots : mais elles ſont excellentes pour contenir des Pays conquis à peu de fraix, pour inquiéter les Pays ennemis, & pour étendre les Contributions.

Il en reſte encore un grand nombre de ſemblables dans les Pays montagneux. Il y en a ſur-tout dans les Royaumes d'Arragon & de Valence, & dans la Catalogne, qui ont donné beaucoup d'affaires aux Armées du Roi d'Eſpagne, & qui ont empêché pendant long-tems la reddition entiere de ces Royaumes, comme Venaſque, Cardonne & autres.

Les Siéges les plus convenables à la reddition de ces Places ſont des Blocus de 3. 4. 5. 6. 7. à 8. mois. Pendant ce tems-là leurs munitions ſe conſomment, & leurs Garniſons s'affoibliſſent par la déſertion. Si cela ne ſuffit pas pour les reduire, on prend ſon tems pour les attaquer. C'eſt ainſi que ſe firent les Siéges de Clermont & de Mouzon, après avoir été bloquées 5. à 6. mois.

Les Lignes qui ſervent pour le Blocus de ces Places, doivent les reſſerrer le plus près qu'il ſe peut. Quand elles ſont un peu conſiderables, on établit des Forts dans la Circonvallation pour les contenir, & pour empêcher qu'il n'y entre ni ſecours ni vivres.

De

De tels Blocus ne se pratiquent plus gueres; & depuis le Siége de Perpignan par le feu Roi, nous n'en avons point vû en France que celui de Montmelian, & en Italie celui de Verceil.

Pendant cette derniere guerre en Allemagne, Hongrie, Transilvanie, Croatie & Dalmatie, on a eu souvent recours à cet expédient. Dans les dernieres guerres de l'Empereur & des Venitiens contre les Turcs, qui ont été terminées par le Traité de Carlowitz, ils prenoient des Quartiers à quelque distance de la Place, d'où ils harceloient sans cesse la Garnison & les habitans par des Partis, en rodant tout autour, & en battant l'estrade le jour & la nuit sur les avenuës, pour empêcher que rien n'y entrât ou n'en sortît.

Quand le Blocus se convertit en Siége réglé, on resserre davantage la Place. Après avoir pris toutes les précautions possibles contre les secours, on fait les préparatifs nécessaires. Enfin, on ouvre la Tranchée par les avenuës les plus praticables; sur quoi on doit observer trois choses:

1. D'éviter tous les endroits inaccessibles.

2. De ne point attaquer par des rampes unies & fort roides, le long desquelles les Ennemis puissent rouler de grosses Pierres, des Bombes, des Barils foudroyans, des Chevaux de Frise roulans, des Chariots chargez de pierres, & des Feux d'artifice.

3. De ne point attaquer par des lieux trop sujets aux plongées de la Place, & tout-à-fait denuez de toute situation qui puisse avantager les Batteries & les Places d'Armes: mais au contraire par les plus accessibles, & où le terrain sera le moins desavantageux: car il est certain qu'il n'y a point de Place élevée, où il n'y ait des accés plus favorables les uns que les autres.

Après que par une exacte observation on sera bien assû-

ré

ré du fort & du foible de la Place , & qu'on fera déterminé fur le choix des Attaques , on les conduira comme aux autres Places dont on a parlé, par la Sape, les Places d'Armes & les Batteries au défaut des Ricochets. Si les Lignes ou Places d'Armes ne peuvent enveloper les fronts d'Attaque autant qu'il feroit à defirer, il ne faut pas laiffer d'en accompagner la Tranchée, quand elles n'auroient que 50. 60. ou 100. toifes d'étenduë; afin de pouvoir foutenir ce que l'on pouffera en avant, & placer du mieux qu'il fera poffible les Batteries , en tâchant fur-tout qu'elles decouvrent bien ce que l'on voudra battre, & qu'elles croifent fur les Défenfes. Afin qu'elles puiffent faire de grands effets en peu de tems, il les faut groffir de quelques Pieces.

Les Batteries à Bombes & à Pierres font auffi d'un bon ufage contre ces petits lieux, qui étant pour l'ordinaire ferrez, pierreux, pleins de roc & de rocailles, font fujets à beaucoup d'éclats. C'eft à la faveur de toutes ces Batteries, qu'il faut pouffer la Tranchée jufqu'au pied du Glacis, & établir la derniere Place d'Armes à 14. ou 15. toifes du Chemin couvert, s'il y en a. Après qu'elle fera bien achevée, il faut la munir abondamment de tout ce qui fera néceffaire pour pouvoir infulter le Chemin couvert avec avantage. Ayant bien ruiné fes Défenfes & labouré le haut de fon Parapet ; ayant mis la Paliffade par le Canon & les Bombes dans le plus grand defordre qu'il fera poffible; il faudra entreprendre de s'y loger. Mais comme les Paliffades ne fe ruinent pas à beaucoup près fi facilement par les Batteries directes que par les revers & les Ricochets, on doit faire de grands amas de Fafcines & de Sacs à terre avant de l'attaquer ; tant pour fournir au Logement du Chemin couvert , que pour pouvoir en faire jetter une quantité entre les Paliffades & le bord du Parapet, afin de fe faire un paffage.

Ce

Ce Logement fait & bien établi, on suivra les régles générales le mieux qu'on pourra: c'est-à-dire, on placera du Canon sur le haut du Parapet pour battre en bréche; on fera des trous de Mineur, & l'on travaillera aux Déscentes, soit en perçant par-dessous le Chemin couvert, si le Fossé est profond, ou à ciel ouvert, s'il ne l'est pas. On tâchera après cela de battre les Flancs de Canon, de Bombes & de Pierres; ce qui n'est pas toujours aisé.

A Montmedy on ne put battre le Flanc de la droite, que l'Angle rentrant du Chemin couvert vis-à-vis le milieu de la Courtine n'eût été ruiné; à cause que l'Angle saillant opposé manquoit d'espace: il étoit d'ailleurs trop sous le feu des Grénades du Bastion qui est devant, & trop exposé aussi au revers & à l'écharpe de la gauche. Comme ce Flanc étoit couvert d'un petit Billon, on fut assez longtems à le battre sans pouvoir ruiner ses Défenses.

Il arrive souvent que les revêtemens de ces Places ont de grands escarpemens de roc au pied. Il en faut bien examiner la hauteur, pour voir si l'éboulement des bréches à Canon pourroit s'élever jusqu'au défaut du roc, ou s'il n'y a point de défaut ou de veine dans le rocher qui puisse favoriser l'attachement du Mineur; ou enfin si le roc est dur, à banc rompu, ou par feuillets.

A Montmedy on trouva un grand escarpement au pied du Bastion: mais en même tems le roc étoit plein de veines, dont on se servit pour l'attachement du Mineur. Il est à remarquer, que dès la moitié du Glacis, par-dessous le Chemin couvert de cette Place, on perça trois Déscentes de Fossé qui debouchèrent en même tems au niveau de son fond; ce qui donna lieu d'y mettre du monde pour attacher & soutenir le Mineur, qui sans ce secours n'y auroit pû tenir, parce que le Canon du Flanc gauche tourmentoit beaucoup son Logement. Il y ut beaucoup de
monde

monde tué avant que le Flanc fût démonté : les Ennemis y jetterent une infinité de Feux d'artifice, de Bombes, & de Grénades qui firent beaucoup de peine, jufqu'à ce que le Mineur fût tout-à-fait enfoncé dans le roc: c'eft fur quoi il faut extrêmement fe précautionner.   A Stenay , les Affiégez allumerent un grand feu au pied du Baftion de la gauche devant le trou du Mineur, qui en fut chaffé fans retour.

Au prémier Siége de Ste. Manehould les Mineurs furent chaffez de leurs trous , & l'Ennemi obligé de changer d'Attaque.

Au Siége de Mouzon les Affiégez firent un fi grand feu au pied de la bréche, qu'on fut deux jours fans pouvoir en approcher.   Cela s'eft vû à plufieurs Places, & l'on avoit propofé de faire la même chofe au Siége de Lille, fi les munitions avoient permis d'attendre l'affaut.

A Clermont on s'y prit autrement.   On attacha trois Mineurs prefque en même tems: l'un fous la pointe d'une grande Demi-Lune, bâtie fur le penchant de la montagne, qui couvroit l'unique partie de cette Place, dont le revêtement étoit bon & très épais fans Contre-fort : c'eft pourquoi les Faces n'étoient point terraffées , mais feulement les Flancs d'une épaule à l'autre foutenus par un deuxieme revêtement formé en portion de cercle.

Les deux autres Mines étoient ouvertes à moitié du Glacis; les Galeries étoient pouffées plus de 30. pieds au-deffous du Chemin couvert, dont on ne pouvoit fe rendre maître à caufe de la trop grande proximité des Baftions, qui ne laiffoient que deux pieds entre eux & le Parapet du Chemin couvert, fans Foffé entre deux.   On pénetra plus de 30. pieds fous le Corps de la Place, & l'on y fit trois Mines, dont la prémiere devoit être chargée de 1600. livres de Poudre , la deuxieme de 600. & la troifieme du côté du

Bourg,

Bourg, pouſſée ſous la partie appellée Donjon, quoiqu'il n'y
en eût plus, devoit l'être de 1600. à 1800. livres.

Ces Mines devoient être prêtes à charger, & l'on en attendoit de terribles effets : mais il eſt ſûr que celle de la Demi-
Lune n'auroit fait qu'ouvrir le prémier revêtement, & que le
reſte n'auroit pas ſuivi ; parce qu'il n'y avoit que le retranchement derriere, qui étoit loin & bien revêtu.

Il y avoit beaucoup d'apparence que les deux autres auroient fait de grands eſcarpemens, & que les bréches n'auroient pas été acceſſibles. On les fit voir aux Ennemis dans
le tems qu'on les alloit charger. Ils en eurent tant de peur
qu'ils ſe rendirent. S'ils avoient été bien habiles, ils ne
l'auroient pas fait, & ſe ſeroient tirez d'affaire avec beaucoup plus d'honneur.

HUITIEME EXEMPLE.

ATTAQUES DE PLACES FORTIFIE'ES DE TOURS BASTIONNE'ES.

IL y a fort peu de Places fortifiées à Tours baſtionnées, & je ne connois que Landau, le Neuf-Briſac, Belfort, & quelques parties de Beſançon qui le ſont; mais le ſyſtême en étant fort bon par rapport aux Siéges de ce tems, il ne faut pas douter que l'on ne fortifie dans la ſuite les Places ſuivant ces régles.

Quand on voudra en attaquer de ſemblables, il faudra s'y conduire comme à l'égard de celles qui ſont fortifiées ſelon l'uſage ordinaire, & employer les Tranchées, Places d'Armes, Ricochets, Cavaliers, Logemens du Chemin couvert, & Paſſages des Foſſez, juſqu'à la priſe des Contre-gardes, deſquelles le Logement ſera ſans doute plus difficile, & conteſté avec beaucoup plus d'avantage de la part des Ennemis que ceux des Baſtions ordinaires; parce que les Contre-gardes détachées & ſoutenuës par les retranchemens revêtus mettent le Corps de la Place en ſûreté, & en état de faire ſa défenſe particuliere: au lieu que les Baſtions attachez ne ſont retranchez que par des parties d'un vieux Corps de Place, qui paſſent par leurs Gorges, leſquelles n'étant pas bâties dans les mêmes vûës, n'ont pas les mêmes avantages.

Ce qu'il faut faire pour la priſe des Contre-gardes ſera:

1. D'employer les Batteries qui auront ſervi contre les Flancs qui empêchent la vûë de ceux des Tours baſtionnées,

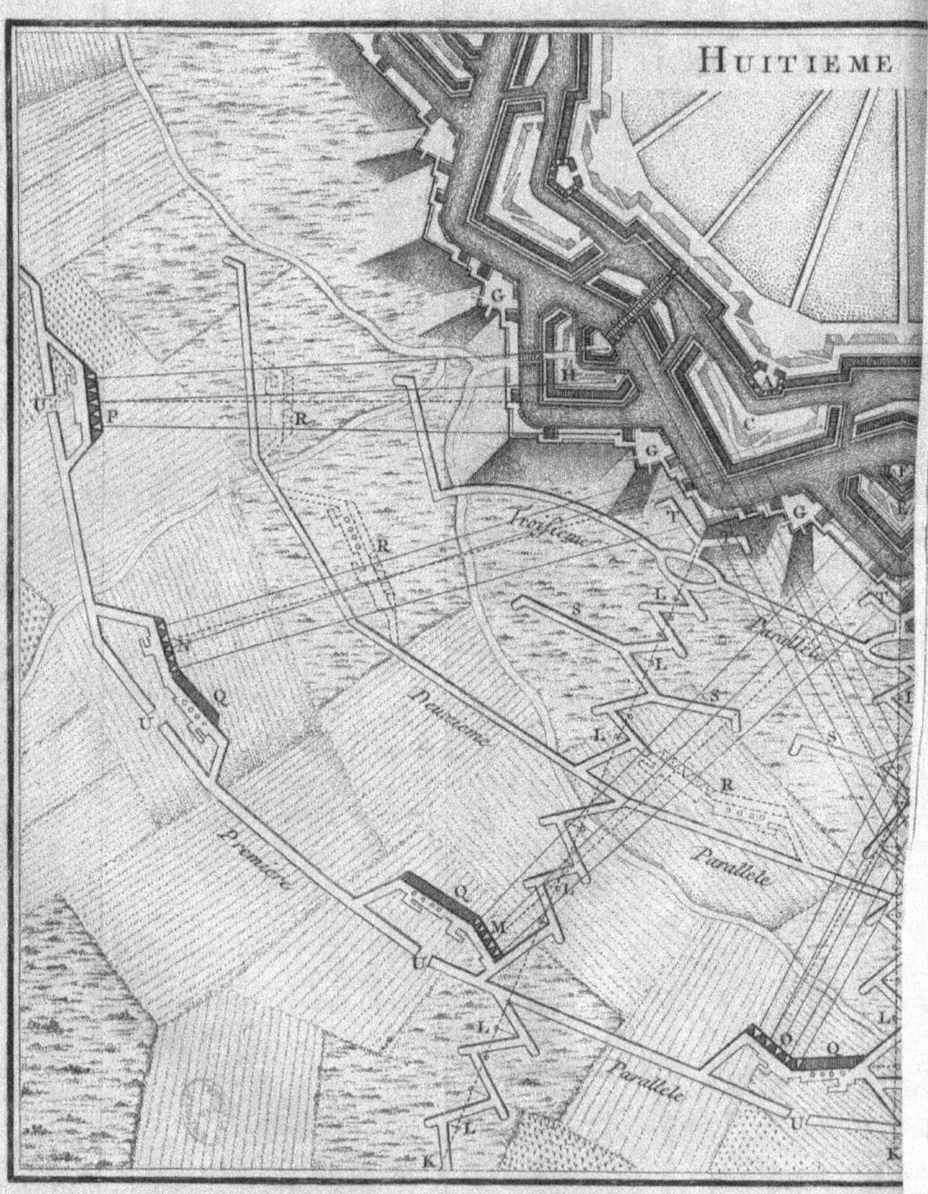

HUITIEME
G
H
A
C
G
F
G
T
P
R
U
R
Troisieme
L
S
L
L
S
Parallele
R
S
S
Q
U
R
Parallele
Deuxieme
Q
L
Premiere
Q
M
L
L
Parallele
Q
Q
U
L
K
L
K
K

ATTAQUES

D'une Place fortifiée de Tours bastionnées.

A
B } *Tours bastionnées du front de l'Attaque.*

C
D } *Contre-gardes ou Bastions qui couvrent ces Tours.*

E *Demi-Lune de l'Attaque.*

F *Reduit de la Demi-Lune.*

G *Chemin couvert.*

H
I } *Demi-Lunes collaterales.*

K *Prolongement des Capitales des deux Contre-gardes C. D. & de la Demi-Lune E. du front de l'Attaque.*

L *Piquets garnis de paille ou de mèche allumée pour servir à la conduite des Attaques.*

M *Batteries à Ricochets des deux Faces & du Chemin couvert de la Demi-Lune E.*

N *Batteries à Ricochets des deux Faces & du Chemin couvert de la Contre-garde C.*

O *Batteries à Ricochets des deux Faces & du Chemin couvert de la Contre-garde D.*

P *Batteries à Ricochets des Faces & du Chemin couvert des Demi-Lunes collaterales H. & I. qui rasent les Attaques.*

Q *Batteries à Bombes.*

R *Places sur la Seconde Ligne où l'on pourroit mettre les Batteries en cas qu'il fût nécessaire de les changer.*

S *Demi-Places d'Armes.*

T *Cavaliers de Tranchée qui enfilent le Chemin couvert.*

U *Passages de Fascines pour mener le Canon & les Mortiers à leurs Batteries.*

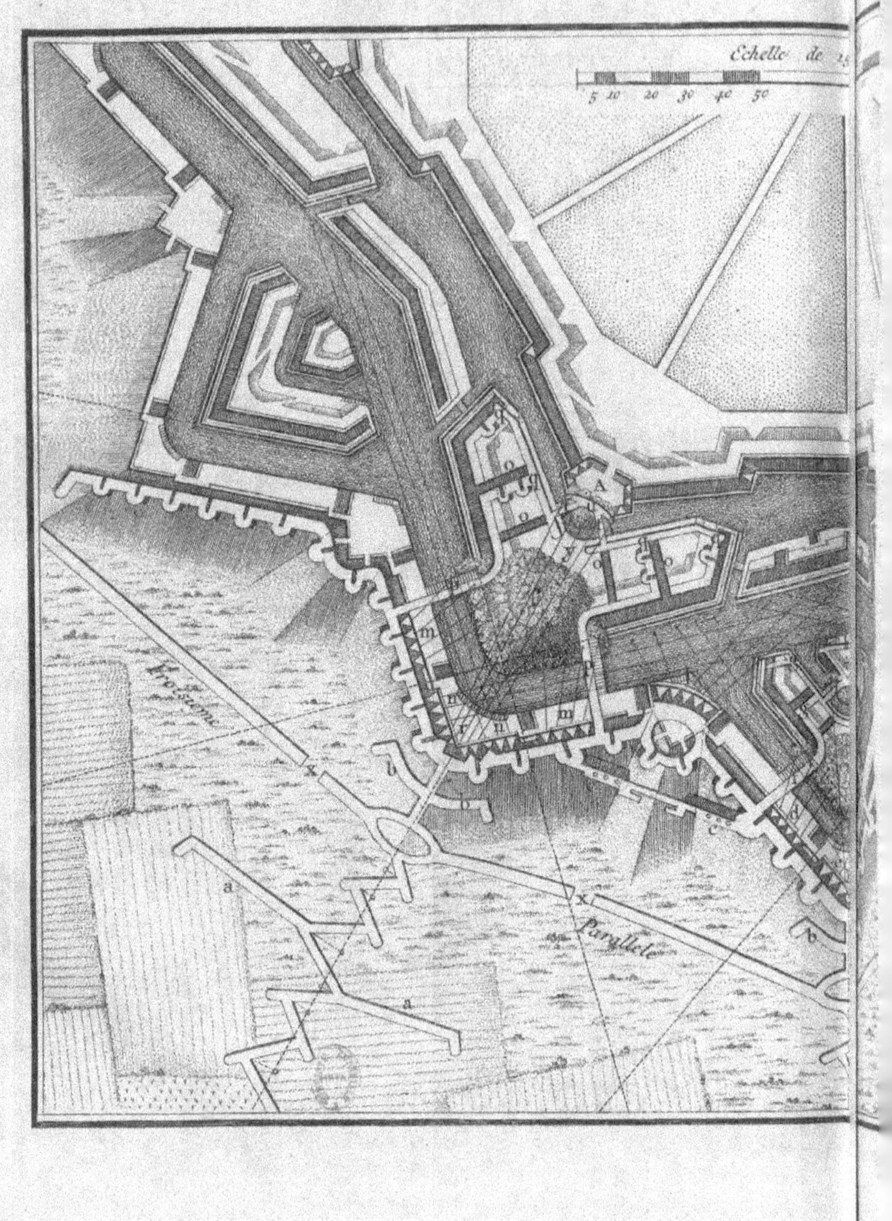

Echelle de 1...
5 10 20 30 40 50
Troisieme
Parallele
A
a
b
c
X
X

SUITE DES ATTAQUES

D'une Place fortifiée de Tours bastionnées.

A, B Tours bastionnées du front de l'Attaque.

a Demi-Places d'Armes.

b Cavaliers de Tranchée.

c Batteries de Pierriers.

d Batteries en brèche de la Demi-Lune tt.

e Batteries contre les Défenses de cette Piece.

f Passages du Fossé de la même.

g Logemens sur cette Demi-Lune.

h Batterie en brèche du Reduis ✠, le Rempart de la Demi-Lune suppose rasé.

i Passages du Fossé de ce Reduit.

k Logemens sur le même.

l Batteries contre la Courtine.

m Batteries en brèche des Contre-gardes y.

n Batteries contre les Défenses des Contre-gardes.

o Retranchemens de l'Assiégé dans ces Pieces.

p Passages du Fossé des mêmes Pieces.

q Logemens sur les mêmes.

r Batteries en brèche des Tours bastionnées A. B., les Remparts des Contre-gardes supposés rasés.

   Les Batteries n. peuvent battre les Flancs des Tours, les Angles f. des Contre-gardes supposés rasés.

t Passage du Fossé des Tours.

u Logemens sur les mêmes.

x Passages de Fascines pour mener le Canon & les Mortiers à leurs Batteries.

nées, afin de les decouvrir & d'en pouvoir battre le haut & le bas avec le même Canon sans le changer de place.

2. D'occuper entierement le dedans des Contre-gardes, en coulant par le haut & le bas de leur Rempart vers le derriere de leurs Flancs, & de se loger sur le bord du Fossé qui les separe des Tours, en laissant le milieu de la place vuide.

3. De raser un espace de 15. à 18. toises entre la pointe de chacune des Contre-gardes, pour donner jour au feu de 5. ou 6. pieces de Canon logées dans la Place d'Armes saillante du Chemin couvert marqué R. On disposera les Embrasures & Plattes-formes pendant qu'on sera occupé à ce rasement, qu'il faudra abaisser aussi bas que le Chemin couvert, afin de pouvoir battre en Sape les Tours le plus bas qu'il sera possible, pour les ouvrir entierement, & en pousser les ruines jusques dans le fond de leur voute. Pour lors, outre que l'ouverture faite par le Canon sera de toute la capacité de la Tour, elle en rendra les Flancs hauts & bas inutiles, & cela ira même jusques à rompre les petites Défenses de derriere le pilier qui soutient le milieu de la voute: ce qui la fera tomber tout-à-fait. Moyennant cela il n'y restera que la carcasse des Flancs. On pourra même, s'il y a jour, battre encore à droite & à gauche ces mêmes Tours, pour en chasser le Canon ennemi, qui de-là ne manqueroit pas d'incommoder nos Logemens.

Pendant que cela se fera, comme l'on aura occupé le Terre-plein du Rempart des Contre-gardes, quand on sera parvenu aux Flancs, il faudra percer au travers, & y faire de petits Logemens pour chasser l'Ennemi des Tenailles. A l'égard du dedans de la Piéce, il est à présumer qu'on aura joint le bord du Fossé, où étant parvenu, il y aura deux choses à faire:

X 2

L'une,

L'une, de passer le Fossé de part & d'autre des Tours;

Et l'autre, de faire des Mines sous la Contrescarpe, pour la renverser dans le Fossé, & faciliter son comblement, comme il est marqué en t. t.

Cela étant exécuté à propos, on se rendra aisément maître des Tours. La Place ne sera cependant pas encore ouverte; mais comme elle sera prête de l'être, & qu'il ne restera plus de Flanc aux Ennemis, ils battront apparemment la Chamade, & une plus grande résistance ne serviroit qu'à les faire prendre Prisonniers de guerre.

S'ils ne le font pas, il faudroit s'établir dans les ruines de ces Tours, s'y fortifier, & rompre les Galeries de la droite & de la gauche par des Fougaces, & ensuite en venir à de plus grandes Mines, dont l'effet acheveroit d'ouvrir la Place; à moins que l'Ennemi soigneux de son salut ne prévienne sa perte par une prompte reddition. Surquoi on sera pour lors en état de faire des conditions fort dures: C'est pourquoi il n'y a pas lieu de douter qu'ils ne se rendent aussi-tôt; sur-tout si, pendant les Attaques de la Contre-garde & de la Tour, on a soin de bien jetter des Bombes & des Pierres dans les derrieres & aux environs des Tours.

CHAPITRE XXIII.

DES FONCTIONS DES OFFICIERS GENE-RAUX A LA TRANCHE'E.

LE Général, ou celui qui commande l'Armée qui fait le Siége, a une autorité absoluë. Il dispose & ordonne comme il lui plaît pour tout ce qui regarde les Attaques.
L'on

L'on ne doit faire aucune entreprife confiderable que par fes ordres; mais il doit à fon tour confulter, avant que de rien réfoudre, l'Ingenieur Général qui a la direction des Attaques. Le défaut d'obfervation de cette circonftance a fouvent coûté la vie à bien du monde.

Il eft très important que le Général vifite la Tranchée, mais de tems en tems feulement, & non tous les jours. Il doit y venir peu accompagné, & vifiter tout; fe faire rendre compte fur les lieux de chaque chofe en particulier; & donner fes ordres fur tout autant qu'il le jugera à propos.

Si les Attaques font feparées, le Lieutenant-Général de jour choifit celle qu'il lui plaît. Si elles font liées, comme il a le commandement général, il commande aux deux, & par conféquent il doit prendre fon pofte entre les deux, mais non pas à la tête des Attaques, parce que ceux qui ont affaire à lui en venant & en retournant embarafferoient le travail; d'ailleurs il feroit trop éloigné du gros des Troupes: ainfi le milieu de la tête des Bataillons eft le lieu qui lui convient le mieux. Il peut & doit vifiter de tems en tems la tête des ouvrages.

Le plus ancien Maréchal de Camp doit fe mettre à la droite, le fuivant à la gauche, & les Brigadiers à la queuë des Detachemens les plus avancez.

Le Lieutenant-Général de jour commande à la Cavalerie Infanterie, Artillerie, aux Ingenieurs, Mineurs, & généralement à tout ce qui regarde la fûreté & l'avancement des Attaques; mais il doit s'aboucher avec le Directeur de la Tranchée, & ne rien entreprendre ni réfoudre fans fa participation. Ce dernier eft l'ame & le véritable mobile des Attaques. L'Application particuliere d'un Lieutenant-Général doit être de bien pofter les Troupes, de régler les Detachemens, de faire fervir les têtes de la Tranchée, & de

 four-

fournir les Travailleurs extraordinaires quand on lui en demande.   Les Maréchaux de Camp font la même chofe par
fubordination, & doivent recevoir fes ordres & les rendre
aux Brigadiers: ceux-ci aux Colonels: qui les diftribuent à
leurs Regimens, & ont foin de les faire exécuter.

Quand il y a quelqu'entreprife à faire, c'eft le Lieutenant-Général qui doit en ordonner l'exécution, par l'avis &
fur l'expofé du Directeur-Général: ce qui fe fait toujours
par les ordres du Général.

Lorfqu'il y a peu de ces prémiers Officiers dans une Armée, ce n'eft pas une néceffité que le Lieutenant-Général
de jour couche à la Tranchée: il fuffit, qu'il la vifite pendant le jour, & qu'il y donne fes ordres.   Quatre Lieutenans-Généraux fuffifent pour une Armée commandée par
un Maréchal de France.   Il faut une fois plus de Maréchaux
de Camp que de Lieutenans-Généraux, & une fois plus de
Brigadiers que de Maréchaux de Camp; c'eft-à-dire, que
s'il y a quatre Lieutenans-Généraux, il doit y avoir huit
Maréchaux de Camp, & feize Brigadiers.   Un plus grand
nombre eft inutile, & plus à charge que néceffaire dans
les Armées.

DES ROIS ET DES PRINCES.

SI des Souverains ou des Princes héréditaires de grands
Etats étoient en perfonne à l'Armée, & qu'ils vouluf-
fent voir la Tranchée, ce que l'on ne peut defapprouver,
il faudroit prendre les précautions fuivantes fur le tems le
plus propre à la vifiter.

1. Cela ne doit pas être fouvent, mais feulement 2. 3. ou
4. fois dans un Siége.

2. Que

2. Que ce ne foit qu'à des Places confiderables & non pas à des Bicoques.

3. Que la Tranchée foit bonne & autant affurée qu'elle peut l'être.

4. Qu'ils fe rendent jufqu'à l'ouverture de la Tranchée fi bon leur femble, mais qu'ils ne la vifitent que quand le Canon fe fera rendu maître de celui de la Place.

5. Que la nuit qui précédera la vifite qu'ils veulent faire de la Tranchée on y envoye une partie de leurs Gardes, qui fe diftribueront par petits pelotons en différens endroits, pour la plus grande fûreté de leurs perfonnes.

6. Qu'ils y aillent fort peu accompagnez, & feulement d'un Capitaine des Gardes, de trois ou quatre de leurs Officiers, & de cinq ou fix Seigneurs de leur Cour, ou des Officiers Généraux & du Directeur de la Tranchée, qui doit marcher immédiatement devant eux, pour leur fervir de guide & leur rendre compte en chemin de toutes chofes.

7. Qu'il ne fe faffe aucun mouvement de Troupes pendant qu'ils feront à la Tranchée ; mais qu'elles fe rangent toutes fur le revers, laiffant le côté du Parapet libre à la marche.

8. Qu'on faffe affeoir tous les Soldats leurs armes à la main, les Officiers fe tenant debout du même côté, le chapeau à la main, fans laiffer paffer leurs Efpontons pardeffus la Tranchée.

9. Qu'ils vifitent tout jufqu'à la Troifieme Place d'Armes, même jufqu'à la queuë des Sapes, afin qu'ils en foient mieux inftruits.

10. Qu'ils montent de petits chevaux, bas de taille, doux, qui ne foient pas ombrageux ; n'étant pas poffible qu'ils puiffent faire leur tournée à pied, quand les Tranchées font un peu avancées.

11. Qu'on

11. Qu'on leur fasse un ou deux reposoirs dans les endroits de la Tranchée les plus convenables. Ces mêmes lieux pourroient servir ensuite de Couverts aux Officiers Généraux de garde.

A ce que nous avons dit il faut ajouter, que certainement il n'y a aucun lieu de sûr dans la Tranchée, quelque soin qu'on puisse se donner de la bien faire: car rien ne peut mettre à couvert des Bombes & des Pierres, quand la Place en tire. Il n'y a point de Parapet de Tranchée, qui ne puisse être percé par le Canon à trois pieds au-dessous du sommet; & dans l'infinité de coups de Mousquet qui se tirent, il y en a toujours quantité dont les balles, rasant le haut des Parapets, s'amortissent & plongent, la plûpart encore avec assez de force pour blesser ou tuër ceux qui sont atteints. Il y a de plus les coups de biais, d'écharpe, & d'accident, qui rasent & s'amortissent aussi, qui ne sont pas moins dangereux, & qu'on ne peut gueres éviter. C'est encore pis quand on est sous la portée des Grénades; les coups de feu sont dans leur force & bien plus certains. D'ailleurs les éclats des Grénades ou des Bombes volent par-tout, & vont le plus souvent tomber où l'on ne les attendoit pas. C'est pourquoi je crois qu'il est de la prudence, que les grands Princes, de la vie desquels dépend le sort des Etats, dans les visites qu'ils feront à la Tranchée, ne passent point au-delà de la Troisieme Parallele ou Place d'Armes. Ils ne doivent pas même aller jusques-là.

CHA-

PROFILS POUR SERVIR À LA CONSTRUCTION DES LIGNES CONTRE LES SECOURS

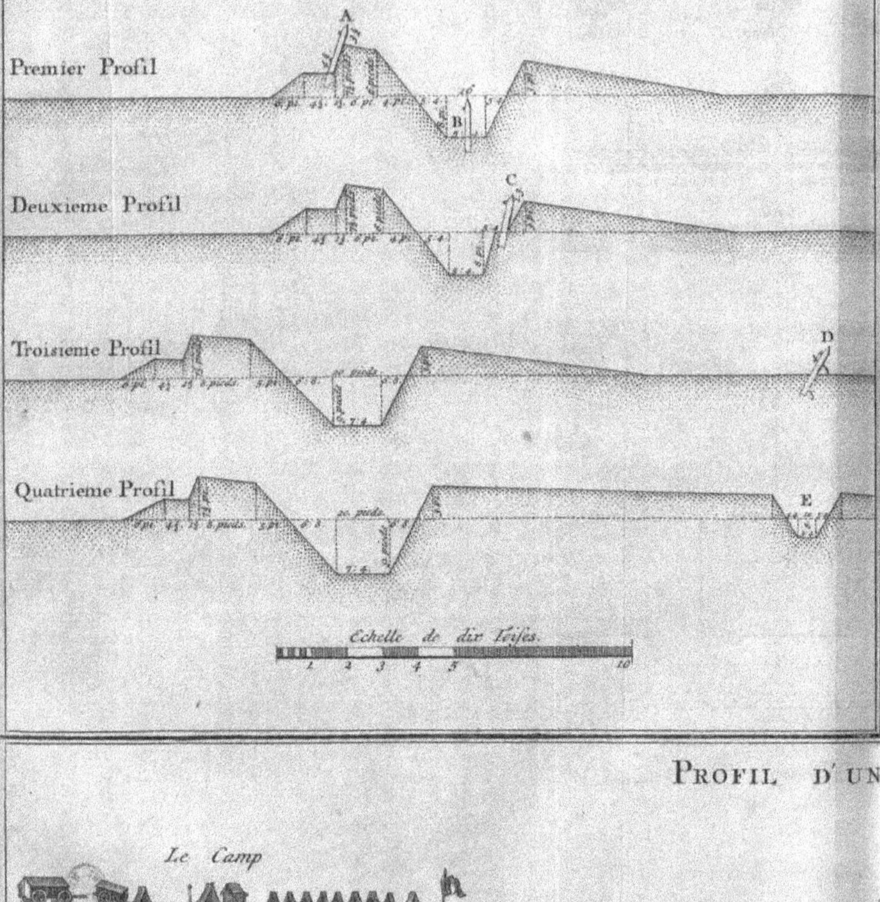
Premier Profil
A
B
Deuxieme Profil
C
Troisieme Profil
D
Quatrieme Profil
E
Echelle de dix Toises.
1 2 3 4 5 10

PROFIL D'UN

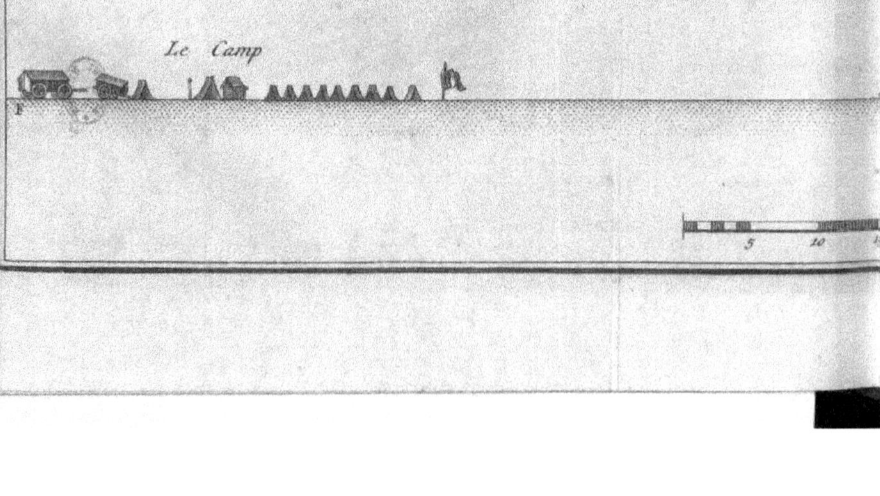
Le Camp
F
5 10

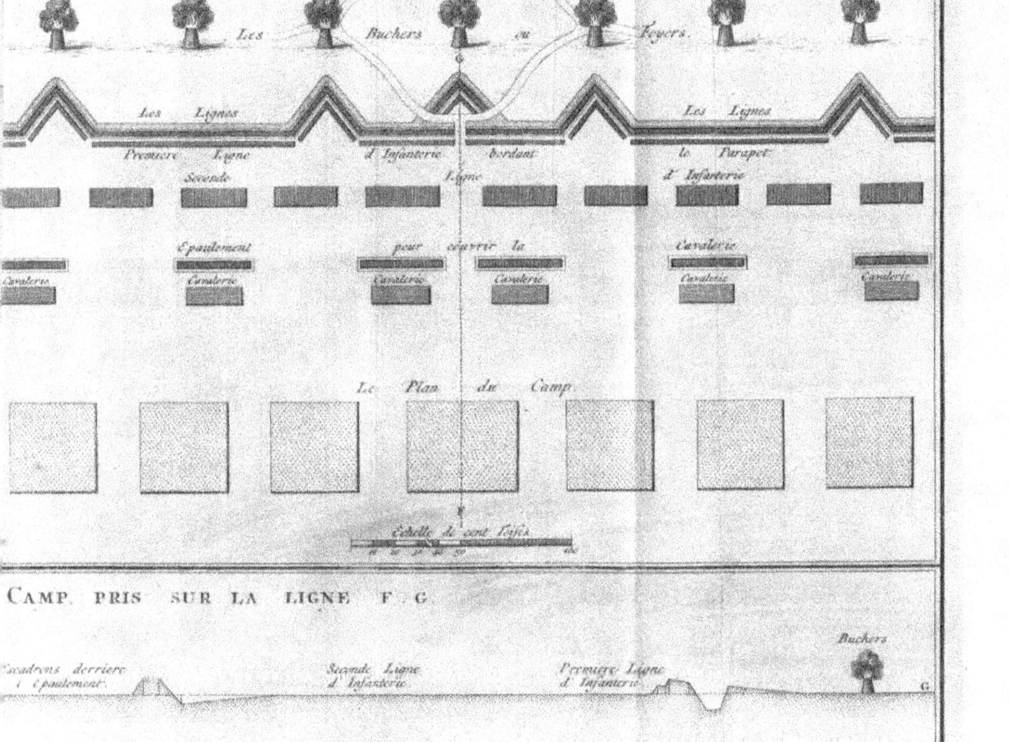
PLAN D'UN CAMP.
Les Buchers ou Foyers.
Les Lignes
Les Lignes
Premiere Ligne d'Infanterie bordant le Parapet
Seconde Ligne d'Infanterie
Epaulement pour couvrir la Cavalerie
Cavalerie
Cavalerie
Cavalerie
Cavalerie
Cavalerie
Le Plan du Camp.
Echelle de cent Toises.
10 20 30 40 50 60
CAMP PRIS SUR LA LIGNE F. G.
Escadrons derriere l'Epaulement
Seconde Ligne d'Infanterie
Premiere Ligne d'Infanterie
Buchers
G
Echelle de soixante Toises.
10 25 30 40 50 60

D

A
aq
es
P
r
&
te
car
hu
peu
nou
ne
ou
de la
hor
toir
viro
me
& l
seg
cha
cou
Lig
cou

CHAPITRE XXIV.

DE LA MANIERE D'EMPECHER LES SECOURS.

APres avoir exposé dans les Chapitres précédens tout ce qu'on a jugé de meilleur & de plus utile pour l'Attaque des Places, il reste encore à décrire la conduite que les Assiégeans peuvent tenir afin d'empêcher les Secours.

Pour y parvenir il est nécessaire :

1. Que les Lignes soient bonnes, bien faites, achevées & palissadées. Les Palissades ne servent que sur le bord de la Ligne, par-tout ailleurs elles sont de peu d'utilité : car la prémiere peut autant servir à l'Ennemi qu'à nous, & l'autre n'empêche pas que le Fossé ne soit rempli en fort peu de tems par la grande quantité de Fascines, que l'Ennemi y jette. Il faut observer que l'élevation de sa pointe ne doit surpasser celle du sommet du Parapet que de 15. ou 16. pouces au plus ; autrement elle pourroit nuire au feu de la Ligne. Il est encore mieux de la planter tout-à-fait hors de la Ligne à 25. ou 30. pas du Fossé, auquel elle doit être parallele, & pancher la pointe vers le dehors d'environ 45. dégrez. La Palissade doit être enterrée de 3. pieds mesurez à plomb, en ayant quatre de saillie hors de terre, & la tête doit être élevée de 3. pieds au-dessus de la campagne. En cet état elle ne sera que peu ou point d'empêchement au feu de la Ligne ; & l'Ennemi ne la pouvant couper ni sauter, elle l'arrétera tout court sous le feu de la Ligne pendant un tems assez considerable pour le faire beaucoup souffrir. Mais ce moyen est plus à desirer qu'à espérer, à

Y

cause

cauſe de la difficulté & preſque impoſſibilité d'avoir une aſſez grande quantité de Paliſſades, & de la longueur du tems qu'il y faudroit employer: ce qui eſt abſolument contraire à la diligence avec laquelle on eſt obligé de faire les Lignes. Il faut donc ſe reduire à la façon commune, les faire bonnes, & leurs Parapets à deux Banquettes.

2. Comme les Lignes ne ſont pas toujours acceſſibles de tous côtez, & qu'il ſe peut trouver des rivieres, des étangs, des marais & quelques grands ravins ou eſcarpemens qui en fortifient les approches & en couvrent une partie; il peut arriver, que la Place aſſiégée ſe trouvant dans un pays de bois, ces mêmes bois doivent ſervir à fortifier les endroits les plus foibles de la Ligne. En ce cas il ne faudroit pas manquer de faire la Paliſſade, & même, s'il eſt poſſible, une quantité d'épaulemens à la moitié de la diſtance entre la Ligne & la tête des Bataillons, paralleles à la Ligne & aux Bataillons. Ces épaulemens ayant 40. toiſes de large & 9. à 10. pieds d'épais meſurez au ſommet, ſur autant de hauteur, à diſtance les uns des autres de 50. à 60. toiſes, ſervent à couvrir la Cavalerie, qui ſe met derriere, & même les Bataillons contre les plongées du Canon & du Mouſquet pendant une Attaque.

Les Princes d'Orange, Maurice, & Frederic Henri ſe faiſoient une ſi grande application de bien faire leurs Lignes, qu'ils y employoient des mois entiers: auſſi étoient-elles ſi bonnes qu'on ne les a jamais forcées, quoiqu'elles ayent été ſouvent attaquées. Ils ne ſe contentoient pas de faire de bonnes Lignes, ils y ajoutoient des Forts particuliers de diſtance en diſtance, & fortifioient leurs Quartiers ſéparement ſelon l'uſage de leur tems. Ils y ajoutoient même des Dehors ſur les avenuës les plus expoſées, qui arrêtoient les Ennemis, & donnoient le tems aux Troupes des Quartiers voiſins d'arriver & de ſecourir les endroits attaquez: ce qui

a

a toujours fait échouër les Ennemis, & les a mis en danger d'être battus dans leur retraite. On y faifoit des Avant-foffez ; mais l'expérience a fait connoître, qu'ils n'étoient bons qu'à fournir un grand Couvert à l'Ennemi.

3. Il faut faire des Buchers de deux ou trois charetées de bois fec à quelques 40. ou 50. pas hors de la Ligne, vis-à-vis des Angles flanquez & fur le milieu des Courtines, & mettre le bois debout; garniffant le milieu de menu bois & de paille féche, avec un petit trou pour y mettre le feu quand on a donné le fignal.

Voilà quels peuvent être les préparatifs les plus praticables dans des Lignes contre les Secours. Il faut pourtant avouër que toutes ces précautions bien obfervées ne nous garantif-fent pas d'infulte. L'exemple récent de Turin en eft une preuve, & lorfqu'on peut avoir une Armée d'Obfervation, elle remedie fans contredit à tous les inconvéniens des Secours. Pour lors il n'eft pas néceffaire de fe tant précau-tionner.

Il n'y a que quatre manières de fecourir les Places, qui font:

1. D'introduire des Secours à la derobée, comme il eft arrivé à Lille ; ce qui n'oblige pas toujours à la levée du Siége.

2. De les introduire de vive force, quand l'Affiégeant for-tant de fes Lignes va au-devant de l'Armée de Secours & lui donne Bataille.

3. Quand l'Ennemi prend le parti le plus fûr, qui eft de faire diverfion en attaquant une des Places des Affiégeans qui puiffe lui tenir lieu d'un équivalent.

4. Enfin, quand il prend le parti d'attaquer les Lignes de jour ou de nuit.

Il arrive affez fouvent que, quand l'Armée affiégeante fe fent fupérieure ou égale à celle de Secours, elle fort des Li-

Y 2

gnes,

gnes, marche au-devant de l'Ennemi, se poste le plus avantageusement qu'elle peut, & lui présente Bataille.

Pour se mettre en cet état, l'Armée assiégeante laisse au moins la Tranchée garnie & fortifiée de quelques Troupes, & le surplus foiblement investi de quelques autres pour garder le Camp & les Bagages. Ce moyen est très hazardeux & peu sûr, si l'Armée assiégeante n'est très supérieure à celle de Secours, qui profitant souvent de la sortie des Troupes hors des Lignes, jette des secours & des munitions dans la Place, pendant qu'elle vous amuse d'un autre côté par une disposition apparente de se préparer au combat: C'est pourquoi ce moyen ne se doit employer qu'à bonnes enseignes, & en prenant bien ses avantages pour n'être pas surpris.

Quelquefois l'Ennemi, au lieu de secourir la Place, prend le parti d'en assiéger une de son côté, & cherche ainsi à se consoler de sa perte par la prise d'une autre Place. Ce qu'il y a à faire pour le prémier Assiégeant, est de se hâter d'achever le Siége entrepris, & de marcher promptement au secours de la Place que l'Ennemi assiége, pour la sauver.

Venons à la manière la plus ordinaire de donner du secours à une Place assiégée.

Une Armée qui se dispose à secourir une Place, se munit d'abord de tous les besoins ordinaires & extraordinaires.

Les ordinaires sont, les Outils à remuer la terre, le Bois, le Canon & son attirail. C'est ce qui suit par-tout l'Armée.

Les extraordinaires consistent à se munir de beaucoup de Fascines & de Clayes, pour combler les Fossez des Lignes: Ceux-ci se trouvent sur les lieux, dans le tems, & selon que les besoins le requierent. Cette Armée ne manque pas aussi de tirer tout ce qu'elle peut de Troupes de ses Garnisons pour se renforcer: cela fait, l'Armée en Corps s'approche peu-à-peu, & prend poste près des Lignes le plus avantageu-

geufement qu'il lui eft poffible. A Arras, l'Armée Fran-
çoife fe campa à Mouchy, pofte avantageux, & s'y re-
trancha. A Valenciennes, les Ennemis fe pofterent à Fa-
mars, autre pofte avantageux, où ils fe retrancherent pa-
reillement. Il ne faut pas douter que toutes les Armées de
Secours n'en faffent autant, & qu'elles ne commencent
par-là: car elles n'iront pas étourdîment donner dans des Lignes au moment de leur arrivée ; on veut voir clair à ce
que l'on fait. De plus, comme il eft bon de laiffer affoiblir les Affiégeans, elle mefure fon tems, & fe choifit une
fituation favorable, à une lieuë ou environ des Lignes. Là
elle fe retranche & attend le moment avantageux : pendant
cet intervalle elle fe faifit des petits poftes des Ennemis qui
peuvent lui fervir. Après cela elle fait reconnoître les Lignes, & ne manque pas de donner toute la jaloufie poffible aux Affiégeans ; ce qui ne fe paffe gueres fans plufieurs
efcarmouches de Cavalerie, qui ne decident rien, & qu'on
n'engage de la part des Ennemis, que pour avoir lieu d'approcher les Lignes de plus près, & les mieux reconnoître, &
de la part des Affiégeans, pour les en empêcher. Sur ces
entrefaites l'Armée de Secours fe prépare des chemins, fait
des Ponts fur les rivieres, s'il y en a, ou s'il lui eft néceffaire d'en avoir, & fe met en état de caufer de la défiance aux
Affiégeans : elle donne avis de tout à la Place, qui l'avertit
auffi de ce qui fe paffe dans fes murs, & concerte avec elle
le tems & la manière de l'Attaque. Les Affiégeans, qui l'ob-
fervent, & qui ont dû fe tenir pour bien avertis, depuis
qu'ils ont vû l'Ennemi s'approcher & fe retrancher près
d'eux, réglent & partagent les poftes que chaque Regi-
ment doit foutenir. On monte réglément le Bivoüac pour
n'être pas furpris pendant la nuit. On ordonne des Piquets & des Corps de referve pour tous les Quartiers, afin
de pouvoir accourir en diligence aux lieux attaquez ; à quoi

Y 3

les

les Dragons font plus propres que les autres Troupes , parce qu'ils fe peuvent porter avec promptitude fur les lieux , fuppléer au défaut d'Infanterie , border la Ligne pour un tems , & charger à cheval , quand il en fera befoin.   On diftribue des munitions aux Troupes , afin qu'elles n'en manquent pas.   On fait de petits magazins aux poftes.   On difpofe le Canon aux endroits où on le croit mieux placé. On envoye de grands & de petits Partis hors des Lignes pendant la nuit , pour avoir des nouvelles des Ennemis , & tâcher de decouvrir leurs manœuvres.   On reveille les Intelligens & les Efpions.

Le tems de l'Attaque étant venu , elle fe fera de jour ou de nuit.   Si c'eft de jour , la feinte eft inutile: l'Ennemi fe met en bataille ; l'Infanterie à la prémiere & feconde Ligne , & la Cavalerie derriere elle en deux ou trois autres Lignes : chaque Bataillon portant des Fafcines pour combler le Foffé de la Ligne.   En cet état il marche vers l'endroit de la Ligne qu'il veut attaquer , toujours en bataille , avec nombre de Detachemens devant lui , pour effuyer le prémier feu.

L'Affiégeant , qui a dû fe préparer à tout évenement , voyant l'Ennemi venir à lui , régle fes difpofitions fur les fiennes , & fait border fes Retranchemens le plus épais qu'il peut : ce qui lui tient lieu de prémiere Ligne , derriere laquelle il range une feconde pour fervir de renfort à la prémiere , & derriere celle-ci une ou deux de Cavalerie: tout cela compofé des Troupes tirées des Quartiers éloignez qui ne paroiffent pas pouvoir être attaquez.   Quand on a le tems de fe préparer de la forte , il n'eft gueres poffible que l'Ennemi puiffe forcer la Ligne ; & je n'ai point ouï dire , qu'on y ait réuffi depuis long-tems , fi ce n'eft à celles de Cazal , il y a plus de foixante ans , par M. le Comte d'Harcourt , qui en vint à bout comme par miracle , après y avoir été repouffé trois ou quatre fois.   L'exemple de ce qui eft

arrivé

arrivé devant Turin en 1706, ne prouve pas que l'on doive attendre de grands succès de ces Attaques: les Lignes y étoient mal formées, le retranchement trop serré, ensorte que la Cavalerie ne s'y pouvoit tourner, & que l'on n'y pouvoit deployer que dix ou douze Bataillons.   On y peut ajouter la mesintelligence des Généraux.

Si l'Ennemi prend le parti d'attaquer la nuit, c'est-à-dire à la pointe du jour, l'affaire sera bien plus sérieuse.   Comme il derobera sa marche, & cachera son dessein le plus qu'il lui sera possible, il fera mine de vouloir attaquer par un endroit de ces Lignes, pendant qu'il se préparera à tomber sur l'autre; cherchant de donner le change par de fausses apparences, pour obliger l'Assiégeant à être également par-tout sur ses gardes. Si l'Ennemi nous trouve en cet état, il y a à craindre qu'il ne réussisse, si l'affaire est bien menée: car telle partie qui sera gardée par mille hommes, peut être attaquée par mille autres, soutenus par plusieurs Corps l'un devant l'autre. Il est bien difficile alors d'empêcher que l'Ennemi ne parvienne jusqu'à la Ligne, & que s'attachant au Parapet, il ne le borde de son côté, & ne chasse les Assiégeans de l'autre par un feu supérieur à celui de dedans; pendant qu'avec les Travailleurs il y feroit des ouvertures, pour faciliter l'entrée de ses Troupes.   Ce coup est d'autant plus à craindre, que si l'on n'est pas bien averti du dessein de l'Ennemi, on se tient, à peu de chose près, également par-tout sur ses gardes : ce qui est un très mauvais parti à prendre.

Comme une Ligne en cet état ne peut être que très foible, l'Ennemi y a de grands avantages: car il se porte, à la faveur de l'obscurité, jusques fort près du Fossé avant que d'être decouvert ; où ne trouvant qu'une foible resistance, il force les Lignes avant que le Piquet & le secours de l'Assiégeant soient arrivez au lieu de l'Attaque.

C'est

C'est ainsi que les Lignes de Lerida en Catalogne, d'Arras & de Valenciennes en Flandres, furent autrefois forcées; & que toutes celles qu'on attaquera de la sorte le seront, ou en grand danger de l'être, si l'on ne prend pas des mesures plus justes que celles qui se prennent ordinairement.

Ce qu'on doit faire en cas pareil, est de tâcher en toutes manières de decouvrir le dessein de l'Ennemi sur le lieu & le tems qu'il doit attaquer.

Le dessein, qu'il a intérêt de cacher, ne peut se decouvrir que par une exacte observation de ses manœuvres, & par plusieurs Espions qu'il faut avoir dans son Camp, qui doivent journellement se jetter dans le votre, sur-tout dans le tems qu'ils le verront venir aux Lignes, & enfin par les Prisonniers que l'on fera.

Si l'on voit l'Ennemi s'attacher à reconnoître un côté de la Ligne plus que les autres, & si ce côté est assez près de lui pour qu'il puisse s'en approcher dans une nuit de marche, afin de pouvoir l'attaquer le lendemain au point du jour. Si la face ou l'enclos des Lignes est traversé par des rivieres, dont l'un des côtez soit seulement occupé par l'Ennemi, & qu'il fasse plusieurs Ponts dessus, c'est un signe évident qu'il a dessein de faire passer plusieurs colomnes à la fois. De même, s'il se saisit de quelque Château ou Maison forte au-delà de cette riviere, qui ne lùi soit nécessaire que pour l'aider à cacher son dessein; joignant alors toutes les apparences ensemble, on pourra conjecturer que l'Ennemi a dessein d'attaquer par le côté plus à portée de ces Ponts, principalement si l'inégalité du terrain peut cacher sa marche, & compter qu'il ne fera que de fausses attaques vis-à-vis de son Camp & par-tout ailleurs: ce qui arrivera infailliblement.

Une autre observation importante à faire, est que si après

avoir

avoir eſtimé la diſtance qu'il y a des autres côtez de la Ligne
au Camp de l'Ennemi, on trouve qu'il n'en puiſſe faire le
chemin, ni arriver avant le jour par la marche d'une nuit
d'été, qui ne dure que cinq ou ſix heures; il faut voir, ſi
le tems qui lui eſt néceſſaire, peut s'accorder avec ce que
l'on aura appris des Eſpions, des Priſonniers, & des Rendus.
A propos d'Eſpions, je crois qu'on n'en ſçauroit trop avoir,
& qu'il ſeroit à ſouhaiter qu'on en pût recevoir tous les
jours des nouvelles plutôt deux fois qu'une; principalement
quand l'Ennemi ſe prépare à nous attaquer, & quand il ſe
mettra en marche pour venir aux Lignes. C'eſt alors, qu'en
obſervant de quel côté l'Ennemi tourne la tête, ils peuvent
voir ſur quelle partie de la Ligne il va tomber.

Si à tout ce qui vient d'être dit, on ajoute encore la de-
couverte de grands & petits Partis, qui doivent battre l'eſtrade pendant la nuit ſous la portée du Canon des Lignes,
il eſt preſque impoſſible que l'Ennemi puiſſe empêcher
qu'il ne ſoit découvert de fort bonne heure: auquel cas il
faudra achever de bien garnir les côtez de la Ligne par où il
peut aborder, en tirant des Troupes de ceux qui ne ſont
pas à portée par leur trop grand éloignement.

Il ne faut pas oublier de garnir la Ligne de Canon de ce
côté-là quelques jours auparavant, & de le tenir en bon
état; de faire garder les Buchers, s'il y en a, par deux ou
trois Soldats à chacun, qui auront ordre d'en allumer le feu
au ſignal qui ſe fera par un certain nombre de coups de Canon dont on ſera convenu. Quand on ſera aſſûré du côté
par où l'Ennemi s'approche, on donnera le ſignal lorſqu'il
ſera au tiers de la portée du Canon. Auſſi-tôt on allumera
les Buchers, & l'on fera retirer les boute-feux dans la Ligne,
par des endroits qui leur auront été marquez. Ces feux
allumez ſuppléeront au défaut de la lumiere, qui pourroit

Z

encore

encore manquer, & feront un jour artificiel, d'autant plus dangereux pour l'Ennemi, qu'on tire beaucoup mieux & plus droit à la lueur du feu pendant la nuit, que de jour. Si toutes ces obfervations font faites avec foin, je me perfuade, qu'on parviendra à corriger le malheur des Lignes attaquées de nuit, par la raifon que, ne provenant que de l'incertitude où l'Ennemi nous tient, elle fera levée, fi-tôt qu'on fera averti de fon deffein.

Après tout, il faut convenir de bonne foi, que de tous les retranchemens que la guerre employe pour attaquer & défendre, aucun n'eft fi mauvais que les Lignes de Circonvallation. La raifon en eft, que leur circuit eft toujours de beaucoup trop grand pour le nombre des Troupes qui doivent les défendre: car fuppofé le diametre d'une Circonvallation de 3400. toifes, qui eft le moins qu'elle puiffe avoir, comme on a déja dit, y compris les Rédans & les détours de la circonference, les Lignes de Circonvallation feront au moins de 12000. toifes, ou près de cinq lieuës communes de France.

Que fi, pour border une Ligne de cette étenduë, on donne feulement 3. pieds à chaque Soldat, il faut 24000. hommes pour un feul rang, & par trois de hauteur 72000. hommes de pied, fans rien compter pour la deuxieme Ligne, ni pour les Tranchées & les autres Gardes, qui demanderoient bien encore autant de monde, pour que tout fût fuffifamment garni.

Où trouver des Armées de cette force? Et quand on dégarniroit la moitié des Lignes les moins expofées pour renforcer celles qui le feroient le plus, on ne parviendroit pas à les garnir fuffifamment à beaucoup près, d'autant plus que, fi les Places affiégées font un peu confiderables, la Circonvallation deviendra bien plus grande que celle qui eft ici fuppofée:

poſée : ce qui éloigne encore plus de la poſſibilité de les pouvoir bien garnir. C'eſt pourquoi on peut hardiment aſ-fûrer que, de tous les retranchemens, la Circonvallation des Places eſt toujours le plus mauvais, quelque ſoin qu'on puiſ-ſe prendre de la rendre bonne; & que le mieux qu'on puiſſe faire dans un Siége, eſt d'avoir une Armée d'Obſerva-tion.

Examinons maintenant quelle doit être la force d'une Ar-mée d'Obſervation par rapport à celle de Secours. Cela n'eſt pas fort aiſé : il eſt certain qu'elle doit toujours être propor-tionnée aux forces de l'Ennemi; & pour bien éclaircir ceci, ayons recours à quelque Exemple.

Je dis donc, qu'il eſt abſolument néceſſaire d'être bien in-formé des forces que l'Ennemi peut mettre en campagne, & c'eſt à quoi on ne ſçauroit trop donner d'attention. Sup-poſons après cela qu'il puiſſe y mettre 25000. hommes, & nous 35000. S'il s'agit d'un Siége, on pourra faire une Armée d'Obſervation, & ſi l'on peut avoir quelques jours d'avance pour faire les Lignes, la choſe en ſera plus aiſée. Que cela ſoit ou non, ſi l'Ennemi ſe met en état de les ap-procher, on pourra lui oppoſer 18 à 20000. hommes d'ob-ſervation, qui prenant un poſte avantageux à portée des Lignes, s'y doivent bien retrancher : Car ſi une Armée bien poſtée ajoute un bon retranchement aux avantages de la ſituation qu'elle occupe, elle ſera aiſement tête à une au-tre qui ſera d'un tiers plus forte qu'elle, quand même el-le le ſeroit davantage.

Si l'Armée d'Obſervation ſçait bien ſe conduire, il eſt ſûr que l'Ennemi n'oſera l'attaquer; parce que ſe trouvant preſſée, elle pourra tirer du ſecours de l'Aſſiégeante, de même qu'elle pourra lui en donner de ſon côté. Ce qui eſt ici propoſé par cet exemple, peut s'appliquer à de plus

Z 2

gran-

grandes Armées, & fe reftraindre à de plus petites, felon la force de l'Ennemi à qui l'on a affaire. S'il fe préfente à quelque côté de la Ligne éloigné de l'Armée d'Obferva- tion, il fera au choix de celle-ci d'entrer dans les Circon- vallations, & de fe préfenter fur deux Lignes du côté qu'il pourra attaquer, ou de prendre pofte à côté de lui, pour le charger en flanc, pendant qu'il attaquera de front : Le tems, les circonftances, la fituation des lieux, les confé- quences qui en refultent, doivent déterminer au parti que l'on doit prendre.

CHAPITRE XXV.

RECAPITULATION DES PRINCIPES, QUI ONT ETE' ETABLIS DANS CE TRAITE'.

APRES avoir expliqué en détail, & auffi exactement qu'il nous a été poffible dans ce Traité, tout ce qui pouvoit regarder les Attaques des Places, nous avons cru qu'il ne feroit pas inutile de le renfermer en peu de mots fous le Nom de Maximes générales, afin que tout foit plus aifé- ment préfent à l'efprit.

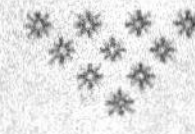

MAXIMES GENERALES

POUR SERVIR A LA CONSTRUCTION DES LIGNES.

1. LES faire bonnes, & profiter de tous les avantages du terrain, autant que l'on peut.

2. Donner à leur circuit tout l'espace néceffaire & rien de plus.

3. Ne pas expofer les Camps fous la portée du Canon de la Place.

4. Ne les point commettre au commandement des Dehors de la Place, qui par le Canon & le Moufquet pourroient incommoder le dedans des Lignes.

5. Occuper tous les commandemens des environs, qui pourroient nuire à la Ligne & aux Camps; foit par la Ligne même, où on les enferme, foit par des Redoutes & Forts detachez, pour éviter qu'ils ne foient occupez par une Armée de Secours.

6. L'obfervation de ces Maximes préfuppofée, il ne doit refter d'étenduë au circuit des Lignes que celle qu'elles doivent précifement occuper.

7. Si la Ligne eft coupée de rivieres ou de canaux, y faire le plus de Ponts que l'on pourra ; c'eft-à-dire, plutôt deux qu'un, ou plutôt trois que deux, & même plutôt quatre que trois; afin de faciliter le prompt tranfport des fecours d'un côté à l'autre, & éviter la confufion où l'on fe trouva à la levée du prémier Siége de Valenciennes, où ce défaut fit perir une partie de l'Armée, & en dernier lieu à Denain, où un femblable défaut a coûté la vie à plufieurs milliers d'hommes.

Z 3

8. Em-

8. Employer les bois, rivieres, ruisseaux, étangs, marais, ravines, foffez, escarpemens, chemins creux, & généralement tout ce qui peut favoriser la situation des Lignes; les appliquer à leur fortification, sçavoir les bois, par les abatis; les rivieres & ruisseaux, pour en rompre les guez & les faire servir d'Avant-foffez aux Lignes; les étangs, en les mettant entre vous & l'Ennemi; les marais, en augmentant, s'il se peut, leurs eaux, & les mettant devant les Lignes; les ravins, grands foffez & escarpemens, en les y plaçant à même fin: en un mot, faire servir toutes les diverfitez du terrain à leur fortification, comme autant d'avantages favorables que la Nature nous présente, & qu'il ne faut pas negliger.

9. Les Avant-foffez des Lignes ne font avantageux, qu'autant qu'ils peuvent être remplis d'eau. De toute autre façon ils ne valent rien; parce qu'ils ne servent qu'à cacher l'Ennemi, quand il a tant fait que de s'avancer jusques-là.

10. Que la distance de la tête des Camps à la Ligne ne foit pas éloignée de plus de 120. toifes, ni plus près de 60.

11. Que l'éloignement de la pointe d'un Rédant à l'autre ne foit gueres plus de 120. toifes, & moins de 80., excepté à moins que l'on n'y foit contraint par les inégalitez du terrain.

12. Que les Lignes de Contrevallation puiffent au befoin être approchées de la Place affiégée jusqu'à l'extrémité de la portée du Canon, & pas davantage.

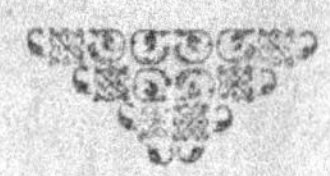

REGLES OU MAXIMES GENERALES

QUI PEUVENT SERVIR A L'ATTAQUE D'UNE PLACE.

1. ETRE toujours bien informé de la force des Garnisons, avant que de déterminer les Attaques.

2. Attaquer toujours par le plus foible des Places, & jamais par le plus fort; à moins que l'on n'y soit contraint par des raisons supérieures, qui, comparées aux particulieres, font que ce qui est le plus fort dans les cas ordinaires, se trouve le plus foible dans les extraordinaires : ce qui se prend des lieux, des tems, & des saisons que les Places sont attaquées, & des différentes situations où l'on se trouve.

Quand le Roi assiégea Valenciennes, Sa Majesté n'ignoroit pas que le front de la Porte d'Aujain ne fût le plus fort de la Place; cependant il fit attaquer par-là.

1. A cause de la facilité des approches par la chaussée de Rhume, qui étant pavée, amenoit toutes les Munitions depuis Dunkerque, Ypres, Lille, Douay & Tournay, jusqu'à la queuë des Tranchées : ce qui ne se pouvoit par-tout ailleurs.

2. A cause de la facilité d'avoir des Fascines, y ayant de grands bois près de-là, qui pouvoient abondamment fournir toutes celles dont on avoit besoin.

3. Pour pouvoir contrevaller, comme on fit par la Tranchée, toute cette partie qui s'étend depuis l'inondation au-dessous de la Place, jusqu'à celle au-dessus: ce

qui

qui étant répeté par deux Places d'Armes, l'une devant l'autre, & par tous les plis & les replis de la Tranchée, l'Ennemi fut enfermé dans la Place, & reduit à ne pouvoir pas fortir quatre hommes hors de fon Chemin couvert depuis la porte de Tournay jufqu'à la porte de Notre-Dame ; de forte que s'il fe fût préfenté un grand fecours, le Roi, en renforçant la Tranchée de deux Bataillons & de 3. ou 4. Efcadrons, auroit pû lever tous les quartiers de ce côté-là, qui faifoient les deux cinquiemes du circuit des Lignes, pour en renforcer fon Armée, & fe préfenter aux Ennemis, fans que les Attaques euffent ceffé de faire leur chemin. Ces raifons & autres femblables prévalent quelquefois fur les communes très avantageufement : c'eft pourquoi on ne doit pas héfiter de les faire valoir.

De pareilles raifons ont déterminé le Prince Eugene à attaquer Lille par où il l'a attaquée, qui eft certainement un des plus forts côtez de la Place.

3. Ne point ouvrir la Tranchée, que les Lignes ne foient bien avancées, & les munitions & matériaux néceffaires en place, prêts & à portée ; car il ne faut pas languir pour ce manquement, mais avoir toujours les chofes néceffaires fous la main.

4. Embraffer toujours le front des Attaques, afin d'avoir l'efpace néceffaire aux Batteries & Places d'Armes.

5. De faire toujours trois grandes Lignes paralleles aux Places d'Armes, les bien fituer & établir, leur donnant toute l'étenduë néceffaire.

6. Les Attaques liées font préferables à toutes les autres.

7. Em-

7. Employer la Sape dès que la Tranchée deviendra dangereuse, & ne jamais faire à decouvert ni par force ce que l'on peut faire par induſtrie; parce que l'induſtrie agit toujours ſûrement, & que par la force on ne réuſſit pas toujours, & on hazarde pour l'ordinaire beaucoup.

8. Ne jamais attaquer par des lieux ſerrez & étroits, ni par des marais, encore moins par des chauſſées, quand on le peut par des lieux ſecs & ſpacieux.

9. Ne jamais attaquer par des Angles rentrans, qui puiſſent donner lieu à l'Ennemi d'enveloper ou croiſer ſur la tête des Attaques; parce qu'au lieu d'embraſſer, il ſe trouveroit par la ſuite que la Tranchée ſeroit envelopée.

10. De ne point embaraſſer la Tranchée de Troupes, ni de Travailleurs, ni de Matériaux; mais de ranger les uns & les autres dans les Places d'Armes de la droite & de la gauche, & laiſſer les chemins libres pour le ſervice du travail, & pour les allans & les venans.

11. Le moyen le plus ſûr de bien réuſſir à un Siége, eſt d'avoir une Armée d'obſervation.

12. Ne jamais porter un ouvrage en avant près l'Ennemi, que celui qui le doit ſoutenir ne ſoit en état de le faire avantageuſement.

13. Que les Batteries plongeantes, appellées Ricochets, ſoient toujours ſituées ſur les enfilades & revers des Pieces attaquées & non autrement.

14. Employer les Batteries à Ricochets & les Cavaliers à la priſe du Chemin couvert par préference aux Attaques formées dans tous les endroits où il y aura poſſibilité de le faire.

15. Obſerver la même Maxime d'Attaque pour tous les Dehors, & même pour le Corps de la Place.

Aa

16. Ne

16. Ne jamais tirer aux bâtimens de la Place, parce que c'eſt perdre du tems & conſommer des Munitions mal à propos, pour des choſes qui ne contribuent en rien à ſa reddition, & dont les réparations coûtent toujours beaucoup après la priſe.

17. La Précipitation dans les Siéges ne hâte point la priſe des Places, la recule ſouvent, & enſanglante toujours la ſcene : témoin Barcelonne, Landau & pluſieurs autres.

18. La ſaiſon la moins propre à l'Attaque des Places eſt l'hyver ; parce que c'eſt celle des mauvais tems & des grands froids, qui font beaucoup ſouffrir les Troupes.

19. Attaquer les Places entourées de marais dans le tems le plus ſec de l'année ; parce que vraiſemblablement on y ſera moins incommodé des eaux.

20. Aux Places régulieres il faut des Attaques régulieres ; mais aux Places irrégulieres il faut attaquer comme l'on peut, ſans toutefois s'éloigner de l'obſervation des régles, que le moins qu'il eſt poſſible.

21. Aux Places où il y a Château & Citadelle, il faut, autant que l'on pourra, attaquer par la Citadelle, ſi d'autres raiſons ne prévalent, comme il arrive ſouvent ; parce que la Citadelle priſe, la Ville ſuit néceſſairement : au lieu qu'en attaquant la Ville la prémiere, on a deux Siéges à faire pour un.

22. Ne jamais s'écarter, ni s'éloigner de l'obſervation des régles, ſous prétexte qu'une Place n'eſt pas bonne, de peur de donner lieu à une mauvaiſe de ſe défendre comme une bonne.

23. Les Attaques par des lieux ſerrez ſont toujours difficiles & ſujettes à de grands inconveniens, parce qu'on ne peut pas toujours y obſerver les régles.

24. Tou-

24. Toutes fortifications réglées par les maîtres de l'Art, ont toujours quelque chose de régulier ou de fort approchant; à moins que la situation n'y répugne tout-à-fait. Il en doit être ainsi de la conduite des Attaques bien entenduës.

25. Les Pays de marais, qu'on ne peut épuiser ni écouler, ne sont pas propres à l'Attaque des Places, qu'autant que la foiblesse de leurs fortifications & de leurs Garnisons s'y accordent; & que les digues par où on les peut aborder, donnent moyen, par leur largeur & hauteur, de conduire une Tranchée tout le long, avec les retours nécessaires, sans être contraint de s'enfiler; & qu'il se trouve quelque terrain sec à côté, plus élevé que la superficie du marais, pour y pouvoir utilement établir des Batteries de toute espece, qui suppléent en partie aux conditions réquises dans les cas ordinaires.

26. Attaquer de jour, quand la Tranchée a tellement pris ses avantages, qu'il n'y a plus d'endroit dans tout le front attaqué qui soit exempt de la supériorité du Canon, des Bombes, des Pierres, & de la Mousquetterie; & attaquer de nuit, quand une grande partie de ces endroits ne sont pas dans le cas précedent.

27. Tout Siége de quelque considération demande un homme d'expérience, de tête, & de caractère, qui ait la principale disposition des Attaques, sous l'autorité du Général; que cet homme dirige la Tranchée & tout ce qui en dépend; place les Batteries de toute espece, & montre aux Officiers de l'Artillerie ce qu'ils ont à faire; à qui ceux-ci doivent obéïr ponctuellement, sans y ajouter ni diminuer.

28. Par la même raison ce Directeur des Attaques doit commander aux Ingenieurs, Mineurs, Sapeurs, & à tout

Aa 2

ce

ce qui a rapport aux Attaques, dont il eſt comptable au Général ſeul: car quand il y a pluſieurs têtes à qui il ſaut rendre compte, il eſt impoſſible que la confuſion ne s'y mette; après quoi tout, ou la plus grande partie, va de travers, au grand deſavantage du Siége & des Troupes.

29. Enfin, ne jamais s'éloigner de l'obſervation de ces Maximes; parce qu'on ne le ſçauroit faire ſans manquer dans une choſe ou dans l'autre, & ſouvent dans toutes à la fois.

Fin de la Prémiere Partie.

SECON

SECONDE PARTIE.

DE LA DEFENSE DES PLACES.

QUOIQUE plusieurs Gouverneurs, se fiant trop en leur courage, ayent negligé la Science de défendre les Places, cette Science est pourtant très estimable. Ils ont cru que c'étoit assez d'avoir exposé leur vie dans toutes les occasions, ou recherchées, ou offertes, pour avoir rempli leur devoir. L'exemple de plusieurs Places qui, bien que prises faute de conduite, ont été défenduës avec beaucoup de valeur & d'éclat, les a fait tomber dans cette erreur. Ils n'ont point craint le blâme qu'ils pouvoient mériter, en se rendant plutôt qu'ils n'auroient fait, s'ils avoient daigné joindre à leur valeur, la Science qu'ils ont negligé d'apprendre.

Cette Science si utile & si nécessaire à un Gouverneur, ne peut s'acquerir que très médiocrement par la lecture des meilleurs Livres. Elle veut une application plus étenduë, & l'expérience seule la peut fournir. Il est aisé de juger par le grand nombre de fautes qui se sont faites dans ce métier, & par les fausses Maximes qui ont été reçûës, combien cette heureuse expérience est rare & difficile à acquerir.

A a 3

Plu-

Plusieurs Gouverneurs ont cru, que leurs Dehors étant pris, & le Mineur attaché au Corps de la Place, ou tout au plus le Bastion ouvert, ils pouvoient se rendre & capituler avec honneur, après avoir paru, l'épée à la main, sur le haut de la bréche, à la tête d'un Bataillon qui ne combat point, mais qui seulement essuye tout le feu du Canon & de la Mousquetterie de l'Attaque, & se retire ensuite de la bréche, derriere quelque foible retranchement, qui ne semble avoir été fait que pour la Capitulation des Troupes, & non pour la Défense de la Place. La cause d'une si prompte Capitulation arrive quelquefois par le raisonnement des Officiers. Poussez par l'intérêt de conserver quelques menus équipages qui leur apartiennent, ils les préferent à leur gloire, & persuadent au Gouverneur, qui par des raisons particulieres veut bien être persuadé, qu'il peut capituler avec honneur; qu'il vaut beaucoup mieux d'assurer par un Traité volontaire la liberté des habitans, & de sortir Tambour battant, Enseignes déployées, Balle en bouche, la Méche allumée, & traîner avec soi quelques Pieces de Canon & des Equipages, que d'attendre une extrêmité prochaine, & courir le risque d'être emportez par la force. Ils lui représentent, qu'une partie des Soldats sont blessez, & d'autres malades, & que ceux qui sont encore en état de servir, sont rebutez; que les longues veilles & les grandes fatigues qu'ils ont souffert, méritent bien qu'on songe à leur conservation. Par cent autres méchantes raisons, ils tâchent d'insinuer au Gouverneur le dessein qu'il aura peut-être déja pris de capituler, dont en soimême il est bien aise qu'ils lui fassent l'ouverture, puisqu'après quelques formalitez, il conclut avec eux de se rendre : comme si un Bastion qui n'est peut-être depouillé de sa chemise qu'en un seul endroit, donnoit une libre entrée aux Ennemis, ou qu'on n'eût élevé & revêtu des Remparts, que pour l'effet d'une Capitulation, que les Troupes ont souvent

faite

faite dans de petits & méchans reduits, & même quelquefois en rase campagne. Est-il donc impossible de faire de bons retranchemens les uns derriere les autres, de bien défendre une Place, & de la reparer? Non; on le doit & on le peut facilement. C'est ce que je ferai voir dans la suite de ce Discours.

Nous avons expliqué, en parlant de l'Attaque des Places, la manière de les défendre. Nous avons même supposé que le Gouverneur de la Ville assiégée étoit intelligent, qu'il profitoit des avantages que lui pouvoit fournir la situation ou la construction de sa Place, pour faire une belle & longue Défense, & qu'il ne se rendoit qu'à l'extrêmité. Il s'en faut beaucoup, que les Places qui ont été assiégées depuis 30. ans, par les François ou par les Ennemis, ayent fait une Défense si bien conduite, si l'on excepte Keyserswerth.

Cependant il ne seroit pas impossible de pratiquer encore plus de chicanes, & de rendre la Défense plus longue & plus ruineuse à l'Assiégeant, si les Gouverneurs & les Officiers des Places, mieux instruits de leur devoir qu'ils ne le sont ordinairement, vouloient bien sacrifier leurs intérêts à leur gloire & au bien de leur Patrie.

C'est ce que nous allons expliquer. Nous supposerons, que la Place est suffisamment munie de Troupes, d'Artillerie, de Munitions de guerre & de bouche, de Medicamens, & de toutes les autres choses nécessaires pour la nourriture & le soulagement des Troupes, & pour la Défense de la Place. On se réglera sur les Maximes énoncées dans les Chapitres suivans.

CHAPITRE I.

DES PRECAUTIONS QU'IL FAUT PREN-DRE AVANT QUE LA PLACE SOIT ASSIEGE'E.

Dans une longue Paix, les Gouverneurs & les principaux Officiers des Places fortes oublient que leurs Villes peuvent être assiégées, & ils en negligent les environs. Ils permettent aux Bourgeois de faire des Jardins entourez de Hayes & de Fossez, de planter des Arbres, quelquefois même de bâtir des Maisons sous la portée du Canon de la Place : ce qui ne se devroit jamais permettre. Mais lorsqu'une Place peut craindre d'être assiégée, il faut absolument reparer cette faute, & le Gouverneur d'une Place ne doit jamais rien souffrir sous la portée de son Canon, qui puisse lui derober la vûë des Ennemis. Il ne doit y laisser aucun Fossé à remplir, aucun Buisson à couper, aucune Eminence, s'il est possible, sans la faire applanir. Il doit s'attaquer tous les jours lui-même en secret, & chercher autant de différentes Défenses, qu'il invente de nouvelles Attaques. Jusqu'ici les Gouverneurs des Places n'ont pas plutôt apperçu qu'ils sont investis, & que l'Armée ennemie est arrivée pour les attaquer, qu'ils en facilitent eux-mêmes l'exécution, par le soin qu'ils ont de marquer, par leurs Canonades, le terrain que les Ennemis doivent occuper pour leurs Campemens. Au lieu que s'ils demeuroient dans le silence, il pourroit arriver de deux choses l'une,

que

que leur Camp feroit trop ou trop peu étendu. S'il l'étoit
trop, comme la Circonvallation feroit plus étenduë, elle
en feroit d'une garde plus difficile contre le fecours; & fi
leur Camp étoit trop proche, il faudroit quelques jours
après que le Canon de la Place commenceroit à tirer, qu'ils
s'en éloignaffent. Par ce moyen la Ligne de Circonvallation
commencée feroit à recommencer, & le tems de l'Ouvrage
perdu: qui eft tout ce que peut defirer l'Affiégé dans cette
occafion.

Le jour que l'Ennemi s'avance pour reconnoître les lieux
les plus commodes pour l'Attaque; ce qui fe fait ordinairement
un jour ou deux avant l'ouverture de la Tranchée, & quelquefois le même jour; quoique cette reconnoiffance ait déja
été faite par plufieurs en détail, le Général ira, cette derniere fois, pour en réfoudre.

Dans cette occafion le Gouverneur doit bien prendre
garde qu'aucun des fiens ne foit pris prifonnier; car il n'y a
point de Soldat fi ignorant qui ne puiffe donner des avis im-
portans.

Si les Ennemis qui fe font approchez font foibles, il faut
faire fortir un grand nombre de Soldats de la Place, pour les
tenir éloignez par le feu du Moufquet; & s'ils font forts, on
ne doit laiffer au dehors que quelque peu de Cavalerie ou
d'Infanterie, qui puiffe, par une retraite feinte, faire effuyer
à l'Ennemi tout le feu de la Place, au cas qu'il approche
pour la charger.

Dans ces Sorties on doit fur-tout s'attacher à ne faire feu
que fur les particuliers, d'autant qu'un Général qui va reconnoître, fe detache ordinairement feul, & laiffe ceux qui
l'accompagnent, à l'exception de quelque peu de perfonnes
qui peuvent avec lui remarquer les défauts de la Place, &
l'aider à choifir le lieu le plus commode pour l'Attaque.
C'eft fur ces particuliers que ceux qui font commandez doi-

Bb

vent

vent tirer, puisque ce sont des têtes qu'il vaut mieux abattre qu'un plus grand nombre d'autres Ennemis d'une moindre importance, car il n'y a pas de doute que ce ne soient ceux qui doivent avoir la principale conduite des Attaques, auxquels le Général aura permis de le suivre.

Le Gouverneur ayant reconnu le dessein de l'Ennemi par le lieu de l'ouverture de la Tranchée, doit faire travailler diligemment à des Fourneaux sous le Glacis de la Contrescarpe, & avancer aux pointes des Angles saillans de la même Contrescarpe, de petits Ouvrages enfoncez, en forme de Contre-gardes, sous les Parapets desquels on fera aussi quantité de petits Fourneaux. On doit aussi planter des Palissades à 2. pieds du Parapet au dedans de l'Ouvrage, & les élever d'un pied ou d'un pied & demi plus que la hauteur de ce Parapet.

Le jour, ou plutôt la nuit de l'ouverture de la Tranchée le Gouverneur doit demeurer dans le silence, jusqu'à ce qu'il soit tout-à-fait assuré du vrai lieu de l'Attaque. Il doit tenir toute la Garnison sous les armes, & s'assurer contre la surprise; d'autant que l'Ennemi pourroit feindre plusieurs Attaques, & par ce moyen emporter quelqu'un des Dehors, duquel il pourroit se saisir à la faveur de quelque Fossé, Rideau, ou autre Couvert voisin qu'on auroit negligé, ou auquel on n'auroit pas eu le tems de remedier. Lorsque cela arrive, il n'y a rien à menager, il faut tout hazarder pour chasser l'Ennemi qui s'en seroit emparé, reparer ce qu'il aura détruit, détruire ce qu'il aura fait pour se couvrir, & tâcher de fortifier ce lieu-là mieux qu'il ne l'étoit auparavant, par des Ouvrages de maçonnerie ou de terre, ou du moins par des Palissades.

Quoique la présence des Ennemis soit un obstacle très incommode à qui veut reparer ou construire des travaux, cet obstacle pourtant n'est pas insurmontable, puisque l'on a vû à Lerida en 1647. les Assiégez fonder & élever une muraille

raille à l'épreuve du Canon entre l'ouverture de la Tranchée & la Place, qui leur formoit une seconde enceinte du côté de la Place.

Quand le vrai lieu de l'Attaque n'est plus douteux, le Gouverneur ne doit pas s'y opposer par aucune Sortie. Il doit se contenter de tirer au bruit quelques coups, à moins qu'il ne connût que l'Ennemi s'approche de trop près. Alors il doit commander de faire feu de toutes parts, & travailler nuit & jour aux Contre-mines de la Demi-Lune & des Bastions attaquez, si l'on n'y avoit pas travaillé auparavant; faire degorger des Embrasures au dedans & au dehors de la Place en tous les lieux qu'il jugera les plus nécessaires, pour opposer, s'il est possible, un plus grand nombre d'Artillerie aux Batteries des Ennemis.

Comme dans les combats & dans les batailles de Troupes contre Troupes, l'avantage demeure le plus souvent à celui qui tire le dernier, le contraire arrive dans les Siéges, où l'Artillerie de celui qui prime a ordinairement l'avantage.

Néanmoins le Gouverneur ne se doit servir de son Canon, que pour rompre quelques Batteries plus foibles que celles qu'il peut opposer, ou quelques Logemens qui lui deviendroient incommodes dans la suite, parce qu'il n'y a rien qu'il faille tant menager dans une Place que la Poudre. D'ailleurs, à bien considerer toutes choses, le Canon des Assiégeans l'emporte presque toujours en nombre, & il est beaucoup mieux servi que celui des Assiégez : par conséquent il est le plus fort, sur-tout aux Places ordinaires. Ainsi il est plus à propos de reserver la Poudre pour de petits Fourneaux, puisque la charge nécessaire à 10. ou 12. Pieces de Batterie, étant placée sous un Logement, le détruira plus facilement, que ne seroit l'effet de cent volées de Canon. On ne parlera pas en détail de la conduite de chaque action, non plus que de la quantité de toutes les choses nécessaires pour

Bb 2

la

la Défenſe d'une Place. On dira ſeulement, qu'il ne ſçauroit y avoir trop de Munitions de guerre & de bouche, Feux, Bombes, Grénades, Gabions, groſſes & petites Faſcines, Chevaux de friſe, Armes, Paniers, Sacs-à-terre, Hottes, Broüettes, Leviers, Cordages, quelques Chevres, des Crics, & pluſieurs Affuts de Canon, pour monter les différentes Pieces d'Artillerie, un grand nombre de Paliſſades & de toute autre ſorte de bois, des Outils propres à remuer la terre & rompre le roc, d'autres pour couper le bois, des Forges garnies, & des gens propres à mettre le tout en uſage.

En ſuppoſant la Place munie d'Hommes & de Canon, dont le nombre doit être proportionné à la grandeur des Places, & de tout l'attirail dont je viens de parler; j'ajoute qu'un Hôpital y eſt indiſpenſablement néceſſaire.

Le jour qui ſuit la prémiere nuit de l'ouverture de la Tranchée, le Gouverneur doit reconnoître par le prémier travail de l'Ennemi, ce qu'il pourra faire la ſeconde nuit, & juſqu'à quelle diſtance des travaux de la Place il pourra conduire ſon Attaque. S'il juge que la tête de la Tranchée puiſſe arriver à la portée du Piſtolet de ſes Dehors, il ira par une Ligne de Contr'-approche ſur la droite & la gauche des Attaques, qui enfilera une ou pluſieurs Lignes du travail de l'Ennemi, ſelon qu'il les aura plus ou moins avancées, & qu'elles ſeront conſtruites.

CHA-

CHAPITRE II.

DE LA LIGNE DE CONTR'-APPROCHE.

LA Ligne de Contr'-approche est une espece de Tranchée que l'Assiégé fait depuis son Chemin couvert à droite & à gauche des Attaques, pour enfiler les travaux des Ennemis. Cette Ligne doit commencer dans l'Angle de la Place d'Armes de la Demi-Lune qui n'est point attaquée, & du Bastion attaqué ; éloignée des Attaques de 50. à 60. Toises ; & prolongée autant qu'on le jugera à propos, pour voir l'Ennemi dans ses Tranchées & ses Paralleles. Cette Ligne doit être parfaitement enfilée & du Chemin couvert & de la Demi-Lune vis-à-vis ; afin que si l'Ennemi en chasse les Troupes, il n'en puisse tirer aucun avantage.

Il faut placer aux côtez de l'ouverture de cette Ligne de Contr'-approche de petites Pieces d'Artillerie , & dans la Demi-Lune, vis-à-vis cette même ouverture , de bonnes Pieces de Canon, pour la nettoyer, s'il arrivoit que les Ennemis voulussent s'y loger, après en avoir chassé les Assiégez.

L'Ennemi fera des retours pour s'épauler contre cette Contr'-approche, ou il poussera une Ligne pour la joindre, croyant de la rendre sans effet : mais cette même Ligne qu'il fera, rendra sa Cavalerie inutile contre les Sorties des Assiégez. D'ailleurs , une autre Ligne plus éloignée & plus étenduë fera le même effet que la prémiere , & rendra à cette prémiere l'usage pour lequel elle étoit faite avant la jonction qu'en aura fait l'Ennemi ; d'autant que le feu de cette seconde Ligne de Contr'-approche, verra en flanc &

B b 3

de

de revers celle de la jonction , laquelle étant vûë , sera inutile aux Assiégeans & favorable aux Assiégez.

Si la Tranchée est sur une Ligne droite hors de l'enfilade des travaux de la Place , assurée seulement par des Redoutes de distance en distance, les Lignes qui seront dans l'intervalle de ces Redoutes seront assurément vûës de la Ligne de Contr'-approche, & par conséquent elles seront decouvertes. Et si, outre les Redoutes, les Ennemis ont fait de grandes Places d'Armes , le seul remede est de les attaquer de front , & à force de Grénades, tandis que les gens commandez les chargeront en flanc, & que le Canon & la Mousqueterie de la Place feront feu perpétuel sur les Redoutes.

CHAPITRE III.

DES SORTIES.

LES Sorties faites à propos, peuvent considérablement retarder les approches. L'ordre qu'il y faudroit observer seroit, de faire marcher à la tête un petit Bataillon de 90. hommes, de 30. de front, sur 3. de hauteur, & 30. Grénadiers formeroient un quatrieme rang, allant aux Ennemis; ils passeroient ensuite par les intervalles & se posteroient entre le prémier & le second rang, ou prendroient le devant selon l'occasion qui s'en présenteroit.

Les 90. hommes seroient armez de toutes pieces, ayant en main de fortes & longues Pertuisannes, ou Fourches à crochets, & autres armes de pareille nature, avec l'épée &

le

le piſtolet à la ceinture. Un autre Bataillon de 180. hommes ſuivroit de près à 30. de front & 6. de hauteur, dont le prémier rang ſeroit auſſi armé de toutes pieces, & les autres à l'ordinaire, & les chefs de file ainſi armez feroient l'Arriere-garde dans la retraite. Après le deuxieme Bataillon marcheroient 200. Travailleurs avec des Outils pour raſer le travail ennemi, dont 15. ou 20. ſeroient chargez de Feux d'artifice pour brûler ce qui ne pourroit pas être détruit promptement, & quelqu'un porteroit les choſes néceſſaires à enclouër le Canon, ſi on n'avoit pas le loiſir de l'emmener dans la Place, ou de l'expoſer à l'Artillerie des Aſſiégez. Derriere tout cela un Bataillon de 3. ou 400. hommes devroit marcher à petits pas juſqu'à la tête des travaux ennemis, & là faire alte, à moins que ceux qui le précedent n'euſſent beſoin de ſon ſecours pour achever de vaincre.

Il eſt peu d'actions à la guerre, où la diligence, la vigueur & la bonne conduite ſoient plus néceſſaires qu'en celle-ci. Par la diligence & la vigueur, vous ſurprenez les Ennemis en deſordre, vous les y mettez, & les contraignez d'abandonner un travail, qu'ils ne gagneront & ne retabliront pas facilement quand vous l'aurez détruit; & par la bonne conduite vous vous ſervez de leurs travaux contr'eux-mêmes, & faites enſuite d'une ſuite forcée une belle retraite : enfin la bonne conduite garantit de preſque tous les perils qui ſuivent la mauvaiſe.

La prémiere Sortie, qui a pour objet la deſtruction des travaux ennemis, doit être faite le jour de l'ouverture de la Ligne de Contr'-approche; parce que le feu de cette nouvelle Ligne verra en flanc & de revers les Ennemis dans leurs travaux, & ne laiſſera aux Troupes de la Sortie qu'une partie de la Tranchée à ſurmonter; puiſque la défenſe des Lignes ſera partagée, & que la partie vûë de la Contr'-approche

proche fera abandonnée par ceux qui étoient à fa garde, lefquels fe feront retirez aux endroits que la Contr'-approche
ne pourra voir. Si la Sortie prend les Afliégeans dans cette
marche, on ne doit pas douter qu'elle ne les conduife au
dehors de leurs ouvrages & de tous leurs travaux, prefque
fans peine.

L'Ordre que l'on propofe pour les Sorties n'étant pas
une loi, ne doit pas être fuivi fi exactement, qu'il puiffe
faire perdre à l'Afliégé une occafion de chaffer l'Afliégeant
de fon travail. La connoiffance qu'aura le Gouverneur de
la foibleffe ou mauvaife conduite de ceux qui font de garde
à la Tranchée, le doit obliger à les attaquer avec plus ou
moins de forces. Il le doit encore faire, lorfque le mauvais
tems aura mis l'Ennemi hors d'état de fe pouvoir fervir de
fes armes à feu contre les gens qui fortiront fur lui; & comme du fuccès des Sorties dépend un des principaux retarde-
mens de l'Attaque, le Gouverneur ne doit pas fe contenter
d'avoir battu les Ennemis & ruiné leurs travaux une fois
feulement; il doit fi bien prendre fes mefures pour leur
nuire, que fans trop fatiguer les fiens, il rebute & fatigue
les Ennemis, tantôt par de petites fauffes Sorties, & tantôt par de véritables, qui produifent leur effet.

Le Gouverneur afliégé doit fouvent, pendant la nuit, à
des heures différentes, faire fortir 15. à 20. maîtres pour
chaffer les Travailleurs de l'Attaque. Je ne voudrois pas
que cette petite troupe de Cavalerie fût pour combattre;
mais feulement pour fondre fur 6. ou 700. Travailleurs, qui
n'ont pour toutes armes que la Pique & la Pelle, & qui ne
demandent qu'un prétexte pour fe retirer, ou pour mieux
dire, pour prendre la fuite : car quelque foin que prenne
enfuite un Officier Général de raffembler les Pionniers après
cette petite Sortie, il eft certain qu'il ne s'en trouvera pas
la moitié pour retourner au travail, qui par ce moyen fera
beaucoup retardé.   Ou-

Outre l'effet dont on vient de parler, cette petite Sortie en produit encore un autre, non moins confiderable que le prémier ; puifqu'elle decouvrira les poftes qu'occupent les Troupes commandées à decouvert fur la droite & fur la gauche des Attaques, pour foutenir les Travailleurs : lefquels poftes étant reconnus par les Affiégez, ils feront feu à coup fûr fur les gens detachez. Si l'on oppofe à ce que l'on vient de dire, que les mêmes gens detachez iront à la charge fur ce petit nombre de Cavalerie, commandé feulement pour donner l'épouvante à des Travailleurs, je répondrai, qu'ils n'iront pas pour combattre des gens armez, mais feulement pour chaffer les Pionniers, decouvrir les poftes de ceux qui les foutiennent, & fe retirer fans combattre. Pour peu que cela réuffiffe, ce fera une nuit prefque inutile aux Ennemis.

Je fuis furpris que dans toutes les Défenfes des Places, qui ont été attaquées pendant une fi longue fuite de guerres, pas un Gouverneur n'ait fait fortir de la Place 8. ou 10. braves Soldats, affez intelligens pour prendre ceux qui ont le principal foin de la conduite des Attaques. Rien, ce me femble, n'eft plus facile à exécuter, puifqu'on ne peut ignorer, que ceux qui font chargez de conduire les Lignes de la Tranchée, vont reconnoître & tracer les ouvrages très peu ou point du tout accompagnez ; & qu'il n'eft pas difficile à 8. ou 10. hommes réfolus, de fe gliffer fur le ventre à la faveur de la nuit, & prendre celui, qui ne craignant rien derriere lui, n'a pour objet que fon travail. Cette action doit être exécutée fans bruit.

C H A-

CHAPITRE IV.

DE LA DEFENSE DE LA CON-TRESCARPE.

COMME il faut que l'Ennemi fe rende maître des tra-vaux avancez, avant que d'attaquer la Contrefcarpe à la-quelle ils font attachez, il doit en chaffer l'Affiégé par la rufe ou par la force, & aller pied-à-pied faire fon Logement au-deffus de la Sape. Si c'eft par la force, il faut l'attendre de pied ferme, & l'éclairer avec des torches & des lances à feu, lefquelles jetteront à 30. ou 40. pas un feu qui s'atta-chera & brûlera ce qu'il trouvera de combuftible. Si malgré ces Feux d'artifice, & le feu du Canon logé dans les Places d'Armes retranchées, qui doit rafer les Attaques de ces petits Dehors, l'Ennemi s'obftine à s'y loger, on doit abandonner l'Ouvrage, jufqu'à ce que le Logement ait commencé à fe faire. Pour lors ne reftant plus que les Travailleurs à decouvert, il faut faire fortir 100. hommes armez pour attaquer la tête de la Tranchée, tandis que 100. autres feront feulement le tour de l'Ouvrage pour le nettoyer.

On a remarqué dans tous les Siéges, que quelque foible qu'ait été une Sortie, faite fur les travaux des Affiégeans quand le travail eft proche, elle a toujours fait lacher le pied aux plus avancez, qui épouvantez, fe renverfoient fur ceux qui devoient les foutenir, & fouvent les entraînoient dans leur fuite; fur-tout dans les Sorties qui fe font de nuit, l'ob-fcurité groffiffant les objets, fait fouvent voir à celui qui fuit, un grand nombre d'Ennemis qui le fuit : auffi les Sorties de

nuit

nuit ne fe font prefque jamais, que pour donner l'épouvante aux affaillans les plus avancez, fur-tout aux Travailleurs ; & celles qui fe font de jour, étant plus éclatantes, demandent de plus grands fuccès.

Mais comme avec le tems il faut ceder le terrain de l'Ouvrage avancé, foit que par la force ou par la Sape les Ennemis s'en foient rendus les maîtres, on doit y avoir fait quantité de petits Fourneaux, auxquels on mettra le feu en fe rétirant, qui par leur effet detruiront le Logement & l'Ouvrage.

J'ai déja dit qu'il falloit avoir quantité de Fourneaux fous le Glacis, pour s'en fervir dans le befoin. Voici le tems de les mettre en ufage, fi ce n'eft que l'Ennemi, qui aura vû la prife & le bouleverfement des prémiers travaux, appréhendant de femblables accidens, ne porte pas fon Logement fur le haut des Glacis, & qu'il fe contente de l'environner par la Sape, & que par la même Sape il aille éventer les Fourneaux. A la vérité ce chemin eft le plus fûr : mais il eft le plus long.

Quoique l'Ennemi évente les Fourneaux qui auront été faits fous le Glacis, les Logemens qu'il aura fait au-deffus ne feront pas en fûreté des Mines, fi le Foffé eft fec. Car l'Affiégé pourra faire des Mines au-deffous des Fourneaux qu'ils auront éventez, & les Mines feront d'un plus dangereux & d'un plus furprenant effet ; parce qu'elles feront plus d'exécution, & que le piége fera moins attendu. Une Sortie faite en même tems, augmentera la furprife & l'étonnement des Ennemis.

On doit obferver une chofe très effentielle dans la Conftruction de ces Mines, qui eft, de prendre garde que par leur effet elles ne renverfent le Chemin couvert dans le Foffé, au lieu de bouleverfer le Logement voifin des

Cc 2

Enne-

Ennemis, & la Sape qu'ils auront commencé pour la Defcente du Foffé. Pour cela il faut prendre garde , que la
Chambre de la Mine foit plus éloignée du bord extérieur
du Foffé , qu'il n'y aura de hauteur de terre à élever par
deffus. Ce n'eft pas qu'il faille attendre que l'Ennemi ait
fait fon Logement au travers du Glacis , pour l'inquiéter
par des Mines , fi ce n'eft qu'on foit bien affuré que le
même Ennemi ne s'enfonce point fous terre , pour aller
éventer les travaux foûterrains qui auront été préparez par
les Affiégez : Il faut même en ce cas amufer l'Ennemi autant que l'on pourra , en lui difputant fon Logement : mais
lorfqu'il croira avoir bien établi la tète de fa Tranchée &
fes Logemens , il faut les enlever par des Mines & des
Fourneaux , & renverfer auffi , s'il eft poffible , la Place
d'Armes qu'il aura faite pour la fûreté de fes travaux avancez ,
& l'obliger par ce moyen à chercher fous la terre la fûreté
qu'il n'aura pas pû trouver deffus. Ainfi l'Ennemi fera
forcé de faire quantité de travaux foûterrains , auxquels on
doit s'oppofer par des rameaux entre-coupez , qui auront tous
communication au grand canal des Mines. Les rameaux
étant faits à propos , faciliteront la conftruction des Fourneaux & des Mines , qui feront faits où il en fera befoin ,
pour renverfer les travaux des Eannemis , & rendre par ce
moyen les mêmes travaux inutiles , ou du moins les retarder.

Comme ces petites chicanes dépendent de la conduite du
Gouverneur , la néceffité du tems & la commodité des lieux
lui fourniffent les moyens d'en inventer de nouvelles. Il eft
certain , que s'il fçait & veut bien fe défendre , l'Ennemi
ne gagnera pas un pied de terrain depuis qu'il fera arrivé à la
portée du piftolet de fes Déhors , qu'il ne lui en coûte beaucoup de tems. Autrement il feroit inutile de fortifier les
Pla-

Places & de sçavoir les défendre, si cette même Science ne nous faisoit connoître, que leur usage est, de rendre une médiocre quantité de Soldats égale aux forces d'une puissante Armée.

Il ne faut pas croire, que l'on prétende par toutes ces chicanes que l'on vient de proposer, & par celles que l'on proposera dans la suite, rendre les Places imprénables; ou que du moins l'on ait dessein de vouloir persuader, que la fortune doit décider, qui des deux doit être le Vainqueur, du Général assiégeant, ou du Gouverneur assiégé. Je suis persuadé qu'une Armée qui attaque une Place, doit avec le tems, malgré toute la resistance de l'Assiégé, demeurer victorieuse; mais aussi le Gouverneur faisant bien son devoir dans une longue resistance, il peut y avoir des conjonctures, qui obligent l'Ennemi de décamper. Le nombre des morts, celui des blessez & des malades, le mauvais tems, le manque de Fourages, de Vivres, & de Munitions, la crainte d'un secours, ou des choses plus importantes peuvent forcer l'Ennemi d'abandonner le Siége d'une Place qu'il avoit attaquée dans les formes : mais qui n'aura pû être prise, parce qu'elle n'aura pas été mal défenduë, comme cela est arrivé.

L'Assiégeant ayant environné par la Sape tout le Glacis, & fait son Logement au-dessus, n'est pas encore maître du Chemin couvert. Il faut auparavant qu'il rompe les Palissades, qui seront plantées dans ce Chemin couvert, ainsi que celles du petit Ouvrage avancé, ou qu'il passe par dessous les Palissades par d'autres Sapes.

Pour lui disputer le Chemin couvert pied-à-pied, on doit y avoir fait plusieurs Traverses mobiles, telles que sont les portes des Barrieres, lesquelles étant ouvertes, couvriront ceux qui seront près des Palissades immobiles, &

  les

les garantiront du feu des Flancs : Car l'Ennemi s'étant rendu le maître de la hauteur du Glacis, chacune des faces que forment les Angles flanquez du Parapet & du Chemin couvert, fervira de flanc aux Ennemis contre ceux qui doivent le défendre; & fans ces Traverfes mobiles, le moindre petit defordre arrivant aux Affiégez en ce lieu-là, peut mettre les chofes en état de ne les pouvoir plus rétablir.

Il faut préparer toutes fortes de chicanes contre l'ouverture de la Sape, quoiqu'on en faffe plufieurs pour entrer dans le Chemin couvert ; mais je parle feulement de la plus importante, comme l'ouverture de celle qu'on deftine pour la Defcente & Paffage du Foffé, vis-à-vis la face du Baftion attaqué, à-peu-près un tiers vers la pointe.

On doit, fi le Foffé eft fec, avoir préparé des Fourneaux, pour renverfer non feulement la Sape, mais encore le Logement voifin ; & quand même cela ne fe pourroit, le Foffé étant plein d'eau, l'Ennemi ne feroit pas encore le maître du Chemin couvert, quoique la Sape fût commencée, & même ouverte pour y entrer : puifque l'on ne doit pas l'abandonner entierement, que l'Affiégeant n'ait logé fon Canon le long des Faces du Parapet de ce même Chemin couvert, pour détruire les Paliffades & Traverfes mobiles qui font placées au-dedans.

Il faut auffi avoir fait deffous ces mêmes faces de bons Fourneaux, pour renverfer les Batteries quand elles font prêtes à tirer ; néanmoins il ne faut pas mettre le feu à ces Fourneaux que le plus tard qu'il fera poffible ; & attendre que le Canon des Flancs de la Place haut & bas, ait tâché de ruiner dans leur conftruction ces Batteries qui leur font oppofées. Cependant le Chemin couvert ne fera pas entierement abandonné, puifqu'on pourra toujours y aller & venir

venir de l'un & de l'autre côté, à la faveur des Traverses
mobiles & des Places d'Armes retranchées; & lorsqu'on
sera forcé de les quitter sans espoir de retour, on mettra
le feu aux Fourneaux dont il est parlé ci-devant.

L'Assiégeant n'ayant plus d'Ennemis à combattre dans
le Chemin couvert, attaquera les Places d'Armes retranchées,
qui lui donneront de la peine à prendre, si elles sont revêtuës de Maçonnerie, & outre cela bien fraisées, & palissadées dans le fond du Fossé. L'Assiégeant sera obligé de s'en
ouvrir le passage par des Fourneaux, lesquels ne se feront
pas facilement, si le Fossé est bien défendu. Ainsi l'attaque
de cette petite Piece, retardera de quelques jours celle des
autres plus importantes à la conservation de la Place. Celui qui commandera dans ce petit Dehors, doit s'y retrancher par de bonnes Palissades, pour sûreté de sa retraite. Il doit, en se retirant, mettre le feu aux Fourneaux
qui y auront été faits, pour détruire, s'il se peut, tout
l'Ouvrage; ou attendre que l'Ennemi aye fait son Logement au-dedans, pour l'enveloper dans les mêmes
debris.

CHAPITRE V.

DE LA DEFENSE DE LA DEMI-LUNE.

PAr la prise du Retranchement de la Place d'Armes
l'Ennemi étant resté maître de tout le Chemin
couvert, travaillera au Passage du Fossé de la Demi-
Lune.

Lune. Si le Foſſé eſt plein d'eau, il le comblera, & s'épaulera du côté des Flancs oppoſez; c'eſt-à-dire contre les Faces des Baſtions, qui en cette rencontre ſervent de Flancs aux Faces des Demi-Lunes. Il faudra brûler l'épaulement, & ce qui pourra être conſumé du Pont par les Feux d'artifice, & aller au devant du Mineur par les Contre-mines.

Si le Foſſé eſt ſec, l'Ennemi par une Galerie ſoûterraine ou couverte ira au pied de la Muraille attacher le Mineur. Il faut l'inquiéter par de petites Sorties ſouvent réiterées. Une bonne Paliſſade dans le fond, & des Caponieres à ſa jonction avec le Foſſé de la Place, peuvent beaucoup favoriſer ſa Défenſe.

Soit que la bréche ſe faſſe par la Sape, par la Mine, ou par le Canon, elle deviendra à la fin aſſez grande, pour donner entrée aux Ennemis; & ils emporteroient facilement la Demi-Lune, ſi elle n'étoit pas bien retranchée, quoique d'ailleurs elle fût bien défenduë.

Le Retranchement doit être de la même forme & de la même hauteur, ou un peu plus haut que le Parapet de la Demi-Lune, & doit être paliſſadé dans le fond de ſon Foſſé. Ce Retranchement ainſi fait, il faut planter pluſieurs Paliſſades les unes ſur les autres, de diſtance en diſtance, en partant du Parapet de la Demi-Lune attaquée, juſqu'au bord du Foſſé de ſon Retranchement. Tout cela doit être fait avant que la bréche ſoit en état : car il ne ſeroit pas tems de planter des Paliſſades au moment qu'il faut ſonger à les défendre. Elles ſerviront d'un Flanc intérieur pour la Défenſe de la bréche, lorſque les Ennemis voudront s'y loger, ce qu'ils auront de la peine à faire, tant que les Traverſes ſeront en état de leur reſiſter. Ils ſeront enfin contraints de les détruire, les unes après les autres, par des Fourneaux.

L'Ennemi ayant ſurmonté toutes ces difficultez, ſe loge

ge à la fin au haut de la bréche, & enfuite fur le haut
du Retranchement ; mais fi le Foffé de ce Retranchement eft rempli de bois commun, mêlé de Feux d'artifice
pour lui aider à s'enflammer, je ne vois pas par où l'Ennemi pourroit entrer dans le Retranchement, ni fubfifter
dans le Logement, qu'il aura fait fur le haut de la bréche
de la Demi-Lune.

Cette manière de Défenfe ne doit pas être negligée
pour la Défenfe des Foffez étroits, tels que font ceux des
Places d'Armes, des Retranchemens dans les Angles rentrans de la Contrefcarpe, & ceux qui doivent être faits
dans la Demi-Lune & dans les Baftions attaquez, à caufe
de leur peu de largeur. L'on ne doit pas craindre, tant
que ce feu durera, que l'Ennemi aille plus avant, fi ce
n'eft par deffous terre; mais on doit s'être précautionné
par des Galeries foûterraines contre les travaux foûterrains
des Ennemis: quand même la bréche feroit faite à la Demi-Lune, l'Ennemi n'ofera jamais hazarder d'y entrer
pour s'y loger, tant que la Lunette de fa Place d'Armes
fubfiftera.

Si l'on ne veut pas fe fervir de cette Défenfe pour ces
petits Foffez, il faut avoir recours aux autres Défenfes
ordinaires, mais peu pratiquées ; & obliger l'Ennemi à
faire la Defcente avec la même précaution dont il s'eft
fervi pour entrer dans la Demi-Lune, lefquels feront défendus de même. Si l'on y a planté des Paliffades au
fond, & fait des Caponieres aux extrêmitez, les bois des
Caponieres doivent être bien joints par-deffus, crainte
que l'Ennemi n'y jette de la Poudre, laquelle entrant
par les ouvertures, & le feu y étant mis, rendra ces Caponieres inutiles. Pour éviter cet accident de feu, il faut
non feulement bien joindre les bois, mais encore les cou-

D d

vrir

vrir de terre, & de peaux d'animaux fraîchement écorchez.

Avant que l'Ennemi se soit fait un passage pour entrer dans le Retranchement, il faut encore s'être retranché par des Palissades, qu'on peut défendre quelque tems, & se retirer en sûreté derriere, ayant déja fait retirer la plus grande partie de Troupes qui servent à la garde de la Demi-Lune. Lorsqu'on est obligé de se retirer tout-à-fait, il faut donner le feu aux Fourneaux qui auront été faits pour détruire le Retranchement.

CHAPITRE VI.

DE LA DEFENSE DES BASTIONS.

LEs Ennemis, selon les apparences, n'ayant plus personne à craindre au dehors de la Place, lorsque la Demi-Lune sera entierement abandonnée des Assiégez, & que les Ennemis y auront établi leur Logement, ils n'auront plus d'attention qu'à combler le grand Fossé, s'il est plein d'eau, & s'il est sec, ils feront une Galerie soûterraine ou couverte; ou peut-être se contenteront-ils de s'épauler contre les Flancs opposez pour passer le Fossé. C'est ce Passage qu'il faut retarder autant que l'on pourra.

Si le Fossé est plein d'eau, il faut faire ce que j'ai déja dit pour la descente de celui de la Demi-Lune, qui est d'en ruiner l'épaulement par le Canon des Flancs, & par des Feux d'artifice que les Batteries armées y pourroient appliquer sans peine.

Si le Fossé est sec, l'Ennemi aura sans doute beau-

coup

coup de peine à le passer, & attacher son Mineur auprès
de la Muraille du Bastion, d'autant plus qu'on doit avoir
planté une bonne & forte Palissade dans toutes les étenduës des Faces des Bastions attaquez, vers le milieu de
leurs Fossez, aux extrêmitez de laquelle on aura fait de
bonnes Caponieres pour défendre les mêmes Palissades.
Ainsi le Mineur ne pourra s'attacher si-tôt au Corps de
la Place, & ne le fera qu'avec beaucoup de crainte & de
danger, si toute la Palissade n'est pas entierement ruinée:
mais elle sera très difficile à ruiner, si le Fossé est d'une
profondeur raisonnable, & d'une largeur proportionnée à
sa profondeur.

Tandis que l'Ennemi s'occupe à surmonter ces difficultez, il faut lui en préparer de nouvelles, auxquelles apparemment il ne doit plus s'attendre.

Il arrive très rarement, que l'Assiégeant dans son Attaque embrasse plus d'un côté de la Place : ce qu'il en occupe le plus est ordinairement le terrain nécessaire à placer les Batteries opposées aux Flancs des Bastions attaquez.
Comme ces Batteries ne peuvent subsister sans un épaulement, qui les couvre des endroits de la Place qui peuvent les voir, & qui ne sont pas attaquez ; c'est cet é-
paulement qu'il faut attaquer & détruire. Pour y parvenir facilement, on doit pousser une Galerie soûterraine,
partant du Fossé de la Demi-Lune non attaquée, la plus
voisine de l'Attaque, & allant jusques sous cet épaulement. Là
on fera des Fourneaux, qui par leur effet, laisseront à découvert les Flancs des Batteries, lesquelles seront bien-tôt
demontées par le Canon de la Demi-Lune non attaquée,
& des autres endroits de la Place qui pourront y decouvrir : ce qui se doit pratiquer à la gauche & à la droite
des Attaques, s'il est possible, en même tems, afin de sur-

Dd 2

prendre

prendre en un moment les Ennemis par une Sortie soute-
nuë de tous les travaux de la Place les plus proches de
l'Attaque. Il faut encore attaquer les Ennemis dans les
lieux qu'ils doivent préfumer ne pouvoir être attaquez ;
& pour le faire fûrement, il faudroit avoir pratiqué une
Galerie foûterraine, partant du milieu de la Courtine, allant
par l'Angle formé des deux Demi-Gorges à la Demi-Lune.
Cette Galerie ferviroit dans fon paffage de Caponiere pour
la Défenfe du Foffé, comme auffi de chemin pour conduire à la Demi-Lune, fous laquelle il faut faire plufieurs
Mines, & ne point y mettre le feu, que l'Ennemi ne
foit occupé à donner l'affaut au Corps de la Place. Le feu
étant mis aux Mines qu'on aura placées fous le Logement,
qu'elles détruiront ; il faut rentrer dans la Demi-Lune, &
s'y affûrer un Logement, s'il eft poffible. Cette diverfion
fera un bon effet, & donnera lieu aux Ennemis d'abandonner la bréche faite au Corps de la Place, & un tems
fuffifant pour s'établir dans la Demi-Lune. Car on peut
douter fi l'Ennemi abandonnera fon Attaque au Corps de
la Place; ou s'il ira pour foutenir des gens attaquez, &
vaincus dans la Demi-Lune. Véritablement des affaires de
cette nature, qui arrivent en même tems, peuvent donner
de l'embarras au plus grand Capitaine. Mais fi l'on a fait
partir un Rameau du Canal des Mines faites fous la Demi-
Lune, & que le Rameau ait été pouffé jufques fous les debris
de la bréche de la Demi-Lune, ces debris pourront être facilement renverfez par un Fourneau: ainfi l'Ennemi n'aura plus
de paffage pour entrer dans la Demi-Lune, & fera forcé
de l'attaquer de nouveau comme auparavant.

La bréche du Corps de la Place pourra cependant être
reparée; & felon les occafions qui pourront fe préfenter,
il ne fera pas impoffible de faire quantité de chofes dans le
Foffé,

Foſſé, qui empêcheront le Mineur de s'attacher ſi promptement une ſeconde fois au Corps de la Place. Comme le
grand nombre des Aſſiégeans, qui tour-à-tour ſuccedent les
uns aux autres, & qui font tous les jours de nouvelles Attaques,
force enfin les Aſſiégez de ſe retirer dans leur Place, & par
les travaux différens leur ôte juſqu'à l'eſpoir de joindre le
Mineur par le dehors, il faut ſonger par le dedans à éventer ſon travail par le moyen des Contre-mines.

La bréche ſe fera à la fin par la Mine, ou par de petits
Fourneaux. Elle pourra auſſi être faite par le Canon, ſi le
Foſſé eſt plein d'eau; ou même ſi, étant ſec, il eſt fort large. Car le Canon de l'Ennemi logé ſur la Contreſcarpe
oppoſée pourra battre le pied de la Muraille. Ainſi la Place ſeroit bien-tôt priſe, quelque Défenſe qu'on pût faire,
ſi elle n'étoit pas garantie par un bon Retranchement, &
par pluſieurs rangs de Paliſſades, les unes derriere les autres, allant du Parapet du Baſtion juſqu'au bord de ſon Retranchement : ainſi que nous l'avons dit en parlant de la
Demi-Lune.

Il faudra que l'Ennemi ruine ces rangs de Paliſſades, les
uns après les autres par des Fourneaux, avant qu'il ſe puiſſe
loger ſur le haut de la bréche. Lorſqu'il y ſera arrivé, &
qu'il voudra faire ſon Logement, il trouvera 3. ou 4. Pieces de Canon, qui le battront en écharpe; tandis que
d'autres Pieces d'Artillerie, placées dans le Retranchement,
en feront autant de front. Si les Baſtions attaquez ſont
entourez d'une double enceinte ou Fauſſe-braye dont le
Terre-plain ſoit d'une largeur raiſonnable, l'Ennemi y
ayant fait bréche, aura encore celle du Baſtion à faire, à laquelle il lui ſera très-difficile de monter, ſi le Terre-plain
de la Fauſſe-braye eſt bien retranché par pluſieurs rangées
de Paliſſades, traverſant ce même Terre-plain, leſquelles ne

D d 3

pour-

pourront être détruites par les Ennemis, s'ils ne détruisent entierement la face de la Fausse-braye.

Le plus sûr & le plus utile de tous les Retranchemens est celui d'un moyen ou petit Bastion dans les Bastions attaquez; parce qu'un Retranchement fait de cette manière, forme une seconde Place, qui a presque les mêmes Défenses, & par conséquent peut être défenduë de même. D'ailleurs l'Attaque en étant plus éloignée, & la Défense presque égale à ce qu'elle étoit auparavant, la resistance en doit être plus grande, étant moins pénible & moins perilleuse que l'Attaque du prémier Bastion.

Celui qui défend, ayant toutes ses forces unies, & peu de terrain à garder, il le garde presque sans peril; au lieu que l'Assiégeant doit sortir de sa Tranchée, passer le Fossé, & monter à l'assaut à decouvert; ce qu'il ne peut faire sans beaucoup de perte, puisque le Flanc du Bastion ne peut avoir été si fort ruiné, que celui du Rétranchement ou Bastion intérieur ne subsiste, n'ayant pû être battu.

Le Gouverneur doit avoir fait abaisser le Flanc du Bastion extérieur. Il aura fait pratiquer des Embrasures, sans les ouvrir par le dehors, qui étant ouvertes & secondées du Flanc du Bastion intérieur, étonneront les Ennemis. Elles renverseront à leur tour les Batteries qui leur sont opposées, qui alors seront moindres que celles des Bastions attaquez. Elles ruineront ensuite le Passage du Fossé, s'il n'est soûterrain. Elles raseront les Logemens faits au dedans. Après quoi il faut aller aux Ennemis logez sur la bréche, les combattre, les déloger, & faire servir leur Logement de reparation à la bréche, en lui donnant plus d'épaisseur, & le garder à la faveur des Traverses déja faites, ou en refaire d'autres si elles sont detruites.

Cette

Cette action n'eſt pas ſi difficile qu'elle paroît. Elle a plus beſoin de conduite que de force; puiſque les Ennemis ne peuvent pas être logez en grand nombre ſur le Baſtion, n'ayant pour ſe couvrir & pour étendre leur Logement, qu'une petite partie du Rempart qui aura reſté de l'effet de la Mine, le reſte du Baſtion étant occupé par le Retranchement & ſon Foſſé.

Les choſes étant en cet état, la Face du Baſtion tout dechirée, le Foſſé tout labouré, la Garniſon affoiblie, une partie des Munitions conſommée, les Soldats fatiguez, & l'eſpoir du ſecours preſque ôté, doivent en apparence faire ſonger le Gouverneur à capituler : mais il y a encore bien de choſes à faire avant de prendre ce parti.

Les Ennemis ſont rebutez, ou ſont tout prêts de l'être; puiſque rien ne ralentit tant l'ardeur du Soldat, que le dépit d'être obligé de recommencer un travail qu'il croyoit fini, & d'attaquer de nouveau une Place, qui par la coûtume devoit être priſe. Mais ſi les Batteries des Ennemis ſont détruites, comme je l'ai déja dit; ſi leur Logement dans le Foſſé eſt raſé; ſi les Ennemis ſont chaſſez de la bréche; ſi cette bréche eſt reparée, & ſi enfin le Gouverneur fait le devoir de brave & d'expérimenté Capitaine; il faut que l'Ennemi leve le Siége, ou recommence ſur nouveaux fraix d'attaquer le Corps de la Place, qu'on peut encore chicaner; ſoit en attaquant la Demi-Lune, & en la gardant, après avoir ruiné par les Mines le Logement des Ennemis; ſoit en faiſant un Fourneau au pied de la bréche du Baſtion, pour en renverſer les décombres.

Les Ennemis ayant ſurmonté tous ces obſtacles, & obligé le Gouverneur à quitter le Baſtion & ſon Rétranchement, il doit ſe retirer dans ceux, qu'il aura fait de nouveau au dedans de la Place, que l'Ennemi ſera contraint

de

de prendre par Tranchées , par Logemens , par Galeries dans les Fossez , après en avoir fait la Descente par Sapes , par Fourneaux , par Mines , & enfin par un Assaut derriere le second Retranchement. On pourra en avoir pratiqué un troisieme. Ainsi l'Ennemi sera obligé de faire plusieurs Siéges pour un seul qu'il s'étoit proposé , ou pour mieux dire , de faire différentes Attaques , lesquelles auront été soutenuës par les Assiégez les unes comme les autres. Après cela le Gouverneur n'ayant plus de terrain pour se retrancher , & ayant détruit le Retranchement qu'il aura été obligé d'abandonner , pourra alors consentir avec honneur à une Capitulation , qui ne peut être que très glorieuse pour lui & pour les Troupes qui auront combattu sous ses ordres ; puisqu'il n'abandonne aux Ennemis qu'une Place presque démolie , & dont les debris serviront de monument à sa Gloire.

F I N.